U0361287

政治素养读本:知识与技能

郑晓华　翟一达　编著

上海交通大学出版社
SHANGHAI JIAO TONG UNIVERSITY PRESS

内容提要

　　本教材围绕践行社会主义核心价值观构建内容体系,主要从知识篇、技能篇与价值篇分别阐明大学生应具备的权利与权力观念的政治知识体系;在对理论知识掌握、对本国制度与国情充分了解的基础上,使大学生正确掌握社会主义核心价值观的民主、参与各类政治社会活动的基本规则与技能;并从价值层面认识到作为当代大学生和现代公民应具备的政治社会责任、充分理解社会主义特色的社会公正。本教材的特色在于知识体系与实践技能的统一,理论知识介绍注重对马克思主义中国化理论成果发展的解析,旨在为培养社会主义建设者和接班人提供学理和实践支撑。

图书在版编目(CIP)数据

　　政治素养读本:知识与技能 / 郑晓华,翟一达编著
. —上海:上海交通大学出版社,2023.4
　　ISBN 978 - 7 - 313 - 22820 - 8

　　Ⅰ.①政… Ⅱ.①郑… ②翟… Ⅲ.①政治-研究
Ⅳ.①D

　　中国国家版本馆 CIP 数据核字(2019)第 295702 号

政治素养读本:知识与技能
ZHENGZHI SUYANG DUBEN: ZHISHI YU JINENG

编　　著：郑晓华　翟一达
出版发行：上海交通大学出版社　　　　　　　　地　　址：上海市番禺路 951 号
邮政编码：200030　　　　　　　　　　　　　　电　　话：021 - 64071208
印　　刷：常熟市文化印刷有限公司　　　　　　经　　销：全国新华书店
开　　本：710mm×1000mm　1/16　　　　　　印　　张：15.75
字　　数：264 千字
版　　次：2023 年 4 月第 1 版　　　　　　　　印　　次：2023 年 4 月第 1 次印刷
书　　号：ISBN 978 - 7 - 313 - 22820 - 8
定　　价：68.00 元

CONTENTS 目　录

导论

第一章　政治人

本章导读

　　关心政治、关心国家的发展是当代青年的责任,政治不是远离我们生活的"庙堂之上"的东西,政治与我们每一个人息息相关,对个体构成了约束和规范,塑造了一个人的生活选择和成长轨迹,没有谁能够完全摆脱政治的影响。亚里士多德曾说:"人本性上是一种政治动物。"在现实社会关系中的公民就是"政治人",政治人的成长就是个人不断学习与政治相关的知识、技能,并且参与政治实践的过程。成为一名政治人是现代社会中一个公民实现政治社会化的过程,公民学习和正确行使国家赋予的各项权利、履行相应的义务、承担公民的责任,为政治的健康发展贡献自己的力量,成为一个会发光发热、勇于担当的社会成员。

第一节　政治人的内涵

一、从经济人到政治人

　　"经济人是追求财富最大化的人",这是从古典经济学到当代经济学关于"经济人理性"的主流观点。英国古典经济学家亚当·斯密是经济学史上比较系统地论述"经济人理性"的第一人。正是亚当·斯密通过对市场经济和市场经济行为主体所展现的人性基本特征的分析,最早揭示了经济人的人性基本特征和对市场经济的巨大推动作用。在人类社会经济发展史上,市场经济的产生和发展,具有深刻的历史必然性。这一历史必然性,既可以通过对生产力的考察而发现,也可以通过对人性的考察而发现。亚当·斯密对于经济学的历史性贡献,不仅在于其首次提出了"看不见的手"的理论,还在于亚当·斯密通过对人性的深入考察,深刻揭示了市场经济与经济人人性的必然联系,为人类认识和把握市场经济的规律开拓了新的视野和新的途径。继亚当·斯密之后,英国古典经济学家纳骚·西尼尔提出了四个经济学理论前提,他认为,这四个理论前提是无须证明的公理,它们共同构成了经济学的基础,从这四个理论前提即可推演出各种经济学理论。这四个理论前提中的第一个就是:"每个人都希望以尽可能少的牺牲取得更多的财富。"①十余年后,英国古典经济学家约翰·穆勒进一步发挥了纳骚·西尼尔的思想,明确地提出了"经济人理性"的内涵。他指出,"经济人理性"是从人类行为的各种动机中抽象出来的经济动机,其中最基本的就是使财富最大化的动机。自上述古典经济学家提出"经济人理性"基本假设以后,随着经济学的发展,当代经济学对古典经济学作了许多修正和改进,对"经济人理性"基本假设的内涵也有着不同的认识。例如,当代经济学认为,"财富"的实质就是"利益",因而将经济人理性概括为"经济人是追求利益最大化的人",而且在对"利益"内涵的认识上,古典经济学偏重于从其物质形态方面去认识,因而主要将其定义为"财富""利润"等,当代经济学则加入了精神性因素,主要将其定义为"效用"。然而,当代经济学的发展始终没有动摇古典经济学关于"经济人理性"假设的基本内涵。"经济人理性"基本假设始终是经济学理论体系的基石,是一切经济学理论据以推导的最基本的理论前提。众所周知,人们从事一切社会经济活动都是为了创造社会财富、获得利润,财富和利润成为一切从事社会经济活动的经济人在激烈市场竞争中的安身立命之本;不能获得财富和利润,甚至不能获得足够多的财富和利润,经济人就会被激烈的市场竞争所淘汰,从而至少在市场的意义上不再成其为所谓"经济人"。因此,"经济人"也就必然地成为"追求财富最大化的人"。

"政治人是追求权力最大化的人",这是 20 世纪美国著名政治学家拉斯韦尔和卡普兰关于"政治人理性"的基本假设。他们在其合著的《权力与社会》一书中指出:"'政治人'是这样一种人,他们要求关乎他们所有价值的权力的最大化,希望以权力决定权力,还把别人也当作提高权力地位和影响力的工具。"②本书以"政治人是追求权力最大化的人"作为"政治人理性"的基本假设并以之作为进一步展开论

---

① (英)西尼尔.政治经济学大纲[M].蔡受百,译.北京:商务印书馆,1977:46.
② Harold D. Lasswell, Abraham Kaplan. *Power and Society*[M]. New Haven：Yale University Press，1950:78.

述的基本前提。关于这一基本假设，需要着重把握两个方面：

第一，"政治人"与"权力"有着必然的联系。自现代政治学诞生之时，现代政治学理论的奠基人马基雅里就以"权力"作为其政治学学说的核心。拉斯韦尔和卡普兰明确指出："政治学是一门经验的学科，研究权力的形成和分享……政治行为则是觊觎权力而采取的行为。"[①]美国著名政治学家罗伯特·达尔曾说："让我们大胆地把政治体系定义为任何在重大程度上涉及控制、影响力、权力或权威的人类关系的持续模式。"[②]而北京大学政府管理学院李景鹏教授也指出："政治现象的最核心的问题，即权力及其运行。"[③]因此，无论是古典政治学主流观点，还是当代政治学主流观点，对"政治人"与"权力"的必然联系都有着比较一致的认识，这正如罗伯特·达尔所指出的："自亚里士多德时代以来，人们普遍持有这样一种观念：政治关系总以某种方式涉及权威、统治或权力。"[④]"权力"成为主导社会政治进程一切方面的核心要素，因此，一切活动在人类社会历史舞台的政治主体，无论是阶级、政党、利益集团，还是官僚、政客、政治精英，他们的一切政治活动就总是围绕着权力的获得和权力的实施而展开的。

第二，"政治人"与"社会公共权力"有着必然联系，政治人脱离了社会公共权力就不再成其为"政治人"。关于"政治人"，王浦劬教授曾经十分明确地指出："所谓'政治人'，就是指处于一定的政治体系和政治关系之中，具有一定政治意识的人。"[⑤]

从社会宏观角度来看，社会公共权力主要体现在以下两个方面：一是社会公共权力的统治性，这是权力利益本质的集中体现，也是权力所承担的社会功能的出发点和最终目的。二是社会公共权力的管理性，它往往以国家整体和全社会的名义实施，并且也总是要求全体社会成员服从社会整体发展的需要。社会公共权力是一种特殊的权力，它在人们利益的社会分配中，具有最权威、最有效的决定性力量。社会公共权力的这一特殊性，也就使其成为政治人一切政治斗争的目标和焦点。同时，社会公共权力也是外在地确证"政治人"成为政治人的客观标志。从政治主

---

① Harold D. Lasswell, Abraham Kaplan. *Power and Society*[M]. New Haven：Yale University Press，1950：240.

② （美）罗伯特·达尔.现代政治分析[M].王沪宁，陈峰，译.上海：上海译文出版社，1987：17-18.

③ 李景鹏.权力政治学[M].哈尔滨：黑龙江教育出版社，1995：13.

④ （美）罗伯特·达尔.现代政治分析[M].王沪宁，陈峰，译.上海：上海译文出版社，1987：16.

⑤ 王浦劬.政治学基础[M].北京：北京大学出版社，1995：309.

体的角度来看，一个社会将一定的社会公共权力赋予某个人或某个集团，这是该人或该集团成为"政治主体"的基本前提，一旦其失去了"社会公共权力"，他们也就由"政治主体"转变为"政治客体"。总之，"社会公共权力"是主导社会政治进程一切方面的核心要素，是一切社会政治斗争的目标和焦点，也是外在地确证"政治人"成为政治人的客观标志。那么，人们就不难理解"政治人是追求权力最大化的人"的基本假设了[①]。

二、政治人的概念

政治学研究的开山鼻祖亚里士多德说："人本性上是一种政治动物……人类生来就有合群的性情，所以能不期而共趋于这样高级的（政治）组合，然而最先设想和缔造这类团体的人们正应该受到后世的敬仰，把他们的功德看作是人间莫大的恩惠。人类由于志趣善良而有所成就，成为优良的动物，如果不讲礼法，违背正义，他就堕落为最恶劣的动物。"[②]马克思指出："人即使不像亚里士多德所说的那样，天生是政治动物，无论如何也天生是社会动物。"[③]在《1857—1858 年经济学手稿》中，马克思更为明确地指出："人是最名副其实的政治动物，不仅是一种合群的动物，而且是只有在社会中才能独立的动物。"[④]历史唯物主义认为，人生来就必然要组成一定的社会，必然要生活在一定的社会群体之中，并在政治社会中或多或少与政治发生关联。

我们把"政治人"区分为广义的和狭义的两种。广义的政治人是指生活在现实政治社会中的人。一方面，所有的人都是生活在政治生活中的，生活在政治关联中的；另一方面，所有参与政治的人又都是生活在社会之中的，与错综复杂、斑驳陆离的社会生活水乳交融，其政治态度、政治情感、政治信仰和政治选择均是社会条件总体作用的结果。这就是有的政治学家所称的"人的政治性和政治的社会性"。在这样广义的定义下，政治人就是指政治视域中的公民，即政治公民。根据亚里士多德的理解，希腊人所称的公民意指"属于城邦的人"，他们是共同体的成员而不是任何个人的臣仆；是"有权参加议事和审判职能的人"，平等地享有政治权利和义务；

---

① 刘志伟.论政治人理性：从"经济人理性"比较分析的角度[M].北京：中国社会科学出版社,2005：8-12.

② （古希腊）亚里士多德.政治学[M].吴寿彭,译.北京：商务印书馆,1981,9.

③ 马克思,恩格斯.马克思恩格斯全集(第23卷)[M].北京：人民出版社,1972：363.

④ 马克思,恩格斯.马克思恩格斯全集(第46卷)[M].北京：人民出版社,1979：21.

"政治家所治理的人是自由人",他们所执掌的权威为"平等的自由人之间所付托的权威"①,公民享有在公共生活领域的自主与自治的政治自由。撇开希腊公民身份是一种特权存在不论,亚里士多德在公民与政治国家的关系、公民与公民之间的关系、公民与公共政治生活的关系等问题的认识上已具现代政治人观念的雏形。我国宪法规定,凡具有中华人民共和国国籍的人都是中华人民共和国公民,我国的公民在法律面前人人平等。作为法律和政治意义上的公民,通常是指具有一个国家的国籍,并根据该国宪法和法律的规定,享有权利和承担义务的人。

　　狭义的政治人,指的是那些真正成为现实政治基础的公民以及公民中那些对政治更有兴趣和更有权力的人。人总是要处于社会关系之中,但人并不必然要进入政治关系中,有时是由于政治制度不发达会限定某些人作为政治人的功能的发挥,有时是由于即使享有政治权利的人并不必然去享用属于他们的政治权利。这些人在某种意义上可被看作属于非政治阶层,或无政治阶层。可以肯定地说,无论处于什么样的政治发展历史阶段的国家,无论是什么样的现代国家,都存在一个政治冷漠群体或无政治阶层。即使在被视为直接民主典范的雅典,除妇女、外邦人和奴隶没有资格参与政治生活外,大多数有资格参与的成年平民也不愿出席公民全体会议。为此,"警察用浸过油漆的长绳子把公民赶向普尼克斯山"②,因为公民大会在那里举行。普尼克斯山有18000个席位,当时的平民约三四万人,可见在实行直接民主的雅典,也存在一个人数众多的无政治阶层。在当代的美国和西方世界,无政治阶层或政治冷漠群体也是很大的。据阿尔蒙德和维伯等人开展的公民文化调查证实,在美国、英国、德国、意大利和墨西哥,被调查者中"从不谈论政治"的比例分别为24%、29%、39%、66%和61%,"从不关注政治和政府事务的报道"的比例分别为19%、32%、25%、62%和44%③。有资料表明,自1972年以来,美国总统选举的投票率也是每况愈下,从1972年的63%逐渐下降至1996年以来的50%以下,美国国会选举的投票率更低,自1974年以来从未超过50%。

　　中国人不谈政治的比例很低,而参加投票的比例又很高,一般都在90%以上。不过,判断一次选举或类似的政治参与的质量,一是看公民的责任感,二是看公民

---

　　①　(古希腊)亚里士多德.政治学[M].吴寿彭,译.北京:商务印书馆,1981:113,25.

　　②　(美)罗伯特·达尔.现代政治分析[M].王沪宁,陈峰,译.上海:上海译文出版社,1987:131.

　　③　(美)阿尔蒙德,维伯.公民文化——五个国家的政治态度和民主制[M].徐湘林,等,译.北京:华夏出版社,1989:141,109.

是否因利益因素而关心政治。达尔曾总结了影响政治人进退政治阶层和无政治阶层的原因,包括:是否重视因从事政治活动而得到的报酬;是否认为自己的政治选择是重要的;是否相信自己能够帮助改变结局;是否相信如果自己不行动,结局将不会满意;是否拥有关于当前问题的知识或技能;是否愿克服政治行动的障碍①。他据此认为,对这些因素作肯定认识的人,对政治就感兴趣,会去关心并了解政治,并确实去参与政治生活,这些人就构成了政治阶层。事实上,在现实政治生活中,影响人们进退政治思想领域的因素是复杂多样的。

本书在广义上使用"政治人"一词。它指的是处于一定的现实社会关系中的公民,享有宪法和法律规定的权利和义务,包括政治权利和政治义务,在特定的政治统治体系中,具有一定的政治认知、政治情感和政治评价能力,并为维护自己的权利和义务而能够作出一定政治行为的人。这是一种应然状态下的"政治人",是政治学和政治哲学中的一个基本范畴,是公民政治的主体,指具有一定政治价值判断、积极作为的政治公民,它不排斥现实社会政治生活中存在着的消极公民和无政治阶层。本书的研究主旨在于倡导现代公民的培养。良好政治人的形成有赖于社会政治制度和法律制度的保护,受益于社会大小环境的教育和熏陶,其中政治教育、政治学习、政治训练、政治参与等是模铸政治人、扩大政治阶层、提高公民政治素养的根本出路②。

第二节 政治人的素养

政治价值观是指人们对政治世界的看法,包括看待、评价某种政治系统及其活动的标准,并由此形成政治主体的价值观念和行为模式的标准。政治价值观是一个具有多层次内涵的概念。一般来说,人们在社会政治生活中有目的、有意义的实践活动,都是满足物质或精神需要的一种政治价值活动。通过反复进行的政治价值活动,人们必然形成有关政治活动的利害、好坏、善恶、祸福、美丑、是非、正义与非正义、公正与偏私等观念,这就是政治价值观念。而各种政治价值观念中最根本、最稳定、最深层的内核,就是政治价值观。由此可以看出,政治价值观是政治价

---

① (美)罗伯特・达尔.现代政治分析[M].王沪宁,陈峰,译.上海:上海译文出版社,1987:138.

② 陈义平.政治人:模铸与发展——中国社会转型期的公民政治分析[M].合肥:安徽大学出版社,2002:3-6.

值观念的系统化,而政治价值观念中又显然包含了政治认知、政治情感的成分。政治价值观的第一层内涵是:人们对政治活动和政治现象作用于政治行为主体而产生的价值需要关系的系统化认识和判断。相对于零散的、易变的、个性化的政治价值观念,政治价值观更为内在、深刻、持久地支配着社会政治集团和政治人个体的政治行为。这一层意义上的政治价值观具有系统性、综合性、稳定性等特点。

政治价值观的第二层内涵是:它通过政治道德原则和政治习俗规范,通过政治法律制度和准则等外部表现形式,指导或限制人们的政治行为。在一定的利益主体、群体、阶层或阶级范围内,其成员在总体上存在着一种基本一致的政治价值观念和政治行为准则。其中,政治价值观念直接影响着政治行为主体的政治信念、信仰和理想,政治行为准则则是对政治行为和政治活动的价值评价标准和行为规范,它配合以各种相应的道德规范和民俗风尚而对维护政治行为的一致性起着重要的作用。这一层意义上的政治价值观具有多样性、群体性、社会性和历史性等特征。

政治价值观的第三层内涵是:它是政治意识形态的定性内容和带有方向性的内容。

第一,政治意识形态中的价值观和信仰成分与建构这种意识形态的社会主体的政治情感和利益紧紧地联系在一起。政治意识形态有鲜明的阶级性,是"对国家政治生活的基本看法和价值界定,它直接反映了社会经济关系和生产方式的状况,体现了社会阶级关系和不同阶级的地位与利益","在一个社会中占据统治地位的政治意识形态,只能是该社会统治阶级的政治主张"[①]。"统治阶级通过本阶级的政治意识形态将其政治影响力转换为人们心理上的政治权威,并且使它成为公共舆论衡量人们政治行为的价值标准和尺度,从而使它在社会的实际政治活动中,持久地起着政治强制手段所不能起到的作用"[②]。

第二,政治意识形态的三个基本要素(认知—解释要素、价值—信仰要素、目标—策略要素)[③],构成了政治意识形态的三个层面。其中,认知—解释层面是政治意识形态中对其基本理念进行理论说明的内容,这是政治意识形态的知识论前提。社会主义政治意识形态的认知—解释层面的内容主要是马克思主义的社会发展观和政治实践观,其科学性在于把握了社会历史发展和人类政治实践的一些基

---

①　王惠岩.政治学原理[M].北京:高等教育出版社,1999:239.

②　中国大百科全书出版社编辑部.中国大百科全书·政治学[M].北京:中国大百科全书出版社,1992:511.

③　何怀远.意识形态的内在结构浅论[J].江苏行政学院学报,2001(2).

本规律,从而有了可靠的知识论前提和基础。价值—信仰层面是政治意识形态中的价值观及其信仰成分。胡格韦尔特认为,"'意识形态'这个词现在只意味着能促使人们行动起来并证明他们的行为正确性的一整套思想、信仰和价值观"①。普拉诺也认为,"意识形态是对于人和社会本质的有关态度、信念和价值的一种综合,是引起人们在政治、经济和社会事务中活动的动机"②。政治意识形态的这一层面的内容是人们政治价值选择的根据,是人们对现实世界进行政治价值评价的尺度,也是人们产生政治激情的观念基础。政治意识形态的分歧从根本上说就是价值—信仰层面的差别甚至对立。目标—策略层面是政治意识形态的基本理念实现的目标、途径和艺术。政治意识形态作为对现实政治世界意义的探寻及对政治实践的导向,最终是要实现理想目标并选择实现理想目标的方式和策略,在这个意义上,应该承认,意识形态中的"实践的因素与理论的因素具有同等重要的位置"③。

政治意识形态的这三个层面之间是相互交叠关联的,是相互渗透的,其中的任何一个层面都同时依赖着或包含着其他层面的内容,它们之间没有主次、轻重、高下之分。在传统的意识形态观念中,意识形态几乎是价值观的同义语,其实,这是一种误解,任何价值信仰都不可能没有它的知识基础,也不可能没有它的目标和策略,否则,它不会为人们所接受。政治意识形态的认知—解释层面的内容并非指所有关于现实政治世界的描述理论,只有与一定的价值信仰、理想目标及实践态度相联系,变成一种价值规范性的主张和实践意志,才能成为意识形态。同样,政治意识形态的价值—信仰层面的内容以认知—解释系统作为知识保障,否则只能成为一厢情愿的价值偏好,只有实现知识前提的科学性与价值信仰的高尚性的统一的政治意识形态才有科学性可言。

政治意识形态的目标—策略层面是在前两个层面的指导下对社会选择意向的定位和实现方式的选择,是价值—信仰层面的进一步强化和具体化,是意识形态中的实践意志内容。正因为有了这一层面,政治意识形态才能变成强大的社会政治力量,由观念的东西最终转变为现实运动。由此可见,政治价值观作为政治意识形态的一个层面,是政治意识形态发挥整合力量的指示灯,一个政治社会不能没有共同的政治信仰和价值观,建立起符合时代潮流和社会发展要求的共同信仰和价值

---

① (美)胡格韦尔特.发展社会学[M].白桦,丁一凡,编译.成都:四川人民出版社,1987:226.
② (美)杰克·普拉诺,等.政治学分析辞典[M].胡杰,译.北京:中国社会科学出版社,1986:8.
③ 姜椿芳.简明不列颠百科全书(第9卷)[M].北京:中国大百科全书出版社,1986,101-102.

观,是意识形态工作者的重要使命。在政治社会中,起主导的、进步作用的政治观和政治信仰,一定是该政治社会中占统治地位的政治意识形态的内容。当然,这种主导地位的政治价值观和信仰,通过灌输和教化,在其他阶级中也可能形成,正如马克思、恩格斯指出的那样,共产主义意识形态并不一定只能在无产阶级中才能形成,"这种意识当然也可能在其他阶级中形成,只要它们认识到这个阶级的状况"①。在意识形态层面上的政治价值观具有阶级性、主导性、实践性等特点。至此,我们可以进一步把政治价值观界定为:是人们关于各种政治价值现象的观点和看法中比较稳定、深层次的、系统化的价值选择的结构体系,是具有世界观、方法论意义的政治价值评价标准和评价思想的综合观念形态,是指导人们进行政治价值活动的世界观、方法论和一般思想原则。它渗透到现实政治生活的各个领域,人们的政治信念、政治信仰、政治理想和追求等都属于政治价值观的范畴②。

第三节　政治人的理性

一、自利理性

（一）人性与自利性

英国著名政治学学者格雷厄姆·沃拉斯在《政治中的人性》一书中指出:"过去时代的思想家,从柏拉图、边沁到穆勒,都对人性有独到的看法,并把那些看法作为思考政治的基础。"③现代政治学理论的奠基人马基雅维里的政治学说,建立在他对现实人性的深层分析基础之上。作为一位深受欧洲文艺复兴时期人文主义思潮影响的政治思想家,马基雅维里十分注重从人类历史和现实的经验出发,力求深刻揭示社会现实生活过程中人类的真实本性。他始终坚持这样一种观点,即任何时代的社会统治者和政治家要想成功地建立国家、治理人民和维持社会秩序,都必须以人性为根本的出发点。因此,对于负有政治使命的社会统治者和政治家来说,除非他们不想有所作为,否则就必须深入了解和认真研究人性问题。

① 马克思,恩格斯.马克思恩格斯选集(第1卷)[M].北京:人民出版社,1972:76.
② 陈义平.政治人:模铸与发展——中国社会转型期的公民政治分析[M].合肥:安徽大学出版社,2002:175－179.
③ (英)格雷厄姆·沃拉斯.政治中的人性[M].朱曾汶,译.北京:商务印书馆,1995:7.

在马基雅维里看来，在任何时代、任何国家和任何民族，其历史和现实的基础都是人们现实的社会活动，而凡是人们的现实社会活动，都是由人们不变的、共同的本性所支配的。那么，人类的共同本性是怎样的呢？马基雅维里认为，纵观古今天下，人类无一例外地拼命追逐两样东西：财富和权力。其中尤以追逐财富即物质利益为最，因为它是人们获得权力的重要手段，又是人们追逐权力的目的。人们为了满足一己私利，不惜做出任何丑恶的行为，"他们是忘恩负义、容易变心的，是伪装者、冒牌货，是逃避危难、追逐利益的"[①]。英国当代著名哲学家伯特兰·罗素曾将马基雅维里的人性思想称为"不择手段的利己主义"[②]。从历史唯物主义的观点来看，马基雅维里的"人性利己观"并没有摆脱抽象人性论的窠臼，他把"不择手段的利己主义"普遍化、绝对化的观点，也是片面的、不科学的。

同时，如果现实生活中人人追逐一己私利而"不择手段"的话，那么，人类社会必然就是"人与人像狼与狼一样"和"每个人对每个人的战争"的"霍布斯森林"，马基雅维里式"利己主义"的必然结果就是人类社会人人都无幸福可言。但是，我们也应该看到，马基雅维里所描述的人性之"恶"，主要是以欧洲资本主义社会原始积累时期现实社会中各种丑恶现象为蓝本的。同时，马基雅维里的人性观摆脱了中世纪人性的神学观念，认识到人类的"利己性"是一种自然的、无可厚非的本质属性，人生在世当然要追求现世的财富和权力，而不是追求来世的幸福，从而使中世纪神性的人性观回到了人类世俗社会之中，从理想主义回到了现实主义，从而为现代政治学理论的产生提供了经验的和现实的基础。

（二）利益与需要：人的内在规定性

"自利性"是人类最为自然的本质属性，我国古代著名历史学家司马迁在《史记·货殖列传》中指出："天下熙熙，皆为利来；天下攘攘，皆为利往。"18世纪法国启蒙思想家霍尔巴赫说："利益就是人的行动的唯一动力。"[③]18世纪法国哲学家爱尔维修也指出，河水不能倒着流，人不能逆着利益的浪头走。马克思主义经典作家从不讳言人的利益，马克思曾经指出："人们奋斗所争取的一切，都同他们的利益有

① （意）尼科洛·马基亚维里.君主论[M].潘汉典，译.北京：商务印书馆，1985：80.
② （英）罗素.西方哲学史（下卷）[M].何兆武，李约瑟，译.北京：商务印书馆，1976：25.
③ （法）霍尔巴赫.自然的体系（上卷）[M].管士滨，译.北京：商务印书馆，1999：260.

关。"①"在任何情况下,个人总是'从自己出发的'。"②马克思、恩格斯在他们合著的《神圣家族》中,深刻地指出:"'思想'一旦离开'利益',就一定会使自己出丑。"③众所周知,早期马克思主义经典作家都是通过研究人类现实社会的利益问题,进而形成了唯物主义的思想体系。马克思如此,恩格斯也是如此。1842 年 11 月,恩格斯通过对英国曼彻斯特社会经济状况的考察,发现了经济利益在社会生活中的支配作用,进而形成了其历史唯物主义的观点。"自利性"是人类最为自然的本质属性。从"经济人理性"与"政治人理性"两种理性行为的内在动力机制来看,经济人理性行为和政治人理性行为的内在动力都来自人的"自利性"。正如中国人民大学毛寿龙教授所指出的:"在经济生活中,人们的理性自利促进了经济繁荣,成功者从严酷的市场竞争中脱颖而出,成为企业家。在政治生活中,实际上也是自利驱使政治积极分子积极从事政治活动,并从更为严酷的政治竞争中脱颖而出,成为政治家。"④

1962 年,一个美国科学家调查小组向一个被调查者提了这样一个问题:"假设一项法令正在考虑中,而您认为该法令极不公正或者有害。您想您可能做些什么呢?"一位参与调查的退休邮电工人耸了耸肩,回答说:"我可以组织正式的团体,或者鼓动朋友和邻居,一起写抗议信或签署请愿书。"在这个小组的调查对象中,做这类回答的大约占 56%。而一位墨西哥妇女在回答同一个问题时,则显得有点困惑,她停顿了一会,似乎在考虑,然后有点茫然地答道:"不知道。我连个聊天的人都没有。遇到这种情况我不知道该干什么。"差不多有 48%的墨西哥被调查者的回答跟这位妇女相似。27 年之后的 1989 年,中国的社会科学家在调查中问道:"假如您认为政府的某项决策损害了自己的利益,您会不会想到自己可以做些事情影响政府的这项决策,如果会的话,会采取何种方式?"大多数被调查者不假思索地答道:"向本单位领导或政府有关部门反映。"以上回答体现了三种不同的政治特征,反映了三种"政治人"的答案。

政治学研究者使用"政治人"这个"人"字的方式,跟新闻界惯用的"门"有些相似。从 1972 年美国共和党在竞选期间非法进入民主党总部窃取情报闹出水门事件之后,记者们便在所有的政治丑闻后面都加上一个"门"字,于是"伊朗门事件"

---

① 马克思,恩格斯.马克思恩格斯全集(第 1 卷)[M].北京:人民出版社,1956:82.
② 马克思,恩格斯.马克思恩格斯全集(第 3 卷)[M].北京:人民出版社,1960:514.
③ 马克思,恩格斯.马克思恩格斯全集(第 2 卷)[M].北京:人民出版社,1957:103.
④ 毛寿龙,等.有限政府的经济分析[M].上海:上海三联书店,2000:384.

"国会门事件"等各类"门"便层出不穷。人是万物之灵，是世界上最复杂的精灵，他身上不知道有多少解不开的谜。在《孟子》中，告子说："食色，性也。"人皆有食色二性，这是人的生物特点；人都要挣钱谋生，要计算油盐柴米，希望自己的钱能够多一点，这是人的经济特点；人还知道礼义廉耻，有憎恶之心，有恻隐之心，亦有向善之心，"老吾老，以及人之老，幼吾幼，以及人之幼"，这是人的道德特点；人又都有点权力欲，不论大小，总爱当个领导，这是人的政治特点……社会科学家为了把人身上这些方方面面的特点研究清楚，把自己的理论说得生动一些，就在研究人的某个方面特点的理论后边加了个"人"字。比如亚当·斯密研究人的经济特征，就说"经济人"；西蒙研究人的行政特征，就说"行政人"；还有社会学家研究人的社会特征，就说"社会人"。1960 年，曾经担任过国际政治心理学会主席的美国政治社会学家李普塞特写了一本书，专门把人的政治特征作为政治发展的基础来研究，这本书的名字就叫《政治人》。所以，准确地说，政治人就是人的政治特征的形象而生动的说法，我们所说的"中国政治人"就是我们中国人政治特征的形象而生动的说法①。

我们在前面说过，政治素养由三个部分构成：政治观念（政治参与态度）、政治知识和技术、政治参与经历。这三部分在一个人的政治素养中发挥着不同的作用。大致来说，第一个部分决定公民有没有参与的愿望；如果有的话，他参与的积极性如何。这是政治素养的核心部分，对政治素养的高低起着决定性的作用。第二个部分决定他有没有参与的能力，如果一个公民徒有参与的热情，但却没有必要的知识和技术，那么，他就是想参与也无能为力。因此，可以说第一部分决定公民愿不愿意参与，第二部分决定公民能不能参与。第三个部分决定的是，公民能不能高效率地参与。假如一个公民曾经有过比较多的参与经历，那他后来的参与可能也会比较有效率。

政治素养的这三个部分互相联系，互相影响，并且还可以互相转化。几个部分有点互相弥补的作用。当然我们衡量公民的政治素养，互相影响的情况还要更复杂一些。因为参与愿望强的人，即使他现在知识和技术差一点，但他很可能要比参与愿望弱的人更加积极地学习政治知识和技术，所以他在政治知识和参与技术方面可能很快就会提高。参与愿望跟参与经历之间也存在着类似的关系。在我们看来，政治观念即参与态度是核心部分，对政治素养的高低起着决定性的作用。一个公民如

---

① 张明澍.中国"政治人"——中国公民政治素质调查报告[M].北京:中国社会科学出版社,1994:1-2.

果有了积极参与的政治态度,如果没有知识,他会积极地去学习;如果缺少参与的经验,他会热情地去积累。在某种程度上说,政治观念(政治态度)这一个关键点,能够带动其他两个部分,弥补其他两个部分。在公民政治素养的三个组成部分中,这无疑是一个"特殊待遇"。

政治知识和技术当然也很重要。一个人如果只有参与的热情,而没有必要的知识和技术,好比战士空有一腔奋勇杀敌的激情却不会使用武器一样,就没有办法真正有效参与。

参与经历在政治素养中的重要性稍小一些。当然一个人有经验和没有经验,参与的效果是很不一样的;甚至,有无参与经历也会影响到一个人所持的政治观念,以及他所掌握的知识和参与技术。但是客观地说,如果在参与态度和知识技术方面得分较高的话,即使由于某些原因参与经历暂时还比较少,也还是较容易增加起来。反之,如果缺乏参与的政治态度,缺少政治知识和技术,参与经历能够弥补前两者的可能性就要小一些。有些人爱热闹,碰上游行喜欢加入,碰上给领导提意见也喜欢跟着起哄,但综合的政治素养并不怎么高。虽然参与经历在政治素养组成中的重要性稍小,但它依然是不可忽视,也不可轻视的。

第四节　政治人与社会主义核心价值观

社会主义核心价值观赋予了公民意识教育新的时代内涵,促使公民树立社会主义民主法治、自由平等、公平正义理念,树立与社会主义核心价值观相契合的公民意识、价值追求和文化自觉,塑造社会主义合格公民[1]。

党的十九大报告中提出要培育和践行社会主义核心价值观,社会主义核心价值观是当代中国精神的集中体现,凝结着全体人民共同的价值追求。要以培养担当民族复兴大任的时代新人为着眼点,强化教育引导、实践养成、制度保障,发挥社会主义核心价值观对国民教育、精神文明创建、精神文化产品创作生产传播的引领作用,把社会主义核心价值观融入社会发展各方面,转化为人们的情感认同和行为习惯。

---

[1]　宋劲松.社会主义核心价值观:大学生公民意识教育的新指向[J].求索,2017(1).

一、爱国敬业的国家意识

国家意识是公民对自身所属的民族国家的一种归属感和认同感，它是公民意识教育的基本任务。"爱国"与"敬业"核心价值观是国家意识教育的重要内容。

爱国主义精神是动员和鼓舞中国人民团结奋斗的一面旗帜和精神支柱。从"五爱"中的"热爱祖国"，到"八荣八耻"中的"以热爱祖国为荣，以危害祖国为耻"，再到"爱国"核心价值观，爱国主义教育一直是公民意识教育的核心主题。党的十八大以来，实现中华民族伟大复兴的中国梦是新时期中华民族爱国主义的总命题、新篇章。实现中华民族的伟大复兴是一个艰苦卓绝的过程，需要执着专注、拼搏奉献、苦干实干的精神品质。

"敬业"核心价值观的最高境界就是把劳动、创造、贡献视为公民的责任和义务。从这个意义上说，"敬业"是实现中国梦的动力之源，是公民国家意识的体现。要以"爱国""敬业"核心价值观培育大学生的国家意识，引导公民增强国家认同、树立民族自信，在激扬青春、开拓人生、奉献社会的进程中创造精彩人生，成为有信念、勇拼搏、乐奉献的社会主义公民。

二、民主公正的法治意识

法律的权威源自人民的内心拥护和真诚信仰，即人们对法律发自内心的认可、崇尚、遵守和服从的法治意识。"民主"与"公正"核心价值观是公民法治意识教育的重要内容。

首先，"民主"价值观能引导公民正确认识社会主义民主、正确行使民主权利，培育他们的民主政治参与能力。更为重要的是，"民主"价值观倡导由民做主、民为主人，它要求公民树立责权统一观念，有政治参与热情和监督意识，有为国家兴盛而尽己之责的主人翁意识和济世情怀。其次，"公正"意为"公平正直，没有偏私"，它作为一种评价和规范社会制度和人们行为的合理性的价值范畴，要求人们在处理与他人、与社会的关系时，讲求正义、秉持公道、维护公平。要以"民主""公正"核心价值观培育公民的法治意识，引导他们明辨是非、遵纪守法，使之自觉认识自身责任与义务，成为守规则、遵法治、讲民主的社会主义公民。

三、自由平等的主体意识

培育主体意识是公民意识教育的核心目标。"自由""平等"价值观是公民主体意识培育的重要内容。

　　首先，"自由"价值观反映了社会对人的权利的尊重、对人的尊严的呵护以及促进人的发展的最基本价值取向，它是人的主体意识的重要体现。"自由"核心价值观就是要引导人们尊重社会规范的约束，在法律框架下追求自由，并且使人释放活力与创造力，促进社会发展。其次，"平等"价值观倡导平等的社会机制和价值引导，尊重公民享有平等权利和利益，体现了人们对自身享有平等权利、平等机会和平等结果的一种主体意识。公民的积极性、主动性与创造性能否激发出来，不但关系到他们自身的发展，也关系到国家的前途、民族的复兴。要以"自由""平等"核心价值观培育公民的主体意识，着力激活和释放公民自由创造、勇于探索的精神，引导他们坚韧豁达、奋发向上，提升他们参与国家和社会事务的积极性，成为高素养、能自强、敢创新的公民。

四、诚信友善的公德意识

　　公民意识教育还包含公民个体道德意识教育与社会整体文明意识教育。公民作为社会文化层次较高的群体，其言行不仅反映出个人的道德修养与思想素质，还折射出一个国家、一个民族的精神风貌和文明素质。因此，"诚信""友善"价值观是公德意识教育的重要内容。首先，诚信是为人之本、立人之道。正如古代先贤所说，"唯天下至诚，为能尽其性"（《中庸》），"人而无信，不知其可也"（《论语·为政》），"诚，五常之本，百行之源也"（《周子全书·通书·诚下》）。其次，友善也是公民应有的基本道德品质，是处理公民关系的基本道德规范。中华民族对友善更是推崇备至，将"与人为善"视为"君子之道"的核心。"诚信""友善"的核心价值观，是中华民族传统美德在当代的传承发展，体现了社会主义新型人际关系的特征。要以"诚信""友善"核心价值观培育公德意识，引导公民摆正人我关系，学会心存善念、关心社会，成为知荣辱、讲文明、守诚信的社会主义公民。

阅读和实践

一、拓展阅读

1. （美）罗伯特·达尔，《现代政治分析》，上海译文出版社，1987年。

2. （美）西摩·马丁·李普塞特，《政治人——政治的社会基础》，上海人民出版社，2011 年。

3.刘志伟，《论政治人理性：从"经济人理性"比较分析的角度》，中国社会科学出版社，2005 年。

4.徐贲，《政治是每个人的副业》，东方出版社，2013 年。

5.王振海，刘京希，高旺，马宝成，陈强，《社会场域中的政治——政治社会学的视角》，河南人民出版社，2005 年。

二、实践技能

大学生政治关心程度调查问卷

第 1 题.你平时关注政治吗？

1.挺关注的

2.一般吧，有时间就看看

3.很少关注

4.不感兴趣，没关注过

第 2 题.你身边同学对政治的关注度高吗？

1.挺关注的

2.一般吧，有时间就看看

3.很少关注

4.不感兴趣，没关注过

第 3 题.在全国两会期间，你会关注会议专题吗？

1.非常关注

2.比较关注

3.有点了解

4.不关注

第 4 题.你最关注的政治问题是？（多选）

1.国内国际形势

2. 领导人层次变动

3. 政府决策对居民的影响

4. 与自己切身利益有关的问题

5. 其他 请注明_____

第 5 题. 你参与政治问题讨论的原因?

1. 国家大事,理应关心

2. 硬性需要

3. 从众和跟风

4. 其他 请注明_____

5. 并不参与

第 6 题. 在全国两会期间,你会关注会议相关资讯吗?

1. 非常关注

2. 较为关注

3. 有点关注

4. 不关注

第 7 题. 党的二十大召开后,你对它的关注程度如何?

1. 没听说过

2. 被动关注过

3. 主动关注过,但没有深入关注

4. 深入关注过

第 8 题. 你知道党的二十大中提出了以下什么内容?

1. 社会主要矛盾已经转变

2. 我国特色社会主义进入新时代

3. "八个明确,十四个坚持"

4. 新的奋斗目标

5. 新时代中国共产党的历史使命

6. 不好意思，我一个也不知道

第 9 题. 你知道以下哪些发生的国外政治事件？　　[多选题]

1. 沙特反腐

2. 特朗普访问亚洲

3. 美国德州枪击事件

4. 朴槿惠"闺蜜门"

5. 金正男马来西亚遇害事件

6. 西班牙加泰罗尼亚独立运动

第 10 题. 你一般通过什么途径关注政治？　　[多选题]

1. 传统媒体（报刊，广播电视等）

2. 门户网站（腾讯，凤凰，网易等）

3. 新媒体（微博，微信等）

4. 其他 请注明＿＿＿＿＿＿＿

第 11 题. 现实生活中，你与他人谈论有关政治话题的频率如何？

1. 从不谈论

2. 偶尔谈论

3. 经常谈论

第 12 题. 你认为阻碍你关注政治，或更进一步关注政治的原因有？[多选题]

1. 不感兴趣

2. 欠缺了解政治的途径

3. 没有时间关注

4. 周围的人都不关注，缺乏氛围

5. 政治素养不高，看不懂

6. 利益不相关

7. 其他 请注明＿＿＿＿＿＿＿

第 13 题. 对于如何提高大学生对政治的关注,你有什么建议? [多选题]

1. 现在就很好,没必要改变

2. 从小加强政治教育

3. 加强政治宣传

4. 使大学生关注政治的途径更加便利

5. 其他 请注明_____

第二章 培育政治人的实践

本章导读

　　对政治人的培育是通过公民教育来实现的。公民教育是为了培育出合格的公民,使其成为国家发展和前进中的中流砥柱与推动力量。公民教育重视培养个人对国家历史文化的认同感,教育个体学习本国的政治制度和相关的政治知识,以主人翁的姿态参与公共事务,将国家的兴衰与个人的发展联系起来。但是不同时代、不同国家的公民教育有所差异,并不存在一个唯一的公民教育体系。在中国,陶行知、晏阳初、梁漱溟等投身于早期的公民教育,取得了相当的成就。英国、美国、法国、德国、日本的公民教育也各有特色,本章对这些不同国家的公民教育进行比较,探讨公民教育的成败得失。

第一节 中国的公民教育

一、近代以来中国公民教育的演变

　　清末民初,国民教育呈现出以"修身科"为主导的"公民教育"。修身科作为儒家传统道德教育的核心科目,有其特定内涵。它强调通过个人的内在道德修炼,进而"推己及人",由"内圣而外王"。1902 年,清政府颁布了《钦定学堂章程》(壬寅学制),以政府法令的形式规定了在蒙学堂、小学堂和中学堂均开设修身科。1904年,清政府颁布了《奏定学堂章程》(癸卯学制)。该学制在"壬寅学制"的基础上加以补充修改,从小学到大学及师范类学堂均开设修身科,内容更加完备。"癸卯学制"的教育内容符合国民教育的两个基本维度:全民性和政治性。"全民性"是以全体国民为教育对象;"政治性"指以灌输政治参与意识和国家意识为教育的主要目标,即把自然人训练成具有公共参与能力的政治人。这一时期的国民教育刚刚起步,对国民教育内涵的认识和理解还有待深化。1906 年,学部《奏陈教育宗旨折》对《奏定学堂章程》进行了修订,突出强调要针对国民性来实施国民教育。国民教育的含义虽因时代及学者的见解而不尽一致,但总体上均以养成奉公守法、爱国爱人的德性为目的。

1912 年,蔡元培任中华民国教育部部长,对全国教育事业进行改革。教育部颁发的《普通教育暂行办法》规定,"凡各种教科书,务合乎共和民国宗旨。清学部颁行之教科书,一律禁用""小学读经科一律废止"。修身科名义上被废除,但仍保留了孝悌、恭敬、勤俭、贞淑等传统德目。袁世凯任中华民国大总统期间,"以兴学为立国要图",主张实行国民教育,同时,恢复中小学读经科。1922 年年底,北洋政府公布新学制(壬戌学制),中小学的修身科均被取消,改为公民科。取消修身科、设立公民科这一变革,有其内在的合理性。公民科教育在课程目标上较多关注公民"公德",养成"共和之精神",旨在唤起国民的国家观念、关心国事及为国奉公之精神。与之相较,传统的修身科教育,一则,不符合培养共和国民之精神;二则,重于读经讲经等课程,过于抽象和不切实际;三则,注重教师学业传授而对学生重视不够。"修身"作为儒家传统道德精神的要求,毕竟是旧时代的产物,其注重"私德"和"家族生活"的传统与近代以来强调"公德"和"社会生活"的新式教育相去甚远。并且,中国社会自晚清以来的巨大变革打破了儒家"修齐治平"的理想,"天下"观念也逐渐被近代意义上的"民族国家"观念所取代。因修身教育"范围太狭,标准太旧,太重学理,教材支配不适当,不能造成法律的观念,等等",最终,近代教育选择了摆脱经学笼罩的"修身科教育",转而迎接"公民教育"之方略。"公民教育"之"公民"并非本源性的概念,而是一个地道的"舶来之品"。中国传统典籍中虽有"公民"一词,如"是以公民少而私人众",但其含义略近于"具有公心之人",不同于近代西方政治参与意义上的公民观念。近代"修身"教科书向"公民"教科书的转换,展现了一幅中国"国民教育近代化历程"的生动画卷。到 20 世纪 20 年代末,"公民"教育代之而起,但由于近代中国所处的特殊历史状况,公民教育带有一定的政党色彩和历史局限性。即便如此,它对教育的近代化仍然具有重要的启发意义①。

由于社会政治的转型和新文化运动的推进,近代中国教育救国的呼声高涨,这

---

① 李柯柯.由"国民"到"公民":中国近代国民教育体系之演变[J].现代教育论丛,2019(2).

使得教育思想的传播拥有了转化为实践的社会基础，为公民素养教育的实施提供了有利的社会环境。自20世纪20年代起，涌现出了一批以改造国民性、培育公民素养为己任的教育家，他们紧密结合中国当时的客观条件，对公民素养的培育做出了本土化的尝试。例如，晏阳初和梁漱溟分别开展了针对乡村平民的教育实验，他们的教育实验将家庭、学校、社会结合在了一起，秉承教育即生活的理念，以此来培养平民的公民性。晏阳初明确提出了"公民教育"的主张，并结合生计、文艺、卫生等教育来培育民众的公民素养。在公民教育方面，除了强调公德心之外，还重在培养公民参与基层政治生活和社会生活的意识和能力，以及对于国家和社会的责任意识，为探索"中国的公民教育"之路做出了富有成效的努力。同样，梁漱溟也在乡村开展了一系列的教育实验，试图通过乡村文化建设振兴乡村，最终实现民族自救。他虽然没有明确提出公民教育的相关主张，但其乡村教育思想的实施本身就是培育公民素养的重要尝试。经过教育理论的宣传、教育实践的尝试、教育政策的支持等多方努力，对公民素养培育的重视最终体现在了当时的课程改革中。1923年，公民科设立，并于同年颁发《小学公民课程纲要》和《初级中学公民课程纲要》。小学课程纲要中提出要学生了解自己与家庭、学校、社团、地方、国家、国际之间的关系，阐述了公民责任、团体组织、学校和地方自治等公民条件的基本要求及其重要性。中学课程纲要旨在让学生研究人类社会生活，了解宪政精神，培养法律意识，略知经济学原理和国际关系，养成公民道德。通过公民课程的设置以及课程纲要的实施，公民素养的培育进入了中小学教育之中，思想上的启蒙和理论上的传播最终转变成了实践上的尝试。虽然由于种种原因，这一时期公民素养培育的实践最终没能成功，但其实践的过程及经验都为近代中国教育改革留下了浓墨重彩的一笔[①]。

二、中国特色社会主义制度下的公民教育

中国特色社会主义制度的建设需要培育社会主义公民，因此公民教育以马克思列宁主义、毛泽东思想、邓小平理论、"三个代表"重要思想、科学发展观、习近平新时代中国特色社会主义思想为指导，努力提高公民道德素质和科学文化素质，培养有理想、有道德、有文化、有纪律的社会主义合格公民。中国特色社会主义制度

① 翟楠.近代中国公民素养培育的本土化尝试及经验[J].当代教育与文化,2019(2).

下的公民教育反对把国外的公民教育观盲目照搬到中国的洋教条主义,而是在借鉴西方公民教育经验基础上保持清醒的批判力,认识到中国社会主义公民教育的普遍性与特殊性。因此,中国特色社会主义制度下的公民教育反对"去意识形态化"与"拿来主义"的倾向,坚持社会主义公民教育的方向,社会主义属性体现了我国公民教育最大特色①。

我国的公民教育以中国特色社会主义理论向大众的传播为中心,巩固马克思主义在意识形态领域的主导地位,对于深化改革开放、推进中国特色社会主义实践深入发展具有战略性意义。中国特色社会主义理论体系是当代中国的马克思主义,是党带领人民建设中国特色社会主义伟大实践的指导思想。公民教育是为中国特色社会主义建设事业培养合格参与者的基础途径,因此公民教育以中国特色社会主义理论体系作为指导思想,在基本原则上要服从和服务于中国特色社会主义建设大局,在具体内容上适应中国特色社会主义建设的现实要求。我国公民教育的内容注重介绍和传播中国特色社会主义理论体系,既包括基本理论,如社会主义本质理论、社会主义初级阶段理论等,也包括中国特色社会主义建设的具体制度性内容,如中国特色社会主义经济建设、政治建设、文化建设、社会建设以及生态文明建设等。公民教育既强化学生的法治意识、责任意识,又很好地完成了对中国特色社会主义理论内容的传播。以中国特色社会主义理论体系武装公民头脑,提高公民思想政治理论素质,是公民教育的本质要求和核心内容。通过实施公民教育,可以从整体上提高公民的主体意识和对国家的归属感、责任感,培育公众对国家的认同,这种认同是把国家视为"大我",将自我融入民族国家之中,养成家国情怀以助力整个社会和国家的和谐。

中国特色社会主义制度下的公民教育具备制度上的保障,各级学校都开设了思想政治课程,中宣部、教育部对思政课程的学时数、经费保障、具体实施等有明确要求,学校也给予了相应的重视,课程之外也有其他相应的制度和环节。在中国特色社会主义理论体系中包含丰富的公民教育资源,通过在教学实践中不断探究理论体系传播和公民教育规律,整合教学内容,梳理教学思路,最终形成规范性、系统性的教学体系。可以说在中国特色社会主义理论体系传播上,我国具备相对成熟的制度保障,公民教育与中国特色社会主义理论体系传播相融合,有利于社会主义

---

① 魏伟.社会主义公民教育研究综述[J].南京航空航天大学学报(社会科学版)2011(1).

公民的培养①。

三、以公民教育促进社会主义核心价值观的培育

公民教育与社会主义核心价值观具有较高的一致性和融通性。如果说公民身份主要意味着一种成员资格，意味着公民对国家的归属感的话，那么公民身份派生的由一国宪法和法律所规定的公民权利义务便是公民身份的实质所在。宪法规定的公民权利主要是以自由和权利两种形式呈现出来的，包括促进公民个体生存、发展的保障性条款和预防公共权力侵害等手段。宪法和法律所规定的公民基本权利和义务是公民教育的主体内容。《中华人民共和国宪法》第二章"公民的基本权利和义务"中部分关于权利、自由、义务的规定与社会主义核心价值观具有直接一致性。如《中华人民共和国宪法》关于公民言论、出版、集会、宗教信仰、人身、通信、文化活动等自由的规定与社会主义核心价值观提倡的"自由"具有一致性，前者是后者的具体化；妇女在政治、经济、文化、社会和家庭生活等方面的权利与男子平等的规定和社会主义核心价值观提倡的"平等"具有一致性；关于公民有维护国家统一、保守国家秘密，维护祖国安全、荣誉和利益，保护祖国、抵抗侵略等义务的规定与社会主义核心价值观提倡的"爱国"具有一致性。可见，公民教育体现的基本价值与社会主义核心价值观相一致。《中华人民共和国宪法》关于权利、自由、义务的诸多规定与社会主义核心价值观具有内在融通性。如年满18周岁的公民不分民族、种族、性别、职业等都有选举权和被选举权，公民对国家机关和工作人员有提出批评和建议的权利，对国家机关和工作人员的违法失职行为有提出申诉、控告或者检举的权利等规定对实现社会主义核心价值观提倡的"民主""法治""公正"等具有高度的融通性，前者是实现后者的必备条件；各民族一律平等、维护男女平等、维护全国各民族团结等的规定对实现社会主义核心价值观提倡的"和谐"具有不同层面的指导意义；爱护公共财产、遵守公共秩序、尊重社会公德、父母抚养教育子女和成年子女赡养扶助父母等的规定都体现着社会主义核心价值观提倡的"文明""友善"等价值追求。公民教育体现的基本精神与社会主义核心价值观之间具有内在的关联性、融通性，开展公民教育是促进社会主义核心价值观认同、培育和践行的有效途径。

---

① 屈庆平、李怀珍.公民教育与中国特色社会主义理论体系在大学生中的传播[J].学理论，2013(18).

作为公民教育核心内容的公民意识整体上与社会主义核心价值观高度一致。公民意识主要是公民对自我身份、价值和尊严的反映，它是公民教育的核心内容。公民的价值主要不是由宪法对公民自由、权利和义务的规定确定的，而是由公民对这些自由、权利和义务的态度、行使程度与能力、争取意愿等决定的，公民在国家管理和社会治理方面的积极参与是真正体现公民价值的重要方式，公民正是在自由、权利和义务的行使中成就自己的尊严，在积极、长期、不懈的参与中争得自己的荣誉。党的十七大报告明确指出，要加强公民意识教育，树立社会主义民主法治、自由平等、公平正义理念。党的十八大提出的社会主义核心价值观的内容与这一认识具有高度一致性。社会主义核心价值观从国家、社会和公民个体层面设定了价值追求，在全国范围内形成价值共识，促进价值观层面的国家认同；公民教育的目标是培养适合公民身份要求的态度与价值，这与社会主义核心价值观在目标上具有高度一致性。社会主义核心价值观中自由、平等、公正、法治、民主等内容与作为公民教育核心内容的公民意识高度一致。可见，公民意识教育本身就是社会主义核心价值观培育和践行的重要组成部分。

党的十九大报告提出要提高人民思想觉悟、道德水准、文明素养，提高全社会文明程度。在公民教育中，广泛开展理想信念教育，深化中国特色社会主义和中国梦宣传教育，弘扬民族精神和时代精神，加强爱国主义、集体主义、社会主义教育，引导人们树立正确的历史观、民族观、国家观、文化观。深入实施公民道德建设工程，推进社会公德、职业道德、家庭美德、个人品德建设，激励人们向上向善、孝老爱亲，忠于祖国、忠于人民。加强和改进思想政治工作，深化群众性精神文明创建活动。弘扬科学精神，普及科学知识，开展移风易俗、弘扬时代新风行动，抵制腐朽落后文化侵蚀。推进诚信建设和志愿服务制度化，强化社会责任意识、规则意识、奉献意识。党的二十大报告提出要提高全社会文明程度，实施公民道德建设工程，弘扬中华传统美德，加强家庭家教家风建设，加强和改进未成年人思想道德建设，推动明大德、守公德、严私德，提高人民道德水准和文明素养。

作为公民教育重要内容的公民道德包含了社会主义核心价值观中公民个体价值追求。公民道德是公民教育的重要内容，公民道德教育是影响人们道德观念形成、发展和道德人格塑造的重要环节。改革开放以来，传统道德面临很大挑战，与社会主义市场经济相适应的现代道德体系尚未完全建立起来，在公民道德由"破"向"立"转换的过程中，社会普遍存在一种道德漂泊感，道德标准甚至也被有些人解读为服务于私利的工具，人们的行为也易受情绪和利己主义左右，甚至可能面临道德危机。道德生活中出现的各种问题客观上要求加强公民道德教育。2001年颁布的《公民道德建设实施纲要》提出要在全社会大力倡导"爱国守法、明礼诚信、团结友善、勤俭自强、敬业奉献"的基本道德规范，大力加强公民道德教育，以达到全面提高公民道德素质的目的。社会主义核心价值观在公民个体层面的价值追求（爱国、敬业、诚信、友善）实际上就是公民基本道德规范的组成部分。并且，《公民道德建设实施纲要》提出的公民道德规范完全包含了党的十八大提出的公民个体层面的价值追求。可见，公民道德教育实际上包含了公民个体层面价值观的教育。

作为公民教育实践的公民参与是社会主义核心价值观认同、践行的主体性和动力所在。公民教育包括公民身份教育、公民权利教育、公民义务教育、公民道德教育、公民意识教育和公民参与教育等方面，其中公民参与是公民教育的实践体现，是最能反映人的主体性的方面。党和政府在一些重要文献里多次强调公民参与的重要性，呼唤公民自觉参与立法、行政和司法，如党的十八大报告提出"拓展人民有序参与立法途径"，"从各层次各领域扩大公民有序政治参与"等战略要求，但在实践上普遍存在重公民义务轻公民权利的现象，有些领导和部门甚至怕谈公民权利、怕公民参与，这是与党和政府的要求相违背的。由于在公民教育中存在的对公民权利和公民参与的误解，在社会主义核心价值观培育和践行中公民的主体性也往往被忽视。普通公民是认知、认同和践行社会主义核心价值观的主体，同时也应该是因践行社会主义核心价值观而受益的主体。

未来，中国的公民教育应该激发普通公民认知社会主义核心价值观的主体性、积极性。认知就是要对社会主义核心价值观有清晰的了解和整体的把握，这绝不是单向的宣传能够解决的问题，客观上需要公民对社会主义核心价值观持正确的态度，有认知的意愿和要求。当然，认知的能力也是需要考虑的重要因素，普通公民是否认同对社会主义核心价值观的培育和践行具有决定性影响。公民认同是社会主义核心价值观知行转化的关键环节。在社会主义核心价值观培育和践行的整个过程中，公民认同是根本性的问题。认同就是从情感、态度、心理等方面认识到社会主义核心价值观与自身的愿望、目标和利益是一致的。践行社会主义核心价值观的动力来源于公民主体性参与。对社会主义核心价值观的认知、认同最终都要体现在行为上。公民对社会主义核心价值观的认知、认同和实践转化过程实际上就是内化外化过程，认同显然是这一过程的关键环节，在认同的基础上建构践行社会主义核心价值观的知行转换动力系统是事关社会主义核心价值观培育和践行的重大理论和实践问题,它的解决离不开普遍、持久、有效的公民教育①。

第二节 美国和英国的公民教育

一、美国的公民教育

美国建国初期,其公民教育主要集中在自由、民主、公众认同、共同利益的维护上。为普通公民设置的自由公立学校在当时被看作是"树立公民核心价值观、普及知识和树立民主责任感等方面对公民进行教育的最佳场所"。1779 年《美国宪法》颁布实施,这部宪法奠定了两百年来美国民主政治的基础,也成为公民教育的宝典。随着美国社会的发展变革,第一本关于美国历史、政府和公民教育的教科书在1790 年左右出版发行。美国早期的公民教育以道德和宗教为主题,并在此基础上推崇爱国主义信仰和具有强烈献身意识的"美国精神"。

在美国建国后半个世纪里,学校公民教育中比较有影响的就是拼字课本和读本的应用,公民教育主要是强调对公民道德观念的教诲,培养儿童忠于祖国的爱国主义情感,爱国主义被尊崇为最崇高的社会美德。公民教育的内容主要强调阅读、书写能力的培养、爱国主义和美德的教学,辅之以历史和对美国政府一般原理的学习。此时期的教育已经处于由教会管理逐渐转变到国家管理的过渡阶段,社会对教育的需求迅速增加。在政治、经济、社会的各种因素推动之下,国家开始接替教会来办理教育,为美国公民教育的发展提供了必要的条件。

1829 年,杰克逊任美国总统,他倡导女权、教育、禁止奴隶贸易等,有力地促进了美国公民教育的发展。19 世纪中叶,学校的公民教育计划中加强了对政治价值观的教学,崇尚自由、平等、爱国精神和仁爱的基督教美德成为中产阶级勤奋、诚实、正直、自律、守法的美德。被美国人尊称为"公立教育之父"的贺拉斯·曼在 19世纪中期呼吁向全美儿童实行免费的义务教育,这使得当时关于公民教育的争论变得更加尖锐。贺拉斯主张,所有学生,包括大量从前被剥夺公民权利的穷人或移民儿童,都有权利接受公民教育,学习关于美国政府的一些常识。他反对把"政治性"的争论带进学校,因为这样会把公立学校的崇高理想带入歧途。另外他鼓励教

---

① 张宜海.以公民教育促进社会主义核心价值观的培育和践行[J].道德与文明,2017(4).

师通过英语、说教式的道德灌输、读爱国读物、介绍历史知识和对宪法部分章节的背诵等途径引导儿童进入社会群体，对其进行公民教育。

直到 1876 年美国建国百年庆典时，下层阶级的子女仍然未能进入公立学校接受教育。南方各州教育重新改组时曾指出要拓宽公立学校系统，但这些想法迟迟未得到实现。北方各州允许黑人进入公立学校的说法也如"纸上谈兵"，仍为白人和黑人单独设立学校进行教育，这明显是教育体系的失败。数以百万的移民者通过接受公民教育被认为享有了公民的职责和权利，但对于非裔美国人来说，尽管他们拥有美国公民的身份，却无法接受同白人同等的教育，可见美国的公民教育仍存在着严重的种族歧视问题。

美国是一个年轻的多民族国家，为了使不同民族能够在民主原则下共同生活，因此特别注意对学生，尤其是新移民中的学龄儿童进行公民教育，旨在使他们了解美国的生活方式，贯彻民主原则。由于移民的到来必定对美国主流文化产生威胁，美国人担心先前的说教式、训诫式的方法和当前的公民教育不相适宜，因此 1880 年至 1890 年间，一些教育家提出了加强"美国历史的学习"的主张，并得到了美国十大教育团体委员会的赞同。

19 世纪末，美国许多教育家感到完全以政治为内容的公民教育失之偏狭，不符合社会的发展对公民的要求。于是，1916 年，全美教育协会向全国学校提出了建立"社会科"的建议报告，讨论了公民教育的内容、方式、课程设置等问题，该报告成为美国现代公民教育形成的标志。1918 年，美国正式建立了"社会科"。社会科的设立丰富了公民教育的内容，社会科不但包括历史、公民学和政府等课程，而且还包括社会学和经济学等方面的知识。同时，学校在三、四年级设立了"社区教育"，在九年级和十二年级开设了公民学课程，美国历史在五年级、八年级、十一年级开设，地理、州历史、欧洲或世界历史一般在七年级和十年级开设。总体来说，这一时期公民教育的主要特点表现为：社会科在公民教育教学中产生了重大影响，培养合格公民是美国社会科的最高教学目的，公民教育不仅是社会研究课程的任务，也是整个学校教育的最终目的之一。

20 世纪二三十年代，美国社会涌现出了社会改革和进步主义教育运动。在动荡起伏的年代里，人们害怕美国年轻一代产生道德衰退现象，特别是在禁酒令期间，对品格教育尤其关注。各州的大多数校区在初、中年级都进行了相应的课程规划以加强品格教育。20 世纪 30 年代，公民学和政府等课程按类别被添加到学校课程中,特别是设置在初中高年级或高中的十一或十二年级的水平上。二战前,美国公民教育主要侧重点在以下方面:品格教育的推崇、爱国主义的教学和象征性仪式、社区活动的保证、民主规则的理解等,特别强调对美国英雄和历史人物的了解和爱国集会的参与。

二战期间,社会科全国委员会共发布了三个文件以协调教师实现战时在学校中对学生进行公民教育的职责,同时也帮助学生完成相应的社区服务计划。另外,作为一种爱国和公民责任,还教学生一些经济学方面的知识,教师也以不同的方式向学生灌输忠于民主的原则。受二战的影响,儿童被鼓励参与各种形式的公民教育活动和社区行动计划,以保持一种高昂的道德士气。

二战后,面向和平时期的公民教育主要强调忍让和做世界性公民。美国的社会政治气氛和教育地位在20世纪40年代末到50年代初受到公众的广泛批判,对建立新学校投入不足、1945年后高出生率引起的人口剧增等各种问题被提到日程上来。另外因为苏联发射了世界上第一颗人造卫星,美国教育界一片恐慌,致使国防教育和自然教育冲淡了公民教育。但时过不久,20世纪60年代后期,许多青年目无社会规则,甚至蔑视社会公德,美国出现道德危机现象,使公民教育与社会学科重新受到重视,大多数州立法规定学生在9~12年级必须学习公民教育的课程。

20世纪60年代,新社会科运动强调培养有批判性思维和解决问题能力的公民,这次运动的主要目的是:准备将儿童培养成一个好公民,教儿童怎样思考,向儿童传递文化遗产。到了20世纪70年代,美国的许多教改方案都反复强调要培养学生的爱国精神,使其成为能对国家尽责任和义务的"责任公民"。美国教育协会等组织也开展了不同形式的调查研究,以提出有效的策略改进和加强美国的公民教育。

20世纪80年代,国会通过《联邦初中等教育法》,明确了公民教育的重要意义和地位,并规定各州政府资助中学开设公民教育的课程,资助担任公民教育课程的教师定期进修。根据1991年颁布的公民教育大纲和1994年颁布的"公民学与政府"全国课程标准,美国公民教育的主要内容有:政府及其职能,政治体制的基础,民主在政府中的体现,美国与世界的关系,公民在政治体制中的地位等。

美国是一个地方分权制的国家,所以没有全国统一的教育目标、课程、评价标准、测验或评价方法。美国公立学校体系包括大约15200个校区,每个校区在公民教育方面都有权制定自己的政策和规则。大体上,在小学阶段,公民教育的内容较为简单,大多是培养对国家标志物如国旗、国歌的认识,熏陶爱国主义情感。在初中阶段,公民教育的内容有了一定深度,重点放在陈述历史事件、人物等方面。在高中阶段,公民教育的内容则较为复杂,涉及美国的政府制度、经济制度、国际地位等,带有分析的性质。同时,美国的公民教育课程根据时代发展和社会需要,也及时对自身的依托作出调整。各大学虽没有全国统一的德育内容和课程,但各校都根据自己的培养目标设立了名目不同的德育目标。这些课程一般都围绕公民教育和价值观教育两个内容进行。公民教育的目的就是要使大学生们确立"我是一个美国公民"的意识,而这种意识的培养主要通过历史教育和爱国主义教育来完成。

二、英国公民教育

宗教在英国影响深远,无论是早期罗马天主教会的统治,还是随后加强专制王权的英国国教运动,直到顺应近代资本主义发展需要的宗教改革,都不过是以一种宗教形式替代另一种宗教形式,社会思想文化领域始终未能摆脱宗教的束缚。宗教的影响力体现在最初始的公民教育上,表现为教会向学生们传授宗教法学、组织学生们参加集体礼拜并特别强调效忠教会的"忠民思想"的培养。

"忠民思想意味着等级次序、尊卑贵贱,是个人主体性的缺失",它使得社会民众都依附于特定的社会阶层,在这个阶层中,个人的行为总是顺从的,其道德与行为的一致是靠外部强制性实现的。与之相反,公民代表着在平等、民主的政治建制下人的自由和独立,它使个人能够积极地融入广泛的社会生活,使每个人都能够发挥自身的主体性,发展批判包容能力,增强社会责任感,从而推动民主社会的发展,这同样也是公民教育的出发点和立足点。"忠民思想"的存在,在一定程度上造成了英国青少年的自由、平等、法权等公民意识的压抑,使英国公民教育的实效性大打折扣,并阻碍了社会的民主化进程。

1765 年,英国的约瑟夫·普里斯特利发表了《论一种旨在文明而积极生活的自由教育课程》,建议在自由教育课程中传递有关国家结构、法律和贸易的知识。这可以被看作是有关公民教育的最早主张。不过,在此后的一百多年里,这样的公民教育没有取得什么成绩,因为从课程中学得的这些知识几乎无助于引导一个人如何作为一个公民而行动,即使有实践价值的那一小部分知识,学生也没有准备加以适当运用。1867 年,选举权的扩大使更多的人认识到教育的作用。公民教育也在地方教育委员会的介入下有了发展。19 世纪 70 年代起,借助历史教学渗透公民教育的方式受到欢迎并推广开来。19 世纪后期,有人曾编辑了"公民的生活和职责"课程,描述警察和税务员等公务人员的作用,以帮助学生了解国家运转的基本知识,反映出当时公民教育的目的主要仍在于政治知识的传递。

进入 20 世纪,英国公民教育培养"好公民"的目的逐步明确起来。不过需要注意的是,在不同的历史时期,对于"好公民"的理解和要求是不同的。20 世纪上半叶,英国官方所需要的品质主要是温顺听话,强调公民对国家的忠诚与义务。1910年,教育委员会对"好公民"的定义是:具有正确的工作态度,恪守各种制度,行为无私、谦逊等。学校里一直在教授大量有关战争、军队的历史和航海英雄的故事,号召学生为国家的独立而抵御外来的危险,忠诚于国家。然而,第一次世界大战的恐怖情形也使许多教育家开始考虑在教室里赞美战争是否明智。1918 年,世界国家联盟在英国成立,其下属的一个教育协会不久就提出将培养"世界公民"作为公民教育的一部分。1927 年,教师联合会发布了题为《英国学校和世界和平》的宣言。遗憾的是,这些主张都没有得到官方的支持。

20 世纪下半叶,移民潮的涌入迅速地将英国转变为一个多元文化的社会,许多学校不得不面对来自不同文化背景的学生。1970 年,选举权的再次扩大,使来自不同背景的学生在年满 18 岁时就能成为有选举权和决定权的公民,他们的观点将影响到公共政策并进而影响到整个社会。公民教育的任务变得艰巨起来:教育学生成为英国公民,教导本土学生和移民学生尊重彼此的文化,将种族仇恨消除在萌芽状态等。"好公民"的品质扩大到在一个多人种的多元社会中正确认识自身的责任。

20 世纪 90 年代以后,全球化使培养"世界公民"再次成为公民教育的目标之一。它要求学生了解世界,尊重多元化,愿意采取负责的行动促进世界的和平与可持续发展。而在培养学生对自己国家的责任方面,针对英国人对政治的理解水平和参与程度的下降(突出表现为选举中投票人数的减少),特别是年轻一代对政治生活的冷漠甚至反感,公民教育的重要目标是培养学生的社会和道德责任感,发展他们参与共同活动和政治判断的能力。1998 年,公民教育与学校民主教育顾问团提交的《科瑞克报告》明确地将这些品质确定为"积极的公民"所必备的品质。2000年 9 月,英国确立新的中小学国家课程,要求公民教育课程"发展学生的德性和自主性,帮助他们成为一个公平社会中的有责任心和关爱心的公民","公民学科要教给学生成为合格社会成员的知识、技能、理解力,让他们在社会上——本地、本国、国际,担当起有效的角色,帮助他们成为清楚自己的权利和义务的有知识、有思想、有责任的公民，促进其精神、道德、社会和文化的发展，使之无论在校内还是校外都更加自信和富有责任感，激励学生在学校、邻里、社区和更广泛的世界起有益的作用，了解经济和民主体制及其价值，尊重不同的民族、宗教，培养思考问题和参与讨论问题的能力"。可见，随着历史的进步和民主政治的发展，"好公民"的标准在变，公民教育的目的也在对"好公民"的理解中不断深入。

第三节　法国和德国的公民教育

一、法国的公民教育

法国公民教育起步较早，虽然真正意义上的公民教育是在法兰西第三共和国建立以后才开始的，但其历史可以追溯到法国的启蒙运动和大革命时期。法国是现代公民教育的首创国，其公民教育以自由、平等、博爱为理念，在社会发展及培养适应社会发展所需要的公民方面，发挥了巨大的作用。法国这种民主取向的文化传统对公民教育产生了深刻的影响。

早在大革命时期，为了击退国内外封建势力的疯狂反扑，保卫革命果实，革命领导人就意识到在全体公民，尤其是在军人和学生中灌输共和主义精神的必要性。1793年，在制定法兰西共和国公共教育法时，提出《人权和公民权宣言》为公民教育中绝对必需的知识。公民教育纳入学校教育范畴。学校成为法国进行公民教育的基本场所，成为培养民主思想和民族精神的中心。最早开设的公民课程为"公民训导课"，从小学三年级开始，内容包括国家政治制度、法律常识和社会公德及一般公民的权利和义务等方面的初步知识，并通过具体事例让儿童熟悉与之相关的公民权利和义务。这门课程后改名为"公民生活实践启蒙"。在具体的教育教学工作方面，法国公民教育有自己的特点。在教育内容方面，重视培养学生的礼仪。在教学方面，法国中小学十分注重对学生进行基本知识和技能的训练，尤其注意发展学生思维能力。

1881年，法国实施教育改革的《费里法案》颁布，在全国实行十年义务教育制，在公立学校里普遍废除了宗教课，代之以"共和国公民的伦理与道德"，开设公民教育课。这门课程被列为各科目之首，以区别于教会学校。1883年，当时的法国教育部长费里在致全国小学教师的信中特别强调对学生进行这方面教育的重要性，并亲自主持编制小学公民教育教材。这种世俗化做法几经变动，最终成为法国中小学公民教育的一个传统。此后历届政府都十分重视公民教育问题。法国公民教育的内容和形式,随着社会的发展而变化、充实和丰富。总体来讲,由于受到这种民主文化传统的深刻影响,法国公民教育凸显了民主性,其中最为强调的是权利意识,把权利看作是更有意义和价值的东西。

1923年,小学各年级把公民权利和义务教育列入了教学大纲。后为使学生具备必要的社会生活常识,1938年,在小学结业班开设了"公民生活基础知识"课。二战后,法国社会动荡,百废待兴,出现众多的教育改革计划和提案,有的虽未得以真正贯彻,但为以后的教育内容和教学方法的变革打下了基础。法国普通教育最重要的改革举措反映在教学方面,即在中等教育阶段建立了"新学级"。"新学级"强调民主主义,在当时是法国对于中学教育的一种新实验。

法国教育于20世纪50年代末迅速扩展,伴随着经济的起飞、社会的稳定和人口的快速增长,公众对教育的态度有了很大的改变,家庭对教育的需求进一步增长。1947年至1970年是法国科学技术和经济高速发展的黄金时期,法国人自豪地称之为"辉煌的30年"。50年代末至70年代末,法国推行了一系列广泛的教育改革举措,旨在提高人口的受教育程度,扩大教育机会,让教育在经济发展中发挥更大作用。课程和教学改革是这个阶段教育改革的重要内容,重点是推进教育内容和方法的现代化。

20世纪60年代,西方社会民主运动高涨,法国也掀起了一阵阵民主运动,尤其是1967年的"五月风暴"和1968年的革命,推动了社会各方面的改革,公民教育不再单纯地强调公民义务,以前的课程由官方以"道德与公民教育"取而代之。1959年1月,法国政府延长义务教育年限至16岁,并颁布了改革教育结构的贝尔敦法令,1963年进行了关于改观学校的富歇改革,1975年推出了面向中等教育的阿比改革,从此,稳定的法国学校教育结构和课程内容最终形成。小学的课程分成三类,史称课时三分制教学计划,公民教育与手工、美术、人文科学(历史、地理)入门归为第二类启发活动课程。法国实行的新的教育改革突出公民的民主权利等方面的教育,形成了以民主权利与公民义务责任相结合的教育。由于法国的政治和宗教中存在着严重的派别对立,因而在学校公民教育中特别强调要保持"中立性"。课程的名称为"公民道德教育"。

20世纪80年代以来,法国再度反思公民教育的成败得失,教育界开始审视以往的公民教育。1984年,法国官方明确指出,学校公民教育要以"人权"为核心,强调要遵循 1789 年的《人权和公民权宣言》以及 1948 年联合国通过的《世界人权宣言》，把公民的权利放在突出位置，使所有公民都享有自由、集会、结社权，以及表决权和劳动权。因此，从小学一年级开始，有的甚至从幼儿园起就开设有关民主权利的公民启蒙教育。强调人格教育，通过教学和各种活动为学生提供一些典型事例，使他们体验和了解现实民主生活的情景。

第一次石油危机使得法国财政收入缩减，而学生数量却在激增，1985 年至 1989 年内间增加了 32 万人。面对这种危机，文化传统丰厚的法国寄希望于通过提高教育质量来恢复法国的发展。教育部长谢韦内芒提出的改革重点包括采取措施促进公民教育，使学生成为具有高度公民责任感并能将民族文化推向前进的优秀分子。为切实加强基础学科的教学，法国政府废止了 1969 年实行的课时三分制教学计划，重新恢复传统的分科教学，设置为法语、数学、科学与技术、历史与地理、公民教育、体育和美术七门独立的课程。公民教育课程因此独立。

自 20 世纪 90 年代以来，法国教育改革的重心从以往的结构调整逐渐转向对内容的反思，更侧重于理性思考，而且民主这根主线始终贯穿如一。

二、德国的公民教育

在德意志帝国时期，政治教育始终以培养"驯服的臣民"为最高目的。尤其是在威廉二世(1859—1941)掌权之后，为了推行其社会政策和"世界政策"，他要求学校要服务于反对社会民主主义的政治斗争，要以多种方式维护帝国的统治，培养对神的敬畏和对祖国的热爱，在客观和主观上都要求通过教育、习惯和公共生活等向民众反复灌输以君主主义为核心的，包括权威主义、民族沙文主义和军国主义在内的思想，最终把德国带入第一次世界大战的深渊。

魏玛共和国时期，德国开始了"基于国家和民族的政治教育"。依据 1919 年《魏玛宪法》中"所有学校都要追求道德教育、公民意识、德意志民族性和民族和解的目标"的规定，共和国政府和教育部门开展了以"公民意识""德意志民族精神""民族和解思想"，以及对持不同宗教或政治见解者的"宽容感"为基本思想和主题的政治教育活动。这一时期的政治教育如同其短命的国家政权一样是不成功的。

纳粹上台后，德国的公民教育突出"国家至上"的政治教化。希特勒把尼采的"超人哲学"思想运用到政治领域，提出由"民族精英"实行统治的"领袖原则"。他通过大量的法令，依靠警察恐怖手段，在德国建立起一套以"领袖原则"为指导，实行"一体化"的法西斯专制独裁统治的政治体系。同时,还企图实行社会一体化,对社会生活的各个领域进行控制。尤其在文化领域强行贯彻实行"领袖原则"和被纳粹曲解的"德意志民族精神",实行文化生活的总体制原则。这一时期的政治教育无论在理论还是实践上几乎完全决裂于西方教育传统和政治教育以往的历史,基本上是建立在希特勒的《我的奋斗》里所描述的教育目标的基础之上,为德国发动对外战争埋下了伏笔。

二战后,盟国对德国实行了民主化改造,包括"非纳粹化"运动及用西方的民主思想对德国人民进行政治再教育,从而使民主政治观念在德国扎下根来,这也是德国的新开端。联邦德国建立以后,特别是在它完全获得主权后,德国政府把政治教育作为意识形态工作的一个重要方面精心布置,成立了联邦政治教育中心,围绕一定的主题尤其是那些重大的社会主题展开教育,涉及经济、社会、政治体系和政治过程、国际政治、历史、生态等众多领域。

第四节　日本的公民教育

日本明治维新后,政府开始倡导改造恶习陋俗和建立公德。明治时代,小学已经设置修身课程并开展公民教育,根据小学修身课程的教材内容的变化,其修身教育可分为三个阶段:第一个阶段以明治的第一个十年为中心,称为翻译教科书阶段。明治新政府建立后随即在小学的修身教育方面作了调整,一改传统的以儒学为中心的教育,于明治五年(1872年)发布了"学制",明确了教育方针,修改以往以儒学为基础的学问弊端,对日常生活中的儒家道德教育进行了严格的批判,取代儒家经典的是译自欧美的小学课本。明治十二年(1879年)颁布《教育圣旨》,以废止明治五年的"学制"为标志,修身教育进入第二个阶段,即一改明治初期醉心于欧美文明开化的教育方针,逆转为以儒家的道德伦理和"忠君爱国"的"皇民""皇国"教育为主轴。在明治三十年代(1897—1907),日本出现了讨论和宣扬社会伦理的热潮,其中包括《读卖新闻》编纂的《公德养成之实例——附英国人社会风尚》一书的问世和一系列关于"公德养成风俗改良演说会"演讲稿的刊出,这些都基于抨击传统儒家狭隘的、私领域的"私德",宣扬个人的行为与不确定的他人,即所有社会成员之间社会"公德"的建立。与这一历史背景相呼应的是小学的修身课程教材里出现了传统儒家道德和日本古训与西方近代文化融合的现象,并且一改前一阶段修身教科书中采用儒家原著经典为课文的做法，在讲授儒家文化如"忠君爱国"时所用的是日本传统故事，传统儒家色彩明显减弱，这一时期为明治修身教育的第三个阶段——和汉洋融合的"公德"建立期。

明治时代的修身教育着力培养小学生近代民族国家的国民意识。如第四期国定修身教科书寻常小学修身书卷五的各课分别为：我的国家、举国一致、国法、公德、礼仪、卫生、公益、勤劳、俭约、兴产、进取、自信、勉学、勇气、度量、朋友、信义、诚实、谢恩、博爱、皇太后陛下、忠君爱国、兄弟、父母、孝行、德行、优秀的日本人。这些教学内容反映了 20 世纪初民族国家意识的膨胀，例如大正七年（1918 年）文部省钦定的《寻常小学修身书》卷六第五课"忠君爱国"之后的第六课"忠孝"的结尾留下了这样一句格言："忠臣必须走出孝子之门。"从中我们不仅看到了与中国儒家的"丁忧"完全相反的文化，更重要的是极度膨胀的民族国家意识与"皇国""皇民"意识结合，使修身教育中的这些内容最终导致了极端的国家主义的产生和失控，成为日后日本走上军国主义和侵略战争之路的催化剂。从这一角度看，这也是日本明治时代在向近代社会转型时期公民教育缺失的部分，即公民的义务只在本国国内的社会实现，而忽略了对本国以外的所有他民族、他国人的义务。因此可以认为明治时代的公民教育是不彻底的，也是不完整的。更准确地说，这一时期公民教育实现的是日本近代市民参政意识的建立。

二战后，日本社会各领域都进行了民主化改革，教育自然也不例外。1945 年 9 月 15 日，日本政府颁布《建设新日本的教育方针》，明确了战后日本应该采取的文教政策的基本构想，其中在继续坚持维护国体的保守立场的同时，也确认了教育民主化的方向。另一方面，占领军教育政策的基本方针也是"排除军国主义教育和极端国家主义教育，实行教育的民主化"。1947 年 3 月制定和颁布的《教育基本法》，从法律上为战后日本教育确定了和平与民主的改革方向。对战后日本社会整体的民主化改革来说，教育领域的民主化改革，尤其是公民教育改革的意义非常大，有着奠定国家及社会精神基础的意味。面对战败这一日本历史上前所未有的事态，文部省在战后之初提出的教育重建政策中，把振兴公民教育作为最受重视的部分之一。1945 年 9 月，文部省组织调查了公民教育的状况。10 月，设置了公民教育刷新委员会。公民教育刷新委员会经过数次审议于 12 月提交了两个报告。报告中指出了公民教育的目标、基本理念及方向，而且提出要废止修身科、设立公民科的建议。文部省接受了该报告的建议，从 1946 年 9 月至 10 月发行了为实行公民教育而编写的教师指导用书《国民学校公民教师用书》和《中等学校、青年学校公民教师用书》。

但是,日本人自己提出的公民教育构想由于"社会科"这一新科目的出现并没有得到实施。社会科以民主化为目标,是战后日本教育民主化改革的标志,在1947 年度起实施的新课程中占有中枢地位,担负着为建设民主和平的国家而进行公民教育的任务。1948 年 9 月 15 日文部省颁布的《小学校社会科学习指导要领补说》指出:"社会科的主要目标,如果用一句话来加以概括,那就是尽可能发展优秀的公民素质。"因此也可以说,社会科继承了公民教育构想的主要思想,并成为公民教育的核心学科。

公民教育刷新委员会在其第一份报告中提出公民教育的目标是:"对所有的人在家庭生活、社会生活、国家生活、国际生活等共同生活中成为好成员所需的知识技能进行启发,并培育必要的性格。"也就是说,公民教育的培养目标是"好成员"。之后的《中等学校、青年学校公民教师用书》中提出了更为具体的目标,即要"培养依照民主主义社会的理想行动的人"。换句话说,公民教育的目标就是要培养"有为的民主社会人"。这里需要指出的是,《公民教师用书》在规定和描述公民教育目标时特别强调要将知识侧面(社会知识,即公民知识)和实践侧面(社会生活中应该采取的态度和行动,即公民态度)的培养结合起来进行。

作为公民教育的核心学科,社会科的任务在 1947 年度版《学习指导要领(社会科编 1)》第一章的开始部分是这样论述的:"这次新设立社会科的任务是使青少年理解社会生活,并培养他们为社会发展贡献力量的态度和能力。所以,使青少年社会经验得到更丰富、更深入的发展是非常重要的。"在《小学校社会科学习指导要领补说》中,对"尽可能培养优秀的公民素质"这一社会科的主要目标作了如下论述:"(社会科的主要目标)再具体一点说,就是使儿童理解他们所居住的世界,而实现了这种理解也可以说就是放眼社会了。""放眼社会是建设和维持民主社会不可缺少的条件,但是放眼社会,关心社会必须与营建美好的共同生活不可缺少的各种各样的技能、习惯、态度结合起来。总之,必须使(儿童)具有作为民主社会的有为的公民所必需的多种特性。"从上面的论述可以看出,社会科沿袭了公民教育构想中"有为的民主社会人"这一公民教育目标。从《学习指导要领》中关于社会科的其他有关规定可以看出这一思想:只要发展儿童的社会经验,就可实现人的认知侧面与实践侧面的整合性发展。总之,战后改革期公民教育的目标是培养认知侧面与实践侧面相统一的"有为的民主社会人"。

日本文部省于 20 世纪 50 年代末和 60 年代末分别进行了两次大的课程改革。50 年代末的课程改革以完善道德教育、充实基础学力、发展科学技术教育为目标。60 年代末的课程改革着眼于适应国家和社会发展，加大教育内容的深度和难度，以及谋求人的成长的统一性和协调性。在这两次课程改革中，特别重视对能够适应社会急剧变化的知识、价值观、态度和能力的培养，并且开始把公民教育作为整个教育中的基础和核心。特别是在 1968 年度《学习指导要领》的修订中，公民教育受到前所未有的重视。

在 1968 年度的《小学学习指导要领》中，"加深对社会生活的正确理解，培养作为民主国家和社会的成员所必需的公民素质的基础"被作为总体目标提了出来，这一点与 1958 年的课程改革中重视道德教育的路线相比较，更强调公民素质的培养。在 1968 年《学习指导要领》中，"公民素质"这个词首次开始使用。此外，从小学校低学年开始强调培养"公民意识的基础"。初中"政治、经济、社会领域"改称为"公民领域"，其改名的依据是教育课程审议会的报告。该报告提出"在培养作为国家社会建设者所必需的政治、经济、社会等基础教养的同时，还要培养对于国民主权基础上公民的应有面貌，特别是对于自由与责任、权利与义务的正确认识"。《高中学习指导要领》的开篇部分就提出要培养国家社会的有为建设者，而且第一项中指示要"培养主动为国家社会的发展进步作贡献的态度"。"伦理与社会"（高中社会科科目之一）的第一个目标里也列出了同样的标题，"政治与经济"（高中社会科的科目之一）目标的第一项中新增了"有良知的公民"，重视公民素质培养的路线清晰可见。

经济高速增长期日本公民教育的目标是要培养"国家公民"。在 1951 年之前的《学习指导要领》中被作为"宪法保障的民主主义根本要求"来对待的"基本人权"，在 1955 年版的《社会科学习指导要领》中，言必加上"公共福利"这一制约，人权拥有与"合作""纪律"等并列的地位。也就是说，从这时起，与尊重个性、尊重人权相比，更加重视对国家的贡献和服务。1958 年，日本对《学习指导要领》进行了全面修订，社会科的目标中增加了"培养对家乡、国土的热爱"及"提高作为国民的自觉"。一直作为"试案"颁布的《学习指导要领》，从这时起也开始以官方告示的形式出现，从而强化了其法律基准性和法律约束力。可以说天平开始倾向了由国家主导的为了国家培养国家公民的教育这一方。1968 年修订的《小学学习指导要领》中，把社会科目标简洁地表述为"培养公民素质的基础"。在文部省《小学学习指导书社会编》中，对培养公民素质作如下论述："所谓公民素质是指理解在社会生活中赋予个人的权利应该正确地行使并互相尊重，作为具体的社区或者作为国家的一员拥有自身所应该承担的各种义务和社会责任，以及在此理解基础上能够正确地进行判断和行动的能力、意识。所以，必须把公民理解为包含作为市民社会一员的市民和作为国家成员的国民两层含义的语词。"

这个时期，经济以实现高速增长为目标，公民教育目标的重点也就放在了以寻求国家和民族的独立、统一和发展为目标的民族主义上了，以培养"国家公民"为最高追求。这个时期，日本的《社会科学习指导要领》总共进行了四次修订，在若干次修订中有两点值得注意。第一，1958 年版《学习指导要领》的内容成为"国家的最低标准"。《学习指导要领》所规定的内容的"基准化"进一步得到强化，意味着任何一个地区、任何阶层的学生都必须学习这些内容。这样的结果是教育的划一化，尤其是对社会科的公民教育来说，具有极易陷入教授与学生现实生活和问题意识相脱离的内容和"灌输式"教育的危险。第二，重视系统学习。与战后初期公民教育强调生活单元的综合学习、以儿童为中心的教育相反，这个时期的公民教育则重视学科的系统主义和知识中心的教育。从科目的变化来看，初期的综合社会科向分化的社会科发展。修订后，中学的"一般社会科"分化为"地理""历史"和"政治、经济、社会"三个部分，向系统的社会科学习转变。而且，1958 年度的修订中，高中的"社会"也分化为"伦理、社会"和"政治、经济"。从内容上也可以看出重视系统学习方法，小学把系统的基础学习作为重点，原来的"单元的基础"改为"学年主题、学习领域案"，从此以后，把单元作为问题的形式不再存在了。

在要求政策经济体系发生大变革的背景下，教育的根本变革势在必行。日本中央教育审议会于 1971 年提出的咨询报告，虽说对社会转换期的认识不足，但是其强调终身教育、尊重个性、心灵的丰富性、轻松宽裕环境的必要性等，与以往以促进经济增长为归趋的思想和政策有着极大的差异。从 20 世纪 80 年代中期的临时教育审议会到 21 世纪初的教育改革国民会议，教育改革的基调一贯是以新自由主义、新保守主义为依据，教育改革的核心思想就是个性主义。换句话说，就是在强调缓和规制和民营化的自由化路线的同时，强调民族主义、强化国民整合。

20 世纪 70 年代中期以来的改革中，公民教育受到了高度重视。在 1978 年的《学习指导要领》中，中小学社会科的总目标中开始统一使用"公民素质"一词，并进一步明确了公民教育是其中重要的目标。此外,高中社会科的构成也发生了重大变化,"伦理与社会"这一科目被废除,"现代社会"原则上成为一年级的必修科目。"现代社会"是社会科中唯一必修科目,是公民教育的基本、基础性科目。《高中学习指导要领》1989 年的修订对公民教育来说,具有划时代的意义。此次修订中,对以前的社会科进行了改编,废除了社会科,新设置了公民科和地理、历史科。之所以要设立公民科,是因为随着科学技术的迅猛发展和社会的急剧变化,政治、经济问题复杂化,环境问题、人口问题等社会问题深刻化,从而要求社会成员具有高水平的公民素质。因此,必须系统地进行公民教育。

公民教育从本质上说是社会活动,那么自然免不了受到社会变化的影响。信息化社会要求公民主体地、创造性地参与社会,因此这个时期的公民教育特别重视主体性。无论是社会科还是公民科,其目标中都使用"建设者"一词,意味着教育要培养的是具有坚强的意志力和积极的行动能力的建设者,而不是消极的单纯的成员。1998 年 7 月的教育课程审议会报告指出:"随着国际化的进展,培育国际社会中具有作为日本人的自觉主体地生存所必要的素质和能力是极其重要的。"受该报告的影响,1999 年修订的《高中学习指导要领》在公民科目标中新增加了"主体地"这一表述。

随着世界的一体化,看待国内社会现象时全球的观点也不可缺少。因此有人提出了"从全球着眼,从社区着手"的口号。从 1979 年起,以后的学习指导要领中,社会科和公民科的目标的开始部分都有"立足于广阔的视野"这一表述。这个表述有两层含义:一是指多侧面、多角度地看问题的方法和思考方法;二是要有世界的、国际的视野这一空间上的广度。伴随国际化的一个课题是,国家的存在方式与这个国家的每一个人的生存方式有着直接的联系。日本已经注意到国际化中国民意识的薄弱问题,因而把形成"作为日本人的自觉"这样的公民意识作为重要目标,即强调作为日本人对国家的认同。

这个时期,日本公民教育的目标可以说是培养主体地生存于国际社会的日本人,他们应具有拳拳爱国之心,同时能够深入理解丰富多样而内容各异的文化,在国际的、全人类的视野中形成人格。这个时期公民教育方法的主要特征是从终身教育、终身学习的角度提出了公民教育的重点应该从知识中心的学习转向对自我教育能力的培养上,即在重视知识的系统指导的同时,也要重视能力以及学习过程和方法。

在 1978 年版的《学习指导要领》中，关于社会科的学习指导，以下两点值得考虑：一是由知识中心的学习向重视思考能力的学习转换；二是强调学习指导要基于学生不同的发展阶段和兴趣来进行。特别是高中新设的"现代社会"作为社会科的基础科目，强调要开展立足于学生立场的学习。也就是说，强调为了掌握"观察事物的方法和思考问题的方法"，从终身学习的角度提出了"学会学习"和重视学习过程的必要性。

1989 年版《学习指导要领》要求通过系统指导和精选教育内容进行富有成效的指导。小学和初中一样，都要求"谋求各学科及各学年相互之间的关联，以便能够进行系统的发展性的指导"，要求"精选教材"并"进行有效的指导"。高中新设的公民科旨在进行系统的公民教育。在强调系统性和效率性的同时，《学习指导要领》还要求充实体验性学习和问题解决性学习。小学要求以生活科为中心进行"合科指导"，初中"引入体验性活动"和"自主、自发的学习"，以及高中"关于劳动、服务的体验性学习"等要求都是以前的《学习指导要领》中所没有的。

1999 年的《初中学习指导要领解说·社会科编》中指出："以往的社会科学习，相对于学习的过程，往往更重视学习的结果，具有成为记忆事实认识结果的学习倾向。"社会科目标中"提高对社会的关心，根据种种资料进行多侧面、多角度的考察"这一部分就是从强调学习过程、重视培养解决问题能力这一角度考虑而新加入的。关于"作业性、体验性学习"，指导要领中将"导入"改为"谋求充实"，表明比以前更加强调"作业性、体验性学习"。

阅读和实践

一、拓展阅读

1. 郭忠华，《公民身份的核心问题》，中央编译出版社，2016 年。

2. 徐贲，《什么是好的公共生活》，吉林出版集团，2011 年。

3. 徐贲，《统治与教育——从国民到公民》，中央编译出版社，2016 年。

4. 王小庆，《如何培养好公民》，清华大学出版社，2013 年。

二、实践技能

大学生社团活动调查

第1题.你是否参加过学校内的社团？

1.参加过

2.未参加

第2题.你参与的社团类型属于？　　[多选题]

1.体育类

2.文艺类

3.公益类

4.学联

5.其他

第3题.你认为大学生参加社团活动是否有必要？

1.有必要

2.没必要

3.不好说

第4题.你在社团活动中是否有所收获？

1.有很大收获

2.收获不多

3.完全没收获

4.没参加过任何社团活动

第5题.你参与社团的目的是？[多选题]

1.参与学生活动

2.好玩

3.周围的同学都参加

4.其他

第6题.你所期待的社团内的活动及运营方式是否与您实际体会到的一样？

1.一样

2. 差不多

3. 完全不一样

第 7 题. 你认为参与社团活动是否会影响学习?

1. 影响很大

2. 有一定影响

3. 影响不大

4. 完全没有影响

第 8 题. 你认为参与社团的经历是否会对以后应聘及工作带来优势?

1. 有优势

2. 优势不大

3. 完全没优势

第 9 题. 你认为学生社团需要在哪些方面进行改进?

1. 加强管理,完善制度

2. 积极组织活动,提高社员综合素质

3. 为社员提供与外界交流的平台

4. 其他

第 10 题. 你认为社团在大学里扮演着什么角色? [多选题]

1. 人才培养

2. 思想交流

3. 丰富生活

4. 融入社会

5. 联系群众

6. 服务大众

第 11 题. 你喜欢什么形式的社团活动?

1. 学术知识讲座

2.集体出行、到企业进行参观学习

3.文艺晚会、趣味竞技活动等娱乐活动

4.志愿服务

5.其他

知识篇

第三章 权利与政治人

本章导读

　　对个人权利的充分理解和积极实践是政治素养的必备条件,在一个现代社会中,公民需要对其权利形成清晰的认识,意识到自己有与生俱来的作为人应当享有的各种权利,并能清晰地懂得权利的正当性、可行性、界限性,在法定范围内主张和行使自己的权利,勇敢地捍卫自己的权利。同时,对一切合法的权利(包括他人的权利)给予同等的尊重和维护。具体而言,公民需要认识和理解依法享有的权利及其价值;掌握如何有效行使与捍卫这些权利;自觉地行使公民权利的行为规约于法律规范之中,以免损害其他主体的合法权利。

第一节 公民与公民权利的发展历程

一、公民、臣民、国民

　　"公民"一词最早源于古希腊,在雅典城邦制建立的国家中,奴隶主和自由平民因享有特权在法律上被称为"公民",而奴隶仅是"会说话的工具"。公民权是社会成员基于地缘而非仅仅以血缘为基础的社会纽带,后来又经罗马人继承和发扬光大。公民权的出现使得社会成员把对部落种族的认同与对国家或政治上的认同区别开来,公民权这种新型的社会纽带将居民联合成为一个共和国或民主的城邦国家,公民之间的关系也成为高于血缘和邻里关系的一种政治认同①。

　　为了理解公民的概念,首先要将公民与臣民区分开来。在政治学领域,认知主

---

① 何丽君.新时期中国公民政治社会化研究[D].北京:中共中央党校,2009.

体与客体间的关系可分为两种类型。第一种是冷静的观察者类型,政治现象只是纯粹的认知对象,认知主体从旁边观察和分析它,尽量避免加入主观的先入之见和感情色彩;第二种是参与者类型,认知主体承担着某种政治角色,他对政治的研究服务于一定的政治目的,即直接参与政治或企图影响和塑造政治。作为政治认知主体,先秦诸子与古希腊思想家的政治角色是不同的。前者是君主的臣民或家臣,后者是城邦的公民。这种区别的根本原因,在于他们生活的政治背景是截然不同的。中国商周时代的国家,我们常称为宗法制国家。它是家族的扩大,是血缘关系的政治化,或反过来说也一样,是政治关系的血缘化。这种家国同一的体制起源于家族之间的征服战争。获胜的家族便成为土地和土地上人民的主人。天子是获胜家族的宗主,所以是被征服土地的所有者或占有者,同时也是政治上的最高统治者。所谓"普天之下,莫非王土;率土之滨,莫非王臣",就是在描述这样一种无可置疑的现实和权利。获胜的家族直接转变为国家,血缘关系转化为政治关系。宗主周天子之位由嫡长子世代继承,代表着家族统治的连续性。同时为嫡次子和庶子及其他姻亲"授土授民",即把土地和人民如同私有物或战利品一样分配给他们。这些宗亲即为诸侯,成为一方土地和人民的宗主和统治者。西周立国之初,即"兼制天下,立七十一国,姬姓独居五十三人"。诸侯们在"受民受疆土"之后,在自己的"国"内又复制了相同的分封过程,即按嫡长子继承制把诸侯之位亦即宗主之位传给嫡长子,将嫡次子和庶子分封为卿大夫。卿大夫以下又依此程序形成士这一阶层。这样,人民便成了天子、诸侯和卿大夫家族的分级占有物,天子、诸侯和卿大夫个人,便成为所有者家族的"法人代表"。血缘的网络覆盖、贯通、联络与整合着地域的社会组织,同一个社会实体,既是国,又是家;同一种权力,既是政治权力,又是宗法权力;同一个关系,既是政治关系,又是血缘关系。这就是所谓家国一体、"家天下"的政治结构。

在先秦时代,"邦"与"家","国"与"家"往往并称。比如:"君子万年,保其家邦","刑于寡妻,至于兄弟,以御于家邦","其惟吉士,用励相我国家","士之失位也,犹诸侯之失国家也"。这些词语的使用反映了中国古代家国同一的宗法性质。诸侯称"国",大夫称"家"。如孟子讲的"万乘之国,弑其君者,必千乘之家;千乘之国,弑其君者,必百乘之家"。"国"和"家"都占有土地和人民,都具有一定数量的幕僚和军队,他们尊卑高下有别,但不是两种性质不同的社会组织。只是在周天子丧失权威之初,"国"已具有独义主权,"家"还没有。但后来,有的"家"也可以直接变为"国",如"三家分晋"就使三"家"变成三"国",仿佛复制了诸侯取代周天子的过程。可见,"国"与"家"之间没有不可逾越的界限。

春秋战国时期的政治,是政治权力由天子和卿大夫两端向诸侯这个中间的焦点和实体聚集的过程。它一方面使周天子的权力成为虚构以至完全丧失,另一方面剥夺了卿大夫的独立性而加强了诸侯君权。这样一来,诸侯便成了土地和人民的最高所有者,也是唯一所有者。此后,无论国家分裂还是兼并,任何一个独立的政治实体只能有一个主人,国家只能属他一人所有。虽然战国时代以降,由于郡县制的实行和官僚制度的建立,国家机构和职能开始和君主个人的血缘宗族关系分离,国事与君主私人事务也有了某种区别,但君主的最高所有权即家天下的结构没有变。人民仍是君主的所谓"三宝"(土地、人民、政事)之一,家臣变成了国臣,因为国仍是家的扩大和变种,家庭内部的伦理关系与国家的政治关系同构,皇帝的地位极高,权力极大,仿佛是全国的大家长,所以国臣终究还是家臣,家国一体时代人们关于国家和臣民的观念仍然延续了下来,这一点尤其体现于推崇"周礼"传统的儒家学说中。虽然在漫长的历史上,君主私家与国家的区分若明若暗地出现于人们的头脑中,两者的冲突也时隐时现,但两者的彻底分离却没有实现,因而在中国封建社会时期,"公共权力"的观念从未形成。

秦始皇兼并六国之后曾傲慢地宣称:"六合之内,皇帝之土,……人迹所至,无不臣者。"他希望他的家族世代占据这块土地及土地上的人民,一世二世以至万世无穷。他修筑的长城,是防御外来侵扰的屏障,又是他家族所有权的一个标志和象征。就如同乡下农民的院墙一般,长城内就是他的"秦家大院"。应该看到,这种家国同一或同构的体制并非君主的非分企求,而是君臣的共识。我们知道,先秦诸子一般都把它作为无可置疑的前提接受了下来,诸子都属于春秋末期开始形成的独特的社会集团,即士。诸侯纷争的局面为士们创造了较大的活动空间,使他们表面上已经形成了独立的人格,能够脱离对某个具体国君的固定依附,奔走于列国之间,游说于宫廷之上,自由流动,择君而仕,从而形成了"士无定主"的局面。但是,在家国一体或同构的基本政治格局下,士虽然有选择具体国君的自由,却没有不做臣民的自由。他终究要依附于某一个主人,他的政治理想也只有借助于某一个君主才能实现。他们为主人服务的方式是入"仕"。有所谓"士之仕也,犹农夫之耕也","主卖官爵,臣卖智力"的说法。士以学识才干换取俸禄,而他们的政治学说便是其入仕的敲门砖①。

与中国的臣民不同，希腊雅典城邦中生活着公民，他们是城邦的主人。公民们广泛地参政，自己为自己制定法律并服从法律，对国家官员进行选举和控制，为国家尽服兵役等义务，享受占有城邦土地的特权等，城邦就是由这种平等的公民组成的团体。西方人为了强调这种国家与后世的帝国和近代民族国家的区别，将其称为"城邦国家"(city-state)，近些年又有人主张将其按政治内涵译为"公民国家"(citizen-state)，相比之下，中国先秦时代的国家依其固有特征，应该称为"家族国家"(clan-state)。

由于城邦属于全体公民所有，公民权便意味着参政权，只是参与的深度和广度不同罢了。公民们认为自己是自由的，自由就在于不臣服于任何外在的权威，只服从他们自己为自己制定的法律，也就是自治。政治思想就是探讨公民自治的方法。在民主制发达的城邦里，公民作为城邦的主人，在城邦政治制度和政治生活的各个方面都得到体现。公民把城邦的公共事务视为自己的事务，参加公共生活是公民生活中最重要最本质性的组成部分。希腊人把不关心政治的人称为"无用"的人，是"根本没有事务"的人②。希腊民主的一个突出特点在于，民主不仅是一种制度，更是公民的一种生活方式。"对许多希腊人来说，政治活动具有积极的价值，对决策过程的参与本身就是目的，而非仅仅是索取自己利益的工具"③。

理解公民的概念，还需要将其与国民区分开来。在现代社会中，"公民"蕴含着"自由、平等"，它是指具有该国国籍，并根据该国宪法或法律规定而享有权利和承担义务的人。公民与国民有相近之处，国民是国内所有社会成员的总称，它是与国家相伴而生的，国家成立，国民随之产生；对于公民而言，没有国家，公民就失去存在依据。从这一点上来说，国民与公民是等同的。它们的不同在于：公民是法律概念，国民是集体概念，在民主政治中，公民包含国民。公民身份决定着个人与国家之间的关系，这种关系包含权利与义务。权利不仅有选举权、表达权、监督权等政治权利，以及生命权、自由权、尊严权、安全权等人身权利，还有财产权、社会经济权、宗教信仰权。与权利对应的是义务，如遵守法律、维护国家利益、服兵役、参与国家管理等。公民身份的出现，使得公民在抉择或采取行动时，要为自己的行动负

---

① 丛日云.西方政治文化传统[M].长春:吉林出版集团,2007:111-113.
② (古希腊)修昔底德.伯罗奔尼撒战争史[M].徐松岩,译.上海:上海人民出版社,2017:163.
③ 丛日云.西方政治文化传统[M].长春:吉林出版集团,2007:116-117.

责。同时,还要对社会、人类负责,甚至对国家、全球尽责。可见,公民身份既是公民的权利和义务的展现,又是公民内涵的扩充①。

公民是政治共同体的政治主体。公民的实质是"政治人",是基本的政治行为主体。公民的政治性体现于公共理性,具有道德自律性,公民个体均归属于特定政治共同体,并在其中享有政治权利,承担政治义务,致力于追求一种集体的善,公民是主导共同体民主政治建设和认同建构的主体。公民生成于政治,是政治生活的实践主体,公民一定归属于特定政治共同体,在共同体范围内承担义务,享受权利,是权利与义务的结合体。

公民作为政治主体,其政治性体现于公共理性。政治是公共的,公民的"政治性格"包含公共认同、公共正义、公共风范、公共德行等公共品质。公民在共同体政治生活中以公共理性精神协调个体之间、个体与共同体之间的关系,稳定政治秩序,追求集体的善。公民的政治性体现为公共性,"公民身份作为一种'政治的'设计,是使人充满希望的力量,将私人的转化为公共的,将依赖转化为相互依赖,将冲突转化为合作,将许可转化为自我立法,将需要转化为爱,将奴役转化为公共的参与"。公民的公共理性蕴含于共同体政治生活之中,国家共同体是公民公共理性的主要实践场域。从民主政治视角看,公民作为民主政治主体,必然归属于公共领域,认同公共价值,通过参与公共政治生活促进国家民主政治建设,而这都依赖于公民的公共理性精神。从国家认同方面看,公民身处国家政治生活的中心,是国家认同建构的主体,公民的公共理性精神促成公民认同国家法治、政治制度、价值体系等政治设计,使国家认同建构成为可能。现代公民的政治性一定意义上就是公共理性。公民是政治的实践主体,政治共同体是公民政治生活的实践体系,其目的是追求公共的善。公民的公共理性使公民超越自然性,在共同体生活中尊重差异、包容多元,这有助于民主政治和认同建构②。

二、公民权利的发展历程

公民权利是载入法律的、供所有公民行使的普遍的权利,而不是非正式的、未载入法律的或仅供特殊群体行使的权利。公民权利是一种平等表述,其权利和义务在一定限度内保持平衡。这种平等是不完全的,但它通常使处于从属地位者的

---

① 余进军.中国公民教育与美国公民教育之比较[J].社科纵横,2017(6).
② 赵建波.公民教育的价值认同[J].重庆社会科学,2017(8).

权利相对于社会精英有所提高。公民实际效用权利的程度也可能因阶级和地位群体之权力的不同而有相当大的不同。

公民权利的范围可以大致分为 4 类，即法律权利、政治权利、社会权利和参与权利。法律权利即民权是程序性权利，法律权利是基础性的公民权利，它支撑着其他公民权利。法律权利包括人身安全权利，也包括一系列重要的程序性的和获得法律代理的权利，另外还包括并非完全是程序性的良知和选择自由的权利，良知自由权利如个人层次上的言论出版和宗教信仰自由等，选择自由权利如职业选择不受民族种族等限制的自由选择权利。政治权利指的是对于公共领域的参与，同样主要是程序性的，它包括公民的投票权和参与政治过程的权利，另外还包括反对权、弱小群体的保护权、抗议和游行示威权、免费获取政府信息以及进行政治查询的权利等。社会权利大都是个人权利，它支持公民对于社会地位和经济生活的要求，如受教育权利、就业权利等。参与权利是国家在市场、公共组织以及私人领域中确立的一系列权利，例如就业安置和再培训的权利以及社区参与医疗卫生和环境保护决策权利等。每一种权利的行使通常都有相应的特定制度化场所：法律权利主要在法院中行使；政治权利在投票站、议会和街头示威中使用；社会权利通常在政府机关中发生作用或展开争论；参与权利则主要通过企业的劳资联席会或参与委员会行使。总之，政治民主的本质在于民权和政治权利，而经济民主的核心则在于社会和参与权利。

目前关于公民权利的理论主要有 4 种，即自由主义理论、意见一致理论、参与理论和激进多元主义理论。自由主义理论突出强调个体，认为大多数权利都建基在每一个人所固有的自由权（即不受国家或社会干预的消极权利或者说自由）之上。自由主义尽管也认为须遵守法律而尽一些基本义务，但它显然将伦理和道德论的重点放在个体及消极权利方面。被置于第一位的是法律和政治权利，尤其是公民自由权和财产权，而与之平衡的只有几项义务。因此，个人权利是首要的，它们为广泛的行动自由留下了宽广的空间。而义务，除了要遵守法律，则不受重视。社会权利和参与权利很难纳入自由主义理论，主要原因也就在于这些权利要求确立广泛的义务才能运作良好。

意见一致理论主要关注共识秩序，包括社群主义和公民共和主义。社群主义在总体上与自由主义相对立，非常强调社群目标。社群主义者首要关怀的是社会的有效而公正的运作，所以他们支持社会的义务要优先于权利。在他们看来，自由主义太过于以权利为中心了。不过,虽然他们如此希望重新确立义务的重要性,但对权利的保障也同样关注。权利和义务以一种相比于自由主义理论来说不那么直接的方式彼此联系着,即公民在履行义务时不要期待即刻得到直接的回报。可见,社群主义所强调的重点显然在义务。公民共和主义的历史可追溯至亚里士多德、马基雅维里、卢梭,所以它有时很难与自由主义的道德动机相区别,但就其强调公民义务而言,它在很多方面又接近于社群主义。不过它这种强调是通过公民美德的概念,而不是通过对国家的义务的观念而出现的。总之,公民共和主义强调的重点显然是在市民社会,在于如何形成为了他人的利益而行动的良善公民的美德。

参与理论包括扩展民主理论和新共和主义理论。扩展民主理论比以往的理论更强调权利和提高下层阶级、妇女及其他受排挤群体的参与程度。该理论的立场通常介于自由主义和社群主义之间。它的着重点在于同时在合作关系与竞争关系中平衡群体与个体的权利与义务。其结果是一种自我认同,通过参与群体活动而融合个人利益,同时又保护个人的基本民权。新共和主义的观点脱胎于公民共和主义,强调三点,即公民:①在市民社会中公开地与其他公民一起行动,而并不是个体性的参与;②担任赋有正式的权利和职责的公职;③组织相对多数(而非绝对多数)以把握其社群的命运。但是,需要明确职责的权限,并且要通过评议、争论和容忍来行使职责。这种观点尊崇一种强健的、深度的民主,这种民主不强调民族主义,而是承认公民之间深刻的差异和彼此的忠诚。

激进多元主义理论既拒绝自由主义多元论,也不赞同社群主义共识论。该理论构想了一种墨菲称之为"多元竞赛"的持续不断的冲突,在这种多元竞赛中,一方面,对抗将转化成对基本的民主程序和价值的共识,但同时又允许在解释和实行这些基本的观点时存在一定的异议。在多元文化公民理论内部,出现了一种经过了修正的社会主义方案,作为一个正在发展中的具有挑战性的公民群体的目标。在这个发展中的群体包括许多不同的人们,有的接近于社会主义,有的则接近于后现代碎片论。但是,他们的主要论点都是,一种文化转向已经发生,不同的种族、民族、性别以及其他群体都有权要求某种群体的或文化的权利。

表 3-1 各国公民权利的特点

国家	劳工运动	新社会运动
法国	公民权利通过自下而上的革命来推动	公域享有高于私域的特权

（续表）

国家	劳工运动	新社会运动
美国	公民权利通过自下而上的革命以法律的形式得到认可	公民具有激进主义倾向，但由于对政治的怀疑和对个人主义的捍卫而变得温和
英国	"光荣革命"通过立法对公民地位、服从王室和议会等问题作出规定	公共领域呈现出被动消极的特点，倚重公民社会中的各种自治团体
德国	公民权利的扩张是国家主导的现代化战略的一个方面	公民对公域的影响微乎其微，而在私域中神圣不可侵犯

　　公民权利的发展在各国有所差异，表3-1归纳了公民权利在法国、英国、美国和德国的特点。根据马歇尔的定义，拥有公民权利的人是那些"社会的全权成员"，马歇尔的公民权利概念中隐含着一个假设，即社会中存在着一整套共同的价值观。此外，他还从另外一个角度对公民权利作出界定，即判断某人是否拥有公民权利，可以看其是否拥有民权、政治权利和社会权利这三项权利。马歇尔认为，这些权利彼此之间是互为补充的。为证明这一点，马歇尔回顾了英国历史，描述了每一项权利是怎样在其他既得权利的基础上确立起来的，言论自由、公正、信仰自由、财产所有权等基本民权的产生，要比选举权和被选举权等政治权利更早。前者在18世纪就已发展起来，而后者与19世纪"大改革法案"的通过有关，此项法案赋予工人阶级中的男性以政治权利。拥有政治权利又使在经济上处于弱势地位的群体获得了敦促国家提供社会保障的手段，从而导致了20世纪各种社会权利的扩大①。

第二节　公民的政治权利

一、政治权利

　　政治权利是作为政治共同体的公民的权利。在古希腊雅典城邦，公民是城邦的主体，公民身份的获得与否是由个体所享有的政治权利来决定的，政治权利即是公民身份的决定因素与外在展现。公民具体行使政治权利的机构有"五百人会议""公民大会"和陪审法庭。并且，城邦是人们享有政治生活、拥有和行使政治权利的

---

① （英）基思·福克斯.政治社会学[M].陈崎,耿喜梅,肖咏梅,译.北京:华夏出版社,2008:103.

前提和基础,没有城邦便没有公民。由上可知,公民自产生之始便与政治权利相伴相生,而政治权利追求的目标是民主与正义。在亚里士多德看来,"善"即是城邦的目的和终极要义,政治应该是追求"善"的政治。亚里士多德的"善"是一个具有多重含义的概念,而"正义"正是其中一个极为重要的价值内容。在亚里士多德看来,政治的目的是最高的善,而城邦以作为全体公民共同利益的公正作为施政的准绳,正义也即是政治上的善①。

具体而言,政治权利的基本内容包括:①自由权,包括人身自由及言论、出版、集会、结社、通信自由等;②选举权和被选举权,这是参政权的集中体现;③监督权和罢免权,前者是公民监督一切国家机关和国家机关工作人员的权利,后者是公民按照法定程序对于不合格的人民代表有罢免权利;④诉愿权,公民对于国家机关及其工作人员的批评和建议权、检举权、申诉控告权和要求赔偿权。

任何一种治理机制是否健康和稳定,取决于公民如何看待他们的权利和责任,又怎样行使这些权利、履行这些责任②。政治权利就是在特定的社会经济关系及其体现的利益关系基础上,由政治权力确认和保障的社会成员和社会群体主张其共同利益的法定资格。政治权利内容是对于共同利益的主张,形式是社会成员和社会群体在社会政治生活中的法定资格,行为上表现为政治权利法定范围内的自主性。政治权利的本质是人们参与政治活动的权利和自由的总称,其直接对应的是国家权力而非社会权力等非国家权力。这种权利是公民享有受到法律保障的有效参与政府管理与影响公共事务的权利,任何除正义之外的考量都不得剥夺和侵犯。政治权利的实现需要相应法律制度提供切实的保障,当受到侵犯时,国家会对侵权行为进行制裁,因而公民的政治权利具有法律性③。在当代世界,政治权利享有的广度及实现程度,是一个国家民主化程度的重要标志之④。公民政治权利的充分发挥有利于实现和发展公民主体的利益诉求,进而能够积极推动国家治理体系和治理能力的现代化。

健全的法律制度是实现公民政治权利的制度基础。要保证每一个公民都能够实现自己的政治权利,就必须为公民的政治权利提供保障,即通过一定的法律制度确保政治权利的实现。正如巴克所言:"政治自由的实现依赖于现实制度的细节和

① 叶海波.公民社会与市民社会之区别浅析[J].黑河学刊,2018(9).
② (英)基思·福克斯.政治社会学[M].陈崎,耿喜梅,肖咏梅,译.北京:华夏出版社,2008:103.
③ 韩振文.论政治权利的享有、异化及其回归姿态[J].济宁学院学报,2016(4).
④ 王雅琴.政治权利的价值[J].中共太原市委党校学报,2015(5).

要素。"各国实践也表明,公民政治权利的顺利行使必须通过一套健全的法律制度,离开这些法律制度保障,公民的政治权利便不复存在。为了保证公民政治权利的实现,政府要有一套完善的制定和执行政策的机构以及履行各种任务的富有经验的政治领袖和文职人员,做到既能反映民意,又能贯彻民意,必要时保障民意。因而,通常设有立法机关、行政机关和司法机关来实现上述职能①。

总之,公民参与政治、影响政府决策并最终控制国家的权力,是一个复杂的过程,这一过程的顺利运作需要公民、社会和政府具备一些基本条件,而这些基本条件的具备与否是公民政治权利能否实现的根本原因。

二、政治权利的历史发展

在原始社会,政治权利是社会成员人人都具有的政治资格,氏族成员之间的政治资格是平等的,其政治资格是由道德习俗确定的,其政治权利与政治义务是完全融合的。进入奴隶社会以后,政治权利专属奴隶主阶级所有,它具有宗法等级制特色,政治权利第一次与私有财产联系到一起,其政治权利同政治义务相分离。而在封建社会中,君主享有最大的政治特权,政治权利与官僚等级紧密相关,血统也成为政治权利的重要依据,农民享有某些政治权利,但社会地位不高。资本主义社会中,政治权利在形式上体现为政治上的民主、自由和平等,以形式上的平等掩盖着资本主义社会的不平等,以法律上的平等掩盖着实际政治生活中的不平等,以表面上的正当性掩盖着资本剥削的不正当性。社会主义公有制和社会公共权力归无产阶级和全体人民所有,使得社会主义社会政治权利具有广泛性、真实性、公平性的特点。社会主义的政治权利是对资本主义社会政治权利的扬弃,是在公有制基础上实现的人民真正的政治平等,也是实现人民政治利益和社会平等的重要途径。

在社会主义制度下,保障公民政治权利是发展社会主义民主政治的题中应有之义②。

第一,公民政治权利与社会主义民主政治有着密切的内在联系。我国发展社会主义民主的一切实践和目的,都是为了实现人民当家做主。权利只有在民主制

① 颜世顺.公民政治权利实现:条件、制约因素与路径[J].理论探索,2011(6).
② 周智.试论保障公民政治权利与发展社会主义民主政治的关系[J].信阳师范学院学报(哲学社会科学版),2009(3).

度的保障下才能从抽象变为具体、从理论走向现实。公民的政治权利的不少内容本身就是民主权利的范畴。如选举权和被选举权,是人民行使国家权力、管理国家事务的基础,既是公民的基本政治权利,也是人民民主的应有之义,是人民民主的具体体现。

第二,保障公民政治权利是社会主义民主政治发展的目标追求。社会主义民主是人民当家做主、管理国家和社会事务的制度。这一制度包含两方面内容:其一,人民拥有管理国家、管理社会的权利,国家的一切权力均来自人民,对人民负责。其二,人民之中的每个人都拥有言论、出版、集会、结社、游行、示威的权利,拥有人身自由不受侵犯的权利,拥有对公共权力部门工作的知情权、监督权,对公共权力执掌者的选举、监督、罢免的权利以及其他一些民主、自由权利。

随着生产力的发展和人类社会文明程度的不断提高,追求人的价值和人的自由发展,将成为社会主义追求的重要目标和公民的基本政治诉求。只有人民的民主权利不受歧视、不受侵犯并得到切实保障,人民民主才具有真实意义;只有人民享受着自由、平等、愉快的政治生活,社会才堪称政治文明。同时,社会主义民主以人民成为国家主人为核心内涵。由于国家的公共权力源于公民权利,国家公职人员的权力是人民赋予的,所以,保障和尊重公民政治权利就是保证人民拥有当家做主的权利。

第三,保障公民的政治权利是公民参与民主政治生活的基本前提,也是实现社会主义民主政治的基本前提。如果公民的政治权利得不到保障,公民便没有机会参与政治生活,无法表达自身的意愿,民主政治就无从谈起。社会主义民主政治是工人阶级领导的广大人民群众广泛参与的管理国家政权的形式,建设社会主义民主政治更应当保障好公民的政治权利,让广大的人民群众都参与其中,只有拥有坚实的群众基础,民主政治才能顺利进行。

第四,保障公民的政治权利是建设社会主义民主政治的有效途径。社会主义民主政治是一个庞大而又复杂的工程,随着经济的发展需要不断完善,建设社会主义民主政治的基础是人民,人民的参与,人民的监督,人民意愿的接受和反馈是社会主义民主政治的重要内容。保障公民政治权利,使公民能够有效地参与政治生活,享有政治权利,对促进社会主义民主政治发展有着积极意义。公民在行使政治权利、维护自身利益的同时,能够加深对民主制度、政策的认识和理解;在行使政治权利的过程中学习和掌握社会的民主观念,增强对民主体制、民主思想的认同;在行使政治权利中感受到自己的人权和价值,产生心理、情感和意识上的归属感,提高政治权利和政治责任感,培育公民的民主意识。这些都为推动社会主义民主政治的发展有着重要作用。

第五,保障公民政治权利有利于发挥社会主义民主政治的优越性。公民政治权利是一个由少到多的发展过程,因此公民政治权利的实现也是一个渐进的过程。公民政治权利的享有和行使是政治民主化的重要表现,公民政治权利的享有和行使逐步落到实处并日渐完善,有利于社会主义民主的构建,有利于社会主义民主政治水平的提高。此外,保障公民政治权利有利于保证社会主义民主政治中的制度和法律建设的正确方向。一方面,在保障公民政治权利的过程中推动社会主义民主政治的制度和法律建设,就要求国家制定、完善相应的民主政治制度;另一方面,在保障公民政治权利的过程中,由于尊重了人民的根本利益,也就从根本上保证了民主制度和法律建设的基本正确方向。同时,随着公民当家做主的权利日益得到落实,从公民政治参与和民主监督的角度来看也有利于保证国家制度和法律建设的基本正确方向。

第六,保障公民政治权利有利于促进社会主义民主政治建设环境的稳定。保障公民权利在当前还有着重要和特殊的政治意义。首先,市场经济所启动的社会转型是一场空前的社会变革。这一变革首先表现为利益的分化和重组。由于利益驱动和新旧体制交替出现的某些缝隙和漏洞,致使一部分人运用不平等竞争或不正当手段攫取私人利益,甚至利用公共权力非法为私人谋利,从而造成不同群体利益上的矛盾和冲突。这种矛盾,不仅直接影响到相当一部分社会成员的实际利益和对改革的承受力,而且深刻影响到上层建筑尤其是政治权力体制及其运行机制,对社会稳定和社会发展产生负面作用。在这种情况下,倘若国家不能强化公民权利的保障,势必会导致或加剧上述消极后果。只有切实保障公民政治权利,才能有效地赢得和培养人民群众对政治体系的广泛支持,维护政治体系的合法性,确保政局稳定,并有助于增强政治体系的实际作为,确保经济社会的正常发展。

三、政治权利的特性

政治权利的阶级特性,是其根本特性。而单个的社会成员对于共同利益的主张,集中的政治权力对于分散的社会成员的权利确认,成为政治权利形成过程中相反相成的矛盾运动,而利益关系中共同利益的特性和政治权力的特性经过这一矛

盾运动过程,决定了政治权利的其他特性:

第一,政治权利具有主体的相对个体性。政治权利的相对个体性,是指政治权利属于相对共同意义上的社会个体的政治权利,而且政治权利的实现归根到底是相对共同意义上的社会个体的权利实现。政治权利的相对个体性,也是共同体的主体利益性在社会成员政治资格上的转化,对于社会成员政治权利资格的确认,实际是确认个体对于共同利益的主张资格。

第二,政治权利具有法定规范性。政治权利的规范性,导源于政治权利主体所处利益关系中共同利益的非市场实现性。在政治权利形成和实现的过程中,共同利益的非市场实现性,转化为作为相对个体的政治权利主体的行为原因。政治权利主体的规范性,也是政治权力的强制约束性在政治权利主体法定政治资格上的转化,政治权利的规范性是以法律或法规形式在作为相对个体的政治权利主体资格上的还原。

第三,政治权利具有权利主体的自主性。政治权利是社会成员在法定范围内自由从事政治活动的政治资格,因而它具有权利主体自主性的特点。政治权利主体的自主性,是由该权利主体所处利益关系中共同利益的单一性转化而来的,是专属排他性在政治权利主体法定资格上的转化。

第四,政治权利具有权利义务统一性。政治权利的权利义务统一性,始于共同利益的相对独立性。共同利益的独立性赋予政治权利主体以法定范围内的自由,构成了政治权利中的权利方面;共同利益的相对性赋予政治权利主体以相应的政治责任,构成了政治权利的义务方面。政治权利形成过程中,国家权力的扩张延展性转化为对应的政治权利的扩张延展性,并形成了政治权力与社会成员政治权利之间的相互限制,这些限制形成了权利和责任对称性,同时形成了政治权利主体具有权利义务统一性。

第五,政治权利具有自由价值性。政治权利的特定基本价值,是政治权利主体在法定范围内进行政治生活的自由,政治权利内涵的这一基本价值,是特定社会成员和社会群体主张共同利益而形成的。政治权利的自由价值性,也是国家权力多重职能性在政治权利资格上的转化体现,当国家权力确认和保障特定社会成员和社会群体的法定政治资格时,也就把自己的特定职能转化为了政治权利的法定要求和资格主张。

四、政治权利的作用

现代民主国家中，政治权利对国家、社会、公民的成长和发展都具有重要价值[①]。

（一）公民享有政治权利为国家和社会的互动提供基础

国家的有效性取决于国家与社会的"关联程度"。在现实世界，国家并不是唯一的中心。国家与社会的互动关系决定了国家的能力和国家的有效性。基于国家各组成部分的多样性，每一个组成部分由于自身的原因，对同一问题很难形成一个全国统一的模式，每一个组成部分形成了不同的风格。国家与社会互动理论反映了社会变迁的过程中，国家与社会的关系可以是良性互动的。

以选举权为例，对于整个政治系统，公民选举权的发挥能够起到国家与社会联结的功能。选举是现代民主国家的公民和政府互动的重要方式和途径，选举联结了选民的行为和政府的行动。在公民的政治参与行为中，选举是最重要和最普及的行为，发挥着教育选民的功能。参与选举有助于对公民进行民主知识的教育和爱国情感的培育，有助于促进公民的国家归属感和集体观念，选举还有助于政府和人民进行交流和沟通。选举被认为是最有效的政治沟通方式之一，候选人通过各种途径与选民沟通，尽可能全面地传递其政治理念。在选举结束之后，选民与政党、政治领袖之间的沟通虽然大为减少，但二次选举过程中，许多沟通因所谓预期反应的影响产生。在民主社会，通过选举，政府和社会关系的新格局得以塑造，民主体制的基本力量配置得以塑造，公民成为政府权力的来源，不再只是权力的客体，民主国家的政治利益与人民利益通过选举得以紧密联系。

（二）公民享有政治权利有助于促进政治公开和进步

政治权利是民主政治的基础。现代民主政治以公开为基本原则，公众参与政治过程是民主政治的题中应有之义，也是主权在民原则的内在规定性。可以说，没有政治公开，就没有民主政治。人类政治进步的历程伴随着政治公开性发展的过程。公民享有政治权利可以使公民能够最充分地拥有自我决定的自由，拥有平等的发展机会；可以选举产生政府，监督执政者的违法行为，罢免不称职的掌权者；能

---

① 王雅琴.政治权利的价值[J].中共太原市委党校学报，2015(5).

保障公民权利、政治权利的政府是公民本位、社会本位的政府,政府工作首要的价值目标是公共利益的最大化,即行使公权力时,首先要考虑的是公共利益及公民利益。

公民充分享有政治权利,可以顺畅地通过多种方式、多种途径参与政治活动,有以下积极的影响:

第一,有助于提高公共决策质量。民主讨论和评估的充分展开,可以改善决策的品质,防止决策失误或者减少决策失误的概率,从而保障公共决策的正当性和可行性。

第二,有助于增强政策合法性。公众通过参与,以反映和实现公共利益。政府在政策制定过程中,通过多种多样的对话和协商,充分听取公众关于重大决策事项的意见,通过科学的机制、方法和合理的程序进行公共管理,有效防止公权力被滥用,有益于实现公权力与私权利之间的良性互动,确保权力的公信力。经过了公众参与的决策,其结果更能被公众接受,因此,公众参与也有助于决策的权威和实施。

第三,有助于及时化解矛盾、有效达成共识,从而有益于实现社会谐和与稳定。能够协调矛盾、保持公权和私权之间的动态平衡本身就是政府能力的一个重要方面。充分的公众参与可以为不同的利益诉求提供制度化的表达渠道,以化解分歧,从而形成适度的共识。公众参与决策的过程,是就共同关心的问题进行协商,互相谅解、妥协、求同存异、达成共识的过程。公众参与可以促使公权力和私权利达到动态平衡,使社会在更高层次上实现稳定。

第四,有助于提升公民民主意识和民主能力。民主意识和民主能力是公民参与的基础,民主参与对于公民而言,既是权利,又是义务。通过民主参与的实践,公民可以不断加强主体意识、责任意识,从而使公民的民主意识、民主能力不断得到提高。

（三）政治权利发展有助于增强政治合法性

分析政治权利内涵、价值的过程,不断遇到合法性问题。自人类进入政治社会之后,合法性问题便与政治统治伴随始终。以选举为例,选举权利的实现有助于增强政权的合法性。现代政治系统靠选举活动来维持运转,民主政府合法性的基础是人民认同,由于现代民主政治的基本宗旨和原则是主权属于人民,因而权力的合法性源自人民。执政者如果能再次获得选民的肯定，表示其政策得到了人民的拥护和支持；如果反对派获胜、获得选民的支持，则表示其政治见解或政策取向获得选民肯定。因而，从系统的观点看，选举的基本功能就是建立支持。"权力的合法性只不过是由于本集体的成员或至少是多数成员承认它为权力。如果在权力合法性问题上出现共同同意的情况，那么这种权力就是合法的"①。通过选举，民主政府将取得更大的合法性；通过民主选举产生的执政者能宣布其施政活动合法化。然而，经由选举获得的合法性，其合法性程度是不同的，合法性高与低，取决于社会的认同和支持程度。除具有合法性功能以外，选举还有助于维持政治稳定。一定程度的政治稳定对所有政治体系都是必需的，民主政治体制的稳定与选举直接相关。选举对于政治稳定所发挥的功能在不同国家、不同时期表现不同。作为一个动态范畴，任何国家、政权都有必要谋求合法性水平的提高。实现公民政治权利的实质价值，是人类政治的发展目标和方向，也是政治合法性的最具有根本意义的基础。

可见，公民权利与政府合法性之间存在着相互影响、相互制约的逻辑关系。公民权利的实现是政府权力运行的逻辑前提和起点，也是政府合法性的重要来源，公民权利越是得到更多的实现和保障，政府就越容易获得民众的支持和认同，合法性程度就会越高。显然，合法性程度越高，政府就越会重视和保障公民权利，公民权利就越能得到不断的增量性实现。在合法性危机频发的现代社会，追求公民权利与政府合法性的良性逻辑互动是政府应对合法性危机的理性选择。服务型政府将公民权利的实现和保障视为其出发点，既保障了公民权利得以增量性实现，也使政府能得以获得持续合法性，公民权利和政府合法性进入一个良性互动阶段②。

第三节　马克思主义的公民权利理论

一、马克思对公民权利的论述

马克思主义经典作家在详细地考察了人类社会的历史进程，深入地研究、总结

---

① （法）迪韦尔热.政治社会学——政治学要素[M].杨祖功，王大东，译.北京：华夏出版社，1987：116 - 117.
② 阳春花.当代社会公民权利和政府合法性——基于历史的逻辑视角分析[J].中共南京市委党校学报，2020(5).

和批判了以往思想家的权利理论的基础上,通过他们的革命实践并结合当时的社会现实逐渐形成了自己的权利理论。马克思、恩格斯从人的解放的意义上将权利作为一种价值取向,集中体现了社会主体对自身价值、尊严、地位以及责任使命感的执着期待或追求,反映了主体的一种特定的目标或方向。人的历史是人类有意识地通过自己有目的的对象性活动创造的历史。只有在人的社会历史领域,我们才真正看到了有意识有目的的自觉活动。人作为社会活动的主体,并不是简单地适应客体,而是按照一定的需要和利益来改造客体。既然主体把权利的获得看作是自身价值的确证,对于社会主体来说,权利本身就构成了人所追求的价值目标。人的创造性社会活动的最高目的就是要创造促进人的全面发展的条件,实现人的解放,确立"每个人的自由发展是一切人的自由发展的条件"的社会①。

马克思主义公民权利理论,包括如下基本观点②:

第一,集体权利与个体权利相统一。马克思主义权利理论具有人民性,强调集体性与个体性权利的统一。马克思在《1844 年经济学哲学手稿》中强调:"首先应当避免重新把'社会'当做抽象的东西同个体对立起来。个体是社会存在物。""自由的有意识的活动"是人类的特性。在《关于费尔巴哈的提纲》中,马克思又指出:"人的本质不是单个人所固有的抽象物,在其现实性上,它是一切社会关系的总和。"人是社会生活中现实的人,不是抽象、孤立的个体。

第二,权利合理性与合法性相统一。马克思指出:"法典就是人民自由的圣经。"宪法和法律是人民自由和权利的宣言书与保障,法权关系是对人与人、人与社会之间合理性社会生活关系的记载与反映。正当性的权利既要符合法律的形式规定,又要蕴含道义、良知和理性。权利问题是法治的核心问题,应坚持依法治国与以德治国相结合,进而推进国家治理体系和治理能力现代化。

第三,权利普遍性与特殊性相统一。马克思主义权利理论是在吸收借鉴人类有关权利事业的优秀文明成果的基础上形成的科学理论,它承认权利的普遍性。正是基于这样的认识,中国签署了《世界人权宣言》《公民权利和政治权利国际公约》《经济、社会及文化权利国际公约》等国际性人权或权利文件。马克思主义权利理论同时强调权利的特殊性,认为各国社会经济文化发展情况不同,在对权利的认知上难免会有差异,各国应根据各自具体国情独立自主地选择推进本国人权事业

---

① 鲍宗豪.论马克思主义的权利理论[J].江汉论坛,1992(11).

② 郑小伟.马克思主义权利理论的科学内涵[N].中国社会科学报,2017 年 12 月 20 日.

发展的道路。

第四，权利与义务相统一。马克思在《国际工人协会共同章程》中强调"没有无义务的权利，也没有无权利的义务"，鲜明地表达了权利是蕴含义务的权利，义务是蕴含权利的义务。在一定的社会关系中，权利与义务的总量是对等的，权利和义务实际上是人与社会以及人与人之间社会关系的合理界定。只讲权利不讲义务，或只讲义务不讲权利，都是非正义的和非建设性的。

第五，应有权利与实有权利相统一。马克思主义始终将共产主义远大理想与社会历史具体发展阶段相结合，注重在现实的社会经济生活中一步步地迈向人类理想的社会形态。马克思主义者从理想和应有的状态，将实现人的解放和自由全面发展确立为自己权利理论的主旨。从现实和实有的层面，强调权利决不能超出社会经济结构及其所制约的社会文化的发展，即实有权利受制于一定社会政治经济文化发展水平。脱离活生生的现实社会经济生活，只强调应有权利，是唯心主义形而上学的抽象或空想臆测，无法真正实现人的权利的此岸世界。而纠缠于现实生活的琐碎与繁杂，只强调实有权利，是机械或直观唯物主义形而上学的庸俗，无法通达人的权利的彼岸世界。

第六，权利具有时代性，权利是社会生活实践的产物。不同的时代、不同的社会形态会有不同的权利界定，手推磨产生的是农耕文明的权利现象，蒸汽机产生的是商工文明的权利现象。权利既受制于一定的社会经济生活形式，又随社会经济文化的发展而不断发展。因此，权利是一定社会经济文化条件下，以正当利益为内核的历史现象。

二、马克思主义与人权[①]

马克思主义的权利理论认为，"人权是权利的一般形式"。人权是一切人所享有的基本权利，人权往往通过公民权得以表现。马克思说："这种人权一部分是政治权利，只有同别人一起才能行使的权利。这种权利的内容就是参加这个共同体，而且是参加政治共同体、参加国家。这种权利属于政治自由的范畴，属于公民权利的范畴。"人权可以分为基本权利和社会经济权利两大类。基本权利就是传统上讲的自然权利，主要是指生存权、自由权、平等权等；社会经济权利就是各种福利，如

---

① 俞可平.人权与马克思主义[J].马克思主义与现实,1990(1).

医疗权、受教育权等。《世界人权宣言》共列举了 28 项人权,概括地说,主要有平等权、自由权(信仰、言论、结社、迁徙、人身、就业、通信、集会等自由)、生命权、独立权、人格尊严权(主体权、隐私权、名誉权等)、公诉权、公正审判权、国民权、婚姻权、庇护权、参政权、受益权(社会保障权、享受教育权、享受救济权、休息权、文化娱乐权等)、财产权、追求幸福权等。人权又可分为消极权利和积极权利两种。消极权利是个人要求国家不得侵犯、只能消极地不作为的权利,而国家则对这些个人权利有依法保护和不加侵犯的义务。消极权利包括自由权(个人的行动、安全、居住、迁徙、言论、著作、出版、信仰、请愿、职业、通信、集会、结社等自由)和平等权(男女、宗教、种族、政治、经济、党派、人格等方面的平等)。所谓积极权利就是个人要求国家加以积极行为的权利,也就是社会福利权利,主要指各种受益权(如工作权、受教育权、社会救济权、保健权、休假权、娱乐权等)。对这些权利,国家不得消极地不作为,而是必须积极地作为,负有不可推卸的实施义务。

马克思主义权利理论明确了在权利方面个人与国家的相互关系。人权作为个人对国家的要求,也就是对政府可能对个人所作行为的限制,它直接决定国家对个人应当做什么或不应当做什么,能做什么或不能做什么。人权的现实状况是评判一个政府公正与否、民主与否的基本标准之一。人权作为人类的基本价值,也是评价社会进步和发展的综合性标尺。社会的进步体现为政治、经济、文化的发展。政治发展的首要标志是政治民主,而政治民主的核心内容恰恰就在于实现人的自由、平等,消灭剥削、压迫。经济发展的标志是生产力的发达和社会物质财富的充裕,而社会物质财富的增加最终应当是为了增进人类的福利。文化发展的标志是高度的精神文明,而高度精神文明的主要表现就是使人们能享受优裕的精神文化生活。因此,人权的实现程度集中地体现了社会发展的程度。从上述意义上说,是否有利于人权的实现是评价一种政治制度先进与否的标尺。就人权的不可剥夺性、不可侵犯性和自明性而言,个人对人权的拥有是绝对的。但是,人权实际上是个人与社会的相互关系的一个方面。因而,人权的行使是相对的,它受到一定的制约,主要是主体状况的制约和主体行为的制约。

马克思在《国际工人协会共同章程》中开宗明义地宣布,普遍的、平等的人权是工人阶级努力争取的伟大目标。马克思说:"工人阶级的解放应该由工人阶级自己去争取,工人阶级的解放斗争不是要争取阶级特权和垄断权,而是要争取平等的权利和义务,并消灭任何阶级统治。"马克思主义所追求的人权是彻底的、真正的人权,这种人权不再是阶级的特权,而是一切人按照其人性而应当享有的权利。在著名的《反杜林论》中,恩格斯非常清楚地表述了这种观点:一切人,作为人来说,都有某些共同点,在这些共同点所及的范围内,他们是平等的,这样的观念自然是非常古老的。但是现代的平等要求是与此完全不同的。这种平等要求更应当是,从人的这种共同特性中,从人就他们是人而言的这种平等中,引申出这样的要求:一切人,或至少是一个国家的一切公民,或一个社会的一切成员,都应当有平等的政治地位和社会地位。马克思和恩格斯虽然身处人完全异化的十九世纪资本主义时期,但他们对人权的前景充满着信心。他们把共产主义的理想社会当作是人的全面发展的自由人的联合体,毫无疑问,人的全面发展也就是人权的彻底实现。他们坚信,任何践踏人权的旧制度必将让位于人权真正实现的新制度。恩格斯在晚年所著的《家庭、私有制和国家的起源》这部重要著作中,特别地引用摩尔根评价文明时代的一段话来作为全书的结束语,其中全书最后的这句话最充分地表明了恩格斯和摩尔根对未来社会的新人权的向往和信心:"管理上的民主,社会中的博爱,权利的平等,普及的教育,将揭开社会的下一个更高的阶段,经验、理智和科学正在不断向这个方向努力。这将是古代氏族的自由、平等和博爱的复活,但却是在更高形式上的复活。"

马克思主义的权利理论将对人权的思考发展到了一个崭新的阶段。以为马克思主义不讲人权,则是对马克思主义的根本无知。实际上,马克思主义对人权理论的革命性发展作出了巨大的贡献。

三、马克思主义人权理论中国化

马克思主义人权思想中国化的理论成果不仅表现在科学地回答了人权是什么的核心命题,而且站在历史与现实相互交会的连接点上全面揭示人权从哪里来、到哪里去的内在逻辑,为找准人权历史脉络、把握人权发展规律、夯实人权现实根基提供理论养分。法治是治国理政的基本方式,人权治理离不开良法善治。全面建成小康社会、全面深化改革、全面依法治国和全面从严治党的"四个全面"战略部署是更好实现人权的根本保障。其中,全面建成的小康社会本身就是"人权得到尊重和保障"的社会,即幼有所教、老有所养、病有所医、住有所居、学有所教,生命健康权、居住权、工作权、教育权、社会保障权等全面落实。全面深化改革是人权发展的根本动力,为人人享有高水平的人权提供动力机制、分配机制和保障机制。通过改革,既尽可能释放现有体制机制的人权活力,又日益优化资源与义务的配置体系,确保人权的公平分享,防止人权蜕变成少数人的特权。这正是当代中国持之以恒地不断推进改革纵深发展的内在动力。全面依法治国是人权的最有力保障。人权是法治的终极价值。作为良法善治的法治,人权正是其所蕴含的良善价值的内核,一切法治价值,无论是秩序、效率,还是民主、公正,抑或其他,如果不以人权为根本指向,必将失去依托和根基,难以为继。全面从严治党是人权的最根本保障。依法治国和依规治党的统一是中国治理与西方治理的原则性区别,以党章为核心的党内法规体系以中国式的独特表达方式确立了人权价值,将人民主体地位确立为党内法规的基本原则,将全心全意为人民服务这一根本宗旨,在当代进一步诠释和演绎为让"改革发展成果更多更公平地惠及全体人民",实现"全体人民平等参与平等发展的权利"。而权利与权力的对立统一是一切法治关系的轴心,只有依法监督制约权力,才能有效保护权利。在全面从严治党语境下创设国家监察权,形成不敢腐的惩罚机制、不能腐的制度机制和不想腐的预防机制,实现这三者的相互衔接、三位一体、相得益彰,为人权与权力的界分、遏制权力对权利的侵犯、确保二者的良性互动找到了最佳理论支点和制度规范①。

中国在马克思主义权利理论的指引下,对中国特色社会主义人权理论和实践进行了探索②。

国务院新闻办公室在 1991 年 11 月 1 日正式发表了《中国的人权状况》白皮书,白皮书从党和国家政府的立场上彻底否定"人权是资产阶级口号"的观点,并且把人权确立为社会主义建设和发展所追求的崇高目标。白皮书之后,党的十五大和十六大报告均提出"尊重和保障人权"。1997 年 9 月,党的十五大报告指出:"共产党执政就是领导和支持人民掌握管理国家的权力,实行民主选举、民主决策、民主管理和民主监督,保证人民依法享有广泛的权利和自由,尊重和保障人权。"2002年 11 月,党的十六大报告再次重申"尊重和保障人权",并将"人民的政治、经济和文化权益得到切实尊重和保障"纳入全面建设小康社会的新目标。2004 年 3 月 14日,"国家尊重和保障人权"被写入宪法,这种基于宪法基础的人权实践极大地促进了中国特色社会主义人权理论的发展。实现人权入宪后的很长一段时间内,如何完善各项权利的制度保障成为人权法治化进程的中心议题。例如,2005 年 8 月 28

---

① 汪习根.马克思主义人权理论中国化及其发展[J].法制与社会发展,2019(2).
② 陈佑武.中国特色社会主义人权理论的历史发展[J].东北财经大学学报,2016(5).

日通过的《中华人民共和国治安管理处罚法》第 5 条第 2 款规定"尊重和保障人权"。2005 年 10 月，党的十六届五中全会通过的《中共中央关于制定国民经济和社会发展第十一个五年规划的建议》提出要"尊重和保障人权，促进人权事业全面发展"。2007 年 10 月，党的十七大将"尊重和保障人权"写入党章。2009 年 4 月 13 日，国务院新闻办发表了《国家人权行动计划（2009—2010 年）》，党和政府首次制定以人权为主题的国家规划。2012 年 6 月 11 日，国务院新闻办发表了《国家人权行动计划（2012—2015 年）》，这是中国政府制定的第二个以人权为主题的国家规划。特别值得一提的是，2011 年与 2014 年，国家分两批先后设立了 8 个国家人权教育与培训基地，这对于人权研究与教育起到了非常重要的作用。

2022 年 2 月 25 日，习近平总书记在十九届中央政治局第三十七次集体学习时，发表了《坚定不移走中国人权发展道路，更好推动我国人权事业发展》的讲话。他指出，尊重和保障人权是中国共产党人的不懈追求。我们党自成立之日起就高举起"争民主、争人权"的旗帜，鲜明宣示了救国救民、争取人权的主张。党的百年奋斗史，贯穿着党团结带领人民为争取人权、尊重人权、保障人权、发展人权而进行的不懈努力。在新民主主义革命时期、社会主义革命和建设时期、改革开放和社会主义现代化建设新时期，我们党都牢牢把握为中国人民谋幸福、为中华民族谋复兴的初心使命，领导人民取得了革命、建设、改革的伟大胜利，中国人民成为国家、社会和自己命运的主人，中国人民的生存权、发展权和其他各项基本权利保障不断向前推进。

结合世界人权发展历史潮流与中国当代具体国情及人权实践可知，中国特色社会主义人权理论是致力于保障人权与基本自由的理论，且具有以下基本特征：

第一，中国特色社会主义人权理论是以人为本的理论。古典人权理论中的人是抽象化的人，是具有生物性和普遍性的人，因而忽视了人的社会性以及个体与个体之间的差异。古典人权理论的这种局限性是由生产资料私有制所决定的。中国特色社会主义人权理论与古典人权理论不同，它是以生产资料公有制为基础的，以所有的人为本，它的目的是以每个个体的人为本。因此，中国特色社会主义人权理论是建立在现实之上的理论，而不是抽象的一般原则和宣示。它的根基在社会，顺应了时代的潮流，反映了社会的需求，体现了民众的意愿。

第二，中国特色社会主义人权理论是人的价值高于一切的理论。人性、人格尊严既是人权理论的理论源泉，也是人权理论的发展动力。中国特色社会主义人权理论是人权之本的人本人权理论,是人人自由、人人平等、人人幸福的人权理论。人的价值与尊严贯穿到这一人权理论的方方面面。在法治社会,这一价值追求尤其应得到法律的尊重和保障,法律是因人存在。个体的人是中国特色社会主义人权理论的基点和落脚点。离开了人,就不会形成中国特色社会主义人权理论,除此之外的各种形形色色的人权理论都只能是维护部分人的利益。

第三,中国特色社会主义人权理论是人的权利全面发展的理论。在法治社会里,尊重和保障公民的法定权利是中国特色社会主义人权理论最起码的要求,否则人们的人权就不可能真正实现。这就要求立法上要对这些法定权利的保障做出比较完善与可操作的规定;司法上要强化对这些法定权利的司法保护;执法上不要侵犯这些法定权利的行使;守法上要享有这些法定权利。从人类社会发展进程来看,中国特色社会主义人权理论的最高要求在于以人的应有权利为本,而不仅仅是止步于法定权利。保障这些不断发展的应有权利是中国特色社会主义人权理论的必然需求。

第四,中国特色社会主义人权理论是人人参与人权实现的理论。按照古典人权理论,国家与社会固然在人权实现中负有首要义务,但这并不表示人们可以不尽义务便可以享有权利。在人权实现上,中国特色社会主义人权理论实际上提倡多方参与、齐抓共管、共同促进人权的发展,尤其要发挥个体在人权实现中的作用与功能。这也是现代社会人权义务的应有内涵。换言之,就是要让人权实现回归个体的人,这既是中国特色社会主义人权理论对古典人权理论的发展,同时也是对现代人权理论建设的贡献。

第五,中国特色社会主义人权理论是人人和谐共处的理论。中国特色社会主义人权理论强调权利与权力之间的共生共荣、互信互爱。通过权利与权力之间的和谐,实现人人和谐共处。中国特色社会主义人权理论的构建是一个长期的历史过程,需要随着我国人权事业的不断发展作出相应的调整与修正。在此过程中,需要对中国特色社会主义人权理论的历史范畴、概念范畴、属性范畴以及保障范畴作出较为全面细致的研究。例如,有学者将中国特色社会主义人权理论体系的内容归结为人权的概念、人权的本质和属性、人权的体系与分类、人权保障的原理机制与人权保障的社会条件,这也是对中国特色社会主义人权理论体系的有益探索。

第四节　中国特色社会主义制度下的公民权利

中国特色社会主义制度下的公民权利由国家的宪法规定下来，由此称之为宪法性的公民权利，体现了社会主义的本质，行使权利和履行义务的目的是为了巩固社会主义制度，推动经济、政治和文化领域中的社会主义建设①。

一、公民权利与中国特色社会主义的发展动力

中国特色社会主义建设是在解决生产力落后与大众温饱问题的巨大压力下拉开的改革大幕。邓小平多次强调要权力下放，赋予企业与社会成员经济自主权，实行经济民主。可以说，正是通过艰难而有效的经济改革，通过切实的经济赋权，中国经济动力强劲、发展迅速。随着经济改革的推进，1992年确定建立社会主义市场经济体制成为一个极为重要的节点。正是基于市场经济的强大推动与催化作用，中国社会的结构分化与领域分离日益明显，除经济外，政治、社会、文化、生态等领域的自主性不断显现，而且在发展过程中市场经济本身内含的权利主张也作为一种普遍的价值理念上升到政治、社会与文化领域，强化了社会成员的权利意识与自主观念。

第一，改革的推进要求公权力对于公民的进一步经济赋权，为经济发展提供更为持久有力的主体动力。在经济市场化的不同发展阶段，社会成员有不尽相同的经济权利诉求。随着市场经济的发展，新的、范围更广、层次更高的经济权利诉求会不断产生，这就对政策制定特别是立法提出了与时俱进的要求。特别是在当前经济发展方式转变的关键时刻，通过体制改革与法治建设，更好确认、实现、保障与救济公民的经济权利，必将进一步调动、激发民众的创新动力与巨大潜能，进一步调动、激发中国经济强大的内生动力，其重要性不言而喻。

第二，随着市场经济的实行，中国社会的利益关系不断分化，建立健全以公民参与为基础的利益协调机制、诉求表达机制、矛盾调处机制与权益保障机制逐渐成为改革与发展的一项重要任务。同时，权力制约的现实需要也凸显了政治民主的必要性。此外，就公权力的立法、决策与司法活动而言，落实公民参与权利也是保

---

①　李海青.公民权利：中国特色社会主义的本质性价值维度——对40年改革的一种回顾思考［J］.治理现代化研究，2018(6).

障其科学性与合理性的必要条件。

第三,改革的推进催生了公民在社会领域的权利诉求,从而使得社会建设日益受到重视。公民在社会领域权利需求的增长既与以往发展过程中重经济轻社会导致各种民生问题凸显有关,也与中国社会由温饱型阶段推进到发展型阶段有关。改革之初的温饱型阶段主要关注民众的物质需求,强调把蛋糕做大,而随着改革推进到发展型阶段,要满足人民日益增长的美好生活需要就必须更加重视社会建设。

第四,改革的推进也催生了公民的文化权利诉求。现阶段,公权力应确认与保障公民四方面的文化权利:一是保障公民作为文化市场主体的各项权利,如创业自由、公平竞争等;二是公民参与文化生活与文化创造的权利;三是平等享有公共文化服务,满足文化需求的权利;四是平等参与公共文化事务管理,参与文化政策制定和评估的权利。

第五,改革的推进也催生了公民的生态权利诉求。面对日益严重的环境污染与生态问题,对于自然界而言,就不能仅仅强调国家与公民所具有的经济性开发与使用权利,同样也应强调公民的生态性权利。这种生态性权利体现了公民对应享有的良好生态条件与适宜生活环境的意识与追求。

综合上述,改革开放以来,公民强烈的经济权利诉求及其不断实现推动了中国经济的迅速发展。而伴随着经济市场化改革的持续推进,公民的政治权利诉求、社会权利诉求、文化权利诉求与生态权利诉求也逐渐凸显。在复杂而宏阔的中国改革图景中,这些领域的权利诉求有先有后、有急有缓、有轻有重,既表明了整体改革中的问题与症结所在,也推动着中国特色社会主义建设布局的逐步拓展。经济建设、政治建设、文化建设、社会建设、生态文明建设"五位一体"的建设总布局正是在改革开放以来不断凸显的公民各领域权利诉求的基础上逐步确立与探索形成的。进而言之,改革开放以来公民权利的生长不仅表现在各领域权利诉求的渐次凸显上,也表现在公民之间、各阶层群体之间对平等享有各类权利的诉求及其渐进实现上。公民身份是国家共同体内社会成员所具有的一种平等的普遍性身份,在权利享有上,公民之间应该具有平等性与一致性。在此方面,区域之间、城乡之间、阶层之间、群体之间在公民权利的平等享有上仍然存在的问题将继续推动相关改革的逐步深化。

二、公民权利与中国特色社会主义的价值目标

对公民的分权、放权与赋权对于中国特色社会主义的开创与发展具有决定性

意义。不仅如此，对现实生活世界的回归、对现实公民权利日益增进的关注与维护也是改革开放以来中国主流意识形态的价值取向，公民权利逐步的制度性确认与完善化保障是中国特色社会主义价值目标之一。从发展历程来看，改革开放的实践开启了社会主义意识形态回归现实生活世界的过程。以经济市场化为基础的这一过程有效激发了广大社会成员的权利意识与利益诉求，也正是在这一过程中，对公民现实权利的关注与保障逐步成为中国特色社会主义的实质性价值维度。从邓小平"有利于提高人民生活水平"的主张，到江泽民"人的全面发展"的论述，到胡锦涛"以人为本"的理念，再到习近平"以人民为中心"的发展思想，所体现的都是这样一种价值取向。社会主义意识形态由固守抽象制度转向关注现实价值，由更关注高远理想转向更关注公民权利，这种关注目标与价值理念的重大调整与转变必然引发一系列的现实效应，引起中国特色社会主义建设任务目标、观念意识、思维取向、制度体制的相应变化。对此可从以下四个方面予以把握。

第一，就党和国家的根本任务来讲，关注现实的公民权利意味着基本的政策取向必然要强调发展。强调发展是意识形态与现实对接，回归现实生活世界的必然结果。对此的强调表明，社会主义的优越性不是一个理论演绎的问题，而是一个实践的问题。第二，就社会主义建设的推进而言，关注现实的公民权利意味着必然强调基于实践的各方面创新，因为只有创新才可以更好、更有针对性地满足民众不断增长的各方面权利诉求。实际上，改革开放以来我国社会主义实践不断推进的过程就是社会主义意识形态不断创新以及其他各方面创新不断推进的过程。坚持创新发展，把创新摆在国家发展全局的核心位置，不断推进理论创新、制度创新、科技创新、文化创新等各方面创新，让创新贯穿党和国家一切工作，让创新在全社会蔚然成风。第三，就改革的各项工作而言，关注现实的公民权利意味着评判其成败得失的一项根本标准是能否把现实的人作为尺度，真正以人民为中心。1992年，邓小平在视察南方谈话中提出了著名的"三个有利于"标准。在全面深化改革的关键阶段，习近平在中央全面深化改革领导小组第二十一次会议上，明确提出要把是否促进经济社会发展、是否给人民群众带来实实在在的获得感作为改革成效的评价标准。在中央全面深化改革领导小组第三十次会议上，习近平又进一步指出，要多推有利于增添经济发展动力的改革，多推有利于促进社会公平正义的改革，多推有利于增强人民群众获得感的改革，多推有利于调动广大干部群众积极性的改革。第四，就国家治理而言，关注现实的公民权利意味着在治理方式上必然愈加注重制度的健全与完善。改革开放之初,针对历史的经验教训,邓小平就深刻认识到了制度建设的重要性,强调制度问题更带有根本性、全局性、稳定性和长期性。在改革开放的全面深化阶段,党的十八届三中全会进一步提出全面深化改革的总目标是完善和发展中国特色社会主义制度,推进国家治理体系和治理能力现代化。可以说,改革开放迄今,对制度建设的愈加强调已经成为社会主义意识形态的实质性内容。制度的规范性、明确性、稳定性与系统性更有利于维护公民的权利与自由,更有利于社会利益的整合与矛盾的协调。

中国作为以马克思主义为指导、共产党执政的社会主义国家,随着现代化的不断推进,随着公民权利意识的不断增强,人民至上的立场会得到进一步的体现,公民权利的确认、保障作为中国特色社会主义的价值目标也必将得到更好的实现。

三、公民权利与中国特色社会主义的价值认同

在公民权利与中国特色社会主义的多重价值维度中,除以上所论外,公民权利的有效确认与实现有助于形成对中国特色社会主义的价值认同也是极为重要的一个方面。就一个共同体而言,价值认同是指共同体成员对一定价值原则、价值理念、价值目标在认知上的共识、情感上的分享和行为上的一致体现,有利于成员形成对共同体的情感依附与心理归属,对于维系共同体的内聚力、向心力、感召力至关重要。改革开放之后,新时期的中国特色社会主义必须有效建构大众的价值认同,从已有理论与实践发展来看,这种价值认同的建构包括以下三个层面,而对公民权利的有效确认与保障贯彻于这三者之中。

第一,社会成员对于中国特色社会主义的价值认同首先表现为对以公民权利为核心内容的意识形态理念的认同与接受。当然,中国特色社会主义意识形态包含的内容十分丰富,比如国家机构、央地关系的理念设计,有限政府、有效政府、责任政府的理念规划,国家与政党、市场、社会的领域划分与功能设定,公民权利与义务的认定,国家发展的价值愿景与思路谋划,国际交往的理念战略等。其中,对于公民权利的确认与阐发应该是核心内容,其他方面都是围绕于此而展开,在价值渊源上最终服务于公民的权利、自由与发展,这是现代人民主权的根本要求与必然体现。

第二,中国特色社会主义意识形态关于公民权利的价值确认还必须落实于制度建设之中,从而获得有效的实现载体。由此,公民关于意识形态的理念认同就会进一步转化为对保障民权的制度认同。要想切实建立这种制度认同,就必须推进

中国特色社会主义制度的健全与完善。宏观而言，这种健全与完善可以从内容、形式、程序等三个方面推动展开。在内容上，中国特色社会主义制度的设计应及时全面地确认基于社会实践发展要求的公民应然权利理念；制度的建构与运作应努力维护与保障每一位公民的正当权益，当其受到侵害时，能给予及时有效的救济；制度对于权利应采取"法不禁止即自由"的推定原则，公民拥有法律之下的广阔自由空间；制度运行成本不能太高，公民必须能够承受；制度必须对公权力的运行予以明确规定与规范，通过权力的分立以及各种监督来使之真正具有保障权利与服务社会的公共性质，遏制其异化和膨胀。在形式上，中国特色社会主义制度应通过改革与完善进一步推进其自洽性、普适性、公开性与明确性。自洽性是指制度在内容结构方面无论纵向与横向均不应存在自相矛盾与逻辑混乱，而是呈现为一个从一般规则到具体规则的合理层级结构，各项制度之间能够实现良好的功能耦合。普适性是指作为公共规则体系的现代制度应当是社会成员一体遵循的一般性规则，平等适用于具有不同利益与价值的主体，在其所涉及的领域内不应在无确切理由的情况下对个人和情境实施差别对待。只有制度公开，社会成员方能对之有所认知与了解，才有可能明白按制度如何行为。明确性是指制度规定明白、清晰而确定，这既可以使公民有效稳定自己的行为预期，也可以有效地约束国家和政府的行为。在程序上，中国特色社会主义制度要进一步增强设计的合理性，尽可能做到完整严密，使制度具有程序、步骤与环节上的可操作性，既保障各方的平等真实参与，又避免个别意志的任意干预。内容、形式与程序这三个方面既相互区别，又内在协调，其优化完善共同构成国家治理体系现代化的完整内涵。

第三，如果中国特色社会主义成为更为系统的价值认同，公民的价值认同就不能止于国家意识形态的理念层面与作为其落实载体的制度层面，还必须最终落实到对中国特色社会主义治理绩效的认同上。如果长久无法取得良好的治理绩效特别是对公民权利的有效维护与保障，公民对于中国特色社会主义的理念认同与制度认同也将受到严重影响。社会主义只有从现实出发，关心现实公民的权利与自由、存在与发展，才具有长久的吸引力。当然，中国特色社会主义的建设成果与治理绩效包括多个方面，比如增长、福利、民主、自由、安全、稳定、效率、公平、秩序、和谐等等。在经济发展基础上对公民各种权利与自由的合理确认与切实实现，围绕公民权利的理念认同、制度认同与绩效认同构成了公民对中国特色社会主义的价值认同。理念侧重应然，绩效侧重实然，制度则构成从应然到实然的中介。基于以上分析,中国特色社会主义赢得公民的价值认同,在理念层面就必须对公民权利更好地确认与阐发,在制度层面就必须对公民权利更好地规定与保障,在绩效层面就必须对公民权利更好地实现与追求。

阅读和实践

一、拓展阅读

1. 陈征,《国家权力与公民权利的宪法界限》,清华大学出版社,2015 年。

2. (法)卢梭,《社会契约论》,商务印书馆,2011 年。

3. (美)迈克尔·佩里,《权利的新生——美国宪法中的人权》,商务印书馆,2016 年。

4. (德)耶林,《为权利而斗争》,商务印书馆,2016 年。

5. 于文豪,《基本权利》,江苏人民出版社,2016 年。

6. 张永和,《中国大众人权观念调查》,中国人民大学出版社,2016 年。

二、实践技能

大学生权利意识调查

第 1 题. 你最重视的权利是什么?

1. 经济权利

2. 政治权利

3. 社会权利

4. 其他

第 2 题. 你所了解的公民基本权利有哪些?(多选)

1. 监督政府工作人员

2. 参与选举

3. 出版刊物

4. 拥有人身自由

5. 采取暴力行为

第3题.你比较关注以下哪一种个人权利？（多选）

1.人身自由

2.宗教信仰自由

3.选举权和被选举权

4.受教育

5.批评、建议、申诉、控告或检举以及取得赔偿的权利

6.言论、出版、集会、结社自由权利

第4题.你主要通过以下何种方式了解和认识到你的权利？（多选）

1.学校

2.相关书籍

3.各类官方宣传手段

4.网络论坛、社交媒体

5.家庭

6.朋友

第5题.你认为哪一项属于权利？

1.商店老板营业的权利

2.父母责骂孩子的权利

3.君王的权利

4.知情权

第6题.当你的权利受到侵犯时，你会怎么做？

1.我觉得我没有能力和勇气反抗，所以忍气吞声

2.人在社会上混，要能屈能伸，先忍着，等有机会再报复

3.使用一切手段讨个说法

4.诉诸法律

第7题.如果你毕业后在某企业工作，被要求签订"996"工作制的合同，你会怎

么做?

1. 欣然接受并签订合同

2. 根据职位、待遇等进一步权衡

3. 拒绝签订合同,但不会向有关部门反映

4. 拒绝签订合同,并向有关部门反映

第8题. 你认为行使自己的权利时,需要考虑他人吗?

1. 权利是我个人的,不需要考虑他人

2. 需要,不能干扰他人行使权利

3. 不清楚

第9题. 你认为行使自己的权利时,会考虑需要承担的义务吗?

1. 大多数情况会考虑

2. 有时会考虑

3. 从不考虑

第10题. 你会采取什么手段维护权利?

1. 法律诉讼

2. 找当事人解决

3. 通过相关机构来维护自己的权利

4. 寻求中间人的调解

第11题. 你认为大学生权利意识淡薄的原因是什么?

1. 社会环境的影响

2. 家庭和家长的影响

3. 学校教育方面的欠缺

4. 朋友的影响

第四章　权力与政治人 *

本章导读

　　现代政治学坚持民主和法治的价值取向,是因为只有在民主与法治的旗帜下,才能保证拥有政治权力的人最大范围地为人民掌好权、用好权。因此,权力对于政治的重要性犹如商品对于经济的重要性。问题在于,人们虽然对权力现象并不陌生,但很少能够洞察权力的真谛,有关权力的假说也是众说纷纭、混淆不清。而那些对权力理论一无所知或一知半解的人,则更容易贪图权力、滥用权力,以至于腐化堕落,身败名裂。这种事例,古今中外比比皆是。所以,对于政治人来说,首先应当对权力现象有所了解,弄清权力的性质、特征、形式和内容,从而树立正确的权力观,合理地行使权力和运用权力。正是在这个意义上,政治人对权力应有科学的认知,进而理解权利与权力的互动关系。

第一节　政治权力

一、权力的概念

　　在现实生活中,人们对于权力往往有许多误解和偏见,有的人甚至不喜欢政治权力这一概念,认为它带有"高压统治"的味道,这在西方尤其如此。中国人对于权力和权威更多地表现出的是遵从和敬畏。但是,无论一个人是否喜欢政治权力,是否愿意遵从它,权力都客观存在着并发挥着巨大的威力。只要是有人群的地方,就必然有权力现象存在。

---

　　* 本章前三节借鉴了胡伟教授编撰的《政治学》未刊稿中的内容。

虽然权力现象在现实政治生活中司空见惯,但是要对权力进行界定却并非易事。在政治学的研究中,权力的概念包括以下含义[①]:

首先,权力是一种可以改变对方行为的强制力量。权力最经典的定义就是把权力理解为施加惩罚或强制的能力。只要谈到权力的概念,总会提到马克斯·韦伯所下的定义——权力是某一行动者在一定社会关系中即使存在反抗也要实现其意志的可能性。这种权力观强调的是主体对客体的强制性作用力。卢梭认为,权力是"一种普遍的强制性的力量"。在当代政治学家中,罗伯特·达尔和斯蒂芬·卢克斯是持这种观点的代表性学者。他们认为:"在下述意义上,A 对 B 拥有权力,即 A 能让 B 做某些 B 可能不愿做的事情。"进而言之,这种强制性作用力体现在三个方面:一是纠正对方已经产生的行为结果;二是阻止对方正在发生的行为;三是防止对方尚未发生但可能发生的行为。

在当代,不少学者更愿意相信权力是一种影响力,而非单纯的强制力,这在行为主义政治学那里得到了最明确的表述。权力是使行为发生变化的能力,而这种变化本来可能是不会发生的。罗伯特·达尔还建议用"影响力"术语来取代传统的权力概念。但是,这种界定对于政治学来说似过于宽泛,比如夫妻之间也存在影响力,但很难说这是一种政治权力。

其次,权力是一种达到特定目标和获取利益的能力和资源。这也是一种相当流行的权力观,它强调的是权力的合目的性和趋利性,认为权力就是占有社会资源的能力。著名社会学家塔尔科塔·帕森斯就是这种权力观的典型代表,他在评论赖特·米尔斯的《权力精英》一书时说:"对米尔斯来说,权力不是在作为一个系统社会中、并为了作为系统的社会而发挥功能的工具,而是被无一例外地解释为:一个团体——权力占有者通过防止另一个团体——'在野党'得到其所要的东西。"

再次,权力就是国家政权,是维持统治阶级利益的国家强制力量。这种权力观的主要代表是马克思主义,其主要特点是强调权力的阶级性和强制性。根据马克思主义的权力观,权力是社会中统治阶级意志的集中体现,其本质是一个阶级对另一个阶级的统治。权力既是阶级斗争的工具,也是阶级斗争或政治斗争的目标和结果。权力的载体是国家的暴力机器,它由政府官僚机关、警察、法院和常备军组成,权力的实质性目的是维护统治阶级的经济利益。用暴力夺取权力,首先就是夺

① 俞可平.权力与权威:新的解释[J].中国人民大学学报,2016(3).

取国家政权，这是包括无产阶级革命在内的所有社会政治革命的根本目标。

最后，权力是一种约束和规制人的复杂网络和微观社会结构。这是一种后现代的权力观，它强调权力的微观性和结构性特征，是对传统权力观和主流权力观的一种消解，其代表人物是福柯。福柯认为，现代社会是由各种规制和关系形成的一个"全景监狱"。在这个"全景监狱"中，每个人犹如马戏团中的驯兽，都受到了"约束""规戒""惩戒""规训""监视"，实际上就是被无处不在的权力所"支配"和"控制"。他说："规训'造就'个人。这是一种把人既视为操练对象又视为操练工具的权力的特殊技术。……与君权的威严仪式或国家的重大机构相比，它的模式、程序都微不足道。然而，它们正在逐渐侵蚀那些重大形式，改变后者的机制，实施自己的程序。"

福柯对权力的研究，最重大的贡献在于发展了微观权力论，将权力视为无主体性、非中心化、多元化、分散的关系存在，规训权力观无疑是福柯这种思想的核心和精髓。对福柯而言，现代社会弥漫着秩序和权力，它们掌控着人的生活，权力操纵人的肉体。福柯不看重权力由谁掌控，只看重权力的运作模式。其核心就是权力的技术、权力的策略和权力的机制三大问题。通过说明权力的策略、技术和机制才能真正清楚权力的发生、运作和实施。福柯认为，规训权力的政治技术是通过压制肉体欲望和控制人口的出生、养育和话语策略的使用来实现。这里的话语策略与知识意志相关，它是把知识的传播和压制作为工具。知识意志充当无序生产的工具和支撑力量[①]。福柯指出，知识和权力是紧密结合在一起的，是密不可分的再生关系，知识和权力是一种你中有我、我中有你的关系，二者互为条件、互为结果。权力关系及权力与知识的结合是通过话语的使用来实现的。"……话语远非一透明或中性的环境。性在其中可被绥靖而政治得以安抚，相反，它实际却是性和政治以一种特有的方式来行使它们非常可怕的力量的场所之一……话语并非仅仅是斗争或控制系统的记录，亦存在为了话语及用话语而进行的斗争，因而话语乃是必须控制的力量"。福柯认为，权力、知识与话语之间是一种同构关系，权力、知识由话语来实现，话语既是权力、知识的产物，又构成权力和知识[②]。

---

① 丁礼明.福柯权力论历史观探幽[J].社会科学家,2017(12).
② 尤泽顺.话语与权力：批评话语分析对福柯的继承与发展[J].福州大学学报(哲学社会科学版),2018(4).

二、权力的性质和特征

权力不仅在人们的现实生活中无孔不入，而且历来是政治学的一个核心概念。大部分学者都同意政治的基本属性是权力，包括命令与服从、统治与被统治、控制与被控制的关系。正像达尔所说："权力概念是政治分析的中心。"[①]离开了权力，政治体系将无法运作。即使一个以"爱"为治理基础的宗教领袖也会对他的信徒行使权力，这种权力或许是最仁慈的，但毕竟还是权力。

但必须强调的是，权力只是政治的一种手段或工具，如果离开了一个好的目标和政策，权力本身是没有意义的。倘若权力排除了其他正当的目的而自身成为政治的目标，它就会"异化"，变得嚣张、狂妄、腐化、野蛮、残暴，直至走向自我毁灭。现代民主政治的基本原则是"人民主权"，即人民应当掌握国家最高权力，人民是一切政治权力的来源和基础。我国宪法也确认，中华人民共和国的一切权力属于人民，这意味着人民是国家的主人，各级领导干部都是人民的公仆。在民主制度中，政治权力是人民赋予的，一切掌权者都必须为人民服务，这是一个基本的前提，也表明了在现代社会中政治权力的本质属性。

要对权力概念有一个准确的把握，除了了解权力的含义和本质，还要进一步弄清权力的基本特征。著名学者儒弗内尔曾经概括了权力的三个属性——广延性（extensiveness）、综合性（comprehensiveness）和强度（intensity），这有助于我们理解权力现象。"广延性是指遵从掌权者命令的 B（权力对象）数量很多；综合性是指 A（掌权者）能够调动 B 采取各种行动的种类很多；强度是指 A 的命令能够推行很远而不影响遵从"[②]。我们判断某种权力的属性和大小，就可以依据上述三方面的指标。例如，现代民族国家权力的广延性、综合性和强度通常都很大——国家统治着广大的人群；国家不仅管理政治事务，还管理经济、社会和文化事务，权力所涉及的领域几乎无所不包；国家权力具有强制性，可以迫使公民服从，其控制力可以纵深到领土内的每一个角落。相比之下，一个家长的权力在广延性、综合性和强度上则很小，通常只能管少数几个家庭成员，而且管理的范围很有限，因为家庭成员的大部分事务都不是家长管得了的，同时家长对于家庭成员的约束力也不强。这就是为什么家长的权力与国家的权力截然不同的缘故。从这个意义上说，权力的"质"有时要取决于"量"，而量变又会导致质变。

---

① （美）罗伯特·达尔.现代政治分析[M].王沪宁，陈峰，译.上海：上海译文出版社，1987：31.

② Carl J. Fredrich. *Authority*[M]. Cambridge：Harvard University Press，1958：160.

三、权力与政治权力

上述国家权力与家长权力的不同会引出我们对于权力现象的进一步思考。在我们日常生活的各个方面都不可避免地会遇到权力这一现象。例如，教师有权对学生发号施令，甚至在学生"不听话"时施以惩罚；在孩子长到十来岁开始"反叛"以前，父母也一直对他们行使着权力；恋人之间有时也会为"征服"对方而相互较劲，最后可能是一方占了上风。凡此种种都隐含着某种权力关系。但是，政治学研究的权力显然具有更为特定的内涵和外延，它关注的是政治领域发生的权力关系或曰政治权力，如国家的权力。

然而，在政治学的文献当中，很少就权力与政治权力的区别加以深入研究，因为大多数时候无需对两者进行区分，而且这种区分不言自明。除非在特定的情况下，我们并没有必要特别指出一种权力是不是政治权力。在比较正式的情况下，人们在使用"权力"的概念时，都隐含着政治的性质。或者说，通常我们在严格意义上所说的权力，所指的实际就是政治权力，只是在多数情况下无需特别加上"政治"二字而已。问题是，现实生活中确实也存在着非政治的权力现象，比如在家庭中家长的权力、公司中老板的权力等很少会被认为是政治性的。另外，在一帮小孩子的游戏中，通常会有一个孩子王，他（或她）的权力一般也不被认为具有政治性。但是，要在政治权力和非政治权力之间划一条明显的界限，亦并非易事。比如在传统社会中，一个大家族中的家长享有广泛的权力，甚至可以对家族的成员生杀予夺，这种权力很难说就没有政治的性质；而在当代社会，一些大的跨国公司的影响力甚至会超过某些主权国家，能够影响政治活动和分配政治资源，其领导者的权力是不是也不具政治性呢？

我们所说的政治权力，通常是一种社会公共权力，它不同于私人的权力、家庭的权力等。在传统政治学中，政治权力就是国家权力或国家政权。只有与国家相关联的权力，才可以称作政治权力，比如总统的权力、议会的权力、省长的权力、法官的权力等等。但是，随着行为主义政治学的发展，对政治的理解已经不局限在国家的范畴，诸如利益集团、社会运动的权力毫无疑问也是政治性的，因为它们在一定程度上也具有公共性。

问题的关键是如何来判别这种权力的"公共性"。国家的权力肯定是一种社会公共权力，但非国家的权力是否也具有公共性呢？答案是肯定的，诸如国际组织的权力、非政府组织的权力等等，因为这些组织的影响已经远远超出了私人的和家庭的范畴。对于权力的这种"公共性"的判别,要从权力的属性上去寻找答案,即看一种权力的广延性、综合性和强度如何。政治权力区别于非政治权力、公共权力区别于私人权力的界限,就在于其权力的广度、深度和强度。其中有"量"和"质"两方面的标准。从"量"上说,政治权力通常是在一个整体社会中得到普遍认同和具有普遍约束力的权力,其影响面(人数)通常较广,非私人权力可比。当然,这方面很难给出一个绝对的数量标准。有些权力影响的范围很窄,比如家长对于子女,主人对于仆人,明显就不是政治性的。但是,有时影响面比较窄的情况下,一些权力也可能具有政治性,这就涉及权力的"质",即是否会导致政治后果。某个人结党结社,最初也可能只有少数几个追随者,但也不能说其权力就没有政治性质。因此,这里"质"的标准通常更为重要,即某种权力是否可能对公共生活产生实质性的影响。

有些教科书试图通过区分政治权力、经济权力、社会权力和文化权力等,来说明政治权力的性质,这实际上是徒劳的。因为没有一种政治权力是可以与经济权力、社会权力和文化权力相分离的。例如,国家的权力作为政治权力的最典型形态,本身就包含了经济、社会和文化的权力。法国政治学家迪韦尔热认为,政治权力"是在一切集体(集团或整体社会)中行使的完整权力"[①],这不失为理解权力之政治性质的一个可取的视角。另外,武力和权威通常被视为政治权力的基础,但不是武力第一,这在下文会有进一步的说明。

第二节　权威与权力的类型

一、权力与权威

在研究权力(power)时,经常会遇到另外一个相似的概念——权威(authority)。权力与权威是政治学的核心范畴,这两个范畴之于政治学的意义,犹如货币和资本两个范畴之于经济学的意义。无论在中文还是英文的文献中,这两个词都非常相近,而且常常交替使用。在人们的日常用语中,这两个词有时会混为一谈,没有严格的区分,但实质上这两个概念有着重大的区别。不仅传统与现代的权力权威观有着实质性的不同,而且中西方不同语境对权力和权威的理解也存在着重大区别。

---

① (法)迪韦尔热.政治社会学——政治学要素[M].杨祖功,王大东,译.北京:华夏出版社,1987:119.

权力本质上是一种强制力量,而且首先是国家的强制力量。行使这种强制力量的直接目的是迫使对方服从掌权者的意志,但其最终目的是为了夺取或维护掌权者的利益。然而,并非所有强制力量都是权力,没有制度授权的强制是暴力;也并非所有获取利益的能力都是权力,通过交换获取利益的行为通常并不表现为权力。迄今为止,权力的最高形态是国家权力,但除了国家权力之外,社会上还存在大量非国家形式的权力。从政治学的角度看,权力是迫使对方服从的制度性强制力量。

对权威这一概念的理解,可以从以下三方面展开①:

第一,权威是使对象自愿服从的能力。这是政治学关于权威的经典定义,它强调权威是一种个人或组织所拥有的使他人服从的能力,而且这种服从是出于对象的自愿。与权力一样,权威也是一个关系概念,其直接后果也是对方的服从。正如恩格斯所说:"一方面是一定的权威,不管它是怎样形成的,另一方面是一定的服从,这两者都是我们所必需的,而不管社会组织以及生产和产品流通赖以进行的物质条件是怎样的。"所不同的是,权力导致的结果是对象的被迫服从,但权威带来的结果是对象的自愿服从。

第二,权威是具有合法性的权力。这也是西方政治学中极为流行的概念。这一定义强调权威与权力不可分割的联系,正如卡尔·施密特所说:"在每个国家中,权力与权威两者都是同时起作用的。"权威基于权力之上,是对权力的自愿服从和接受。根据这一定义,权力可以分为两类:一类是在权力对象眼中不具备合法性从而不是自愿接受的力量;另一类是在权力对象眼中是合法的从而认可的权力。从这个意义上说,"权威是权力的一种实施方式",可以"把权威定义为合法的权力"。A 要使 B 自愿服从,最重要的是 A 对于 B 来说必须拥有正当性或合法性。因此,权威的概念既与权力概念密不可分,又与权力有一定区别。只有被对象视为是正当的、具有充分理由的力量,才拥有权威。

第三,权威是使对方信从的影响力。权威强调对象的自愿服从,但这种服从更多的是基于服从者对理性力量的认同,而不是基于他对权力的接受。换言之,作为一种信从的影响力,权威的基础不是权力,与权力不存在一种必然联系。这种权威的基础可能是非权力的其他力量,如宗教和科学的力量。这方面的代表人物是汉

---

① 俞可平.权力与权威:新的解释[J].中国人民大学学报,2016(3).

娜·阿伦特,她有句名言:"现代世界已经没有权威。"她说:"由于权威总要求服从,因此总被误解为某种形式的权力或暴力。然而,权威排斥使用外在的强制。强力所在,权威便失效。"

权威是权力的一种特殊形式,指的是基于命令和服从关系的正式的、合法的权力,这一界定发源于马克斯·韦伯,并基本成为学术界的共识。在社会学家格斯和米尔斯看来,权威的定义就是"合法的权力",其中权力对象基于服从是其职责而产生自愿的服从[①]。研究权力问题的大多数学者都持上述观点,认为只有合法的权力才能称作权威,它是下级出于"同意"而服从的一种权力关系。可以把权力分为权威性和弥散性两大类。权威性权力是合法化的权力,实际上是集团或制度以意志力造成的,它是由明确的命令和有意识的服从组成的;弥散性权力则是一种自然的、道德的或是从不言而喻的共同利益中产生的[②]。丹尼斯·朗认为权力有四种形式:武力、操纵、说服和权威。武力通常反映的是物理学或生物学上的力:建立限制他人自由的物理障碍,使肉体遭受痛苦或损伤的刑罚,甚至生命的毁灭;操纵是指掌权者通过对权力对象隐瞒其真实意图或其预期产生的效果,从而使权力对象追随掌权者的意志;说服是向权力对象提出论据、呼吁或劝告,权力对象根据自己的价值和目标独立进行分析判断并与掌权者保持一致;而权威则是通过正式的命令让权力对象服从,命令和服从关系是权威的要义,在这种关系中即使错误的命令也要得到服从[③]。从这个意义上讲,权威也应当是政治权力的一种主流形式。

强制服从和自愿服从是权力与权威的实质性区别。权威能使权力的作用和效果倍增。没有权威的权力,其实际作用会受到极大的限制,不仅会把权力的正向作用降到最低点,有时甚至会产生负面的作用。当权力不被对象服从时,权力的正面作用就会消失。如果权力对象对施加其上的权力进而采取抵制的行为,那么权力就将产生负面的作用。例如,当一项政府政策或掌权者的某个决策遭到相关民众的集体抵制和反抗时,这项政策和决策必然会给当局和掌权者的合法性和威信带来严重的负面影响,甚至会破坏既定的社会政治秩序。反之,如果权力转变成权威,从而得到对象的自愿服从,权力的正向作用就会大大增强。拥有崇高权威的人,常常可以做到一呼百应。同样一项政策或决策,如果出自拥有权威的当局或掌

---

① Wright Mills, Hans Gerth. *Character and Social Structure*[M]. New York: Mariner Books, 1953: 195.

② (英)迈克尔·曼.社会权力的来源[M].刘北成,李少军,译.上海:上海人民出版社,2002:8-11.

③ (美)丹尼斯·朗.权力论[M].陆震纶,郑明哲,译.北京:中国社会科学出版社,2001:29-42.

权者,在执行过程中不仅没有负面作用,而且其正面效果会明显增加。政策的实施过程,也会成为增强政府合法性、提升掌权者威信的过程。

此外,权威的作用力和影响力要比权力的作用力和影响力更加持久。权力的作用力和影响力通常受限于掌权者职位的高低和任期的长短。权威则与此不同,一方面,权威可以不受职位的限制而发挥其影响力;另一方面,权威的作用会在对象的自愿服从过程中得以倍增和延续,因此,权威的影响力明显要比权力的影响力延续的时间更长。权威越大,其影响力便越持久。每一个伟大的民族,几乎都会有本民族的伟大权威人物,其影响力可以超越千百年而持续存在。像中国的孔子、西方的柏拉图和亚里士多德等思想权威,至今仍在发挥着巨大的影响力。相反,历史上也有众多位高权重但却令人厌恶的独裁人物,其在位时不可一世,但一旦失去权力,其影响力顷刻便烟消云散。

二、权力的类型

除了权威之外,权力还表现出其他形式或类型。学术界一般认为,权力的形式通常有强制型、利诱型、专业型、个人型以及合法型等诸种形式。下面作些简要介绍。

(一)强制型权力

强制型权力是基于武力或武力威胁的一种权力形式。它的公式是"A强迫B服从",其原则是"不服从受惩罚",要素是"武力"。同权威一样,武力通常也是政治权力的一种主要形式。政治权力不同于非政治权力的一个明显之处,就在于它通常具有合法使用武力的特权,享有对强制手段的垄断性控制。

从经验上看,权力经常伴随着武力和武力威胁。政治学中权力观的传统之一,是马基雅弗利的武力论,对马基雅弗利来说,除武力以外的一切权力形式都是假象。武力的最终形式是暴力——直接袭击他人的身体,使其遭受痛苦、损伤或死亡。人们通常所说的"赤裸裸的权力"就是基于武力的权力,或者说是强制型权力或强权政治。但值得注意的是,在强制型权力中,武力通常不是经常地和大规模地使用的,更多的是表现为一种武力威胁。武力与武力威胁有着密切的关联,但实际使用武力的行为与以武力相威胁毕竟是不同的。甚至,正像政治上的许多"空城计"那样,强制者有时即使没有使用武力的能力或意图也可能让权力对象屈服,只要后者相信前者具有这种能力和意图即可。任何一种政治权力都难免需要以武力作为后盾,但并不意味着实际需要大规模使用武力。

现代政治学理论揭示出,武力或暴力的使用远远不是权力的主要表现,而恰恰是权力失去控制的征兆。正如汉娜·阿伦特所说:"权力和暴力是截然相反的,在其中一个绝对统治的地方,另一个就不存在了。暴力出现在权力处于危险的地方,但是任其发展,它会在权力消失中结束。"①虽然强制型权力通常是政治权力的一个特权,但对于政治权力来说,必须谨慎使用武力,使之减少到最低限度。如果经常诉诸武力,政治权力就会失去道义的力量,沦为"暴政"的同义语。而且,所谓赤裸裸的权力通常也是不稳定的,所能达到的目的也是有限的。强制型权力或武力一般只能够达到消极的后果,比如阻止或限制他人行动,但很难产生复杂的积极效果。

(二)利诱型权力

与强制型权力相对的是利诱型权力,它是基于对权力对象的物质或非物质的奖赏而形成的一种权力关系。其公式是"A 诱惑 B 服从",其原则是"服从了有奖励",要素是"资源"。与合法型权力和强制型权力不同,利诱型权力在非政治权力中得到广泛的使用,比如公司老板对于下属的"物质刺激",以及更为一般的雇佣劳动关系等。但是,在政治领域,利诱型权力仍然可以发挥着不可替代的作用。

对于利诱型权力而言,通常是以经济的和物质的奖赏相诱惑,但也不局限于经济的和物质的利益,这在政治领域表现得更为突出。只要是稀缺的资源,都可以成为利诱型权力的资源,包括名誉、地位、情感等。因此,利诱型权力必须建立在对稀缺性资源的充足占有的基础上,而政治权力在这方面有得天独厚的条件。在某些情况下,通过利益诱惑往往是让权力对象追随和服从的快捷而有效的方式。但是,由于用于利诱的资源总是稀缺的而且必须是稀缺的,很难普遍化,所以利诱型权力只能是政治权力的一种辅助形式,而不可能是主导的形式。如果一种政治权力主要是建立在利益诱惑的基础上,那么通常是不牢靠的、不长久的和脆弱的。

利诱型权力与强制型权力在权力关系中相反相成,一个是积极的方式,一个是消极的方式,但都共同达到让权力对象就范的目的。而且,正像丹尼斯·朗所指出

---

① Hannah Arendt. *On Violence*[M]. New York: Harcourt, Brace and World, 1970:56.

的那样,如果某种利诱型权力关系反复出现的话,那么就会随着时间的推移朝着强制型权力的方向变化①。犹如强制型权力的使用可能因最初基于武力的权力关系转化为基于武力威胁的权力关系,使得继续使用武力成为没有必要一样,权力对象反复接受奖励的结果是:取消报酬变成了一种强制或惩罚。对此,彼得·布劳有过形象的分析:"固定报酬使接受者依赖于提供者,并服从于他的权力,因为报酬形成了期望,一旦取消就成为了惩罚……固定报酬造成这样的期望:需要重新制定积极制裁与消极制裁之间的基线。我们呼吸的空气并不被认作是一种特殊的报酬,在街上随意行动的自由也是如此,但是受到窒息或监禁就会感到是惩罚。"因此,虽然以利益相诱惑在权力关系中有时确是必要的,但必须注意利诱型权力边际效用递减甚至与强制型权力相互转化的特点,在政治领域中不可滥用利益诱惑。

（三）合法型权力

如前所述,合法型权力指的是这样一种权力关系:掌权者拥有公认的发布命令的权利,而权力对象有公认的服从义务。正像《社会科学国际百科全书》所界定的,合法的政治权力应同时具备两方面的条件:"在政府方面,其本身能自觉到拥有统治的权力,并依据所拥有的权力进行施政,采取各种措施以适应环境变化;在人民方面,则承认同意授权政府以行使统治的权力。"②合法型权力的公式是"A 命令 B 做某事",原则是"把服从当作义务",其要素是"规范"。在政治领域,合法型权力通常来自职务。

对于合法型权力来说,是任何一个特定命令的"来源"而不是其"内容"被赋予了合法性并引起权力对象的自愿服从。合法的权力即权威以共同规范为先决条件,包括制度的规范和道德的(或文化的)规范。这些规范并不规定权威发布命令的内容,而是规定在一定范围内的服从,不管具体内容如何。权威是一种"不讲为什么"的东西,即使下级确信某个命令是"糊里糊涂"地下达的,也必须遵从。因此,合法型权力本身存在一个与其他权力形式不同的特征:一方面,权力之所以是合法的是因为服从普遍基于"同意"和"自愿",而不是出于"强制";另一方面,权力对象又感到是"奉命"行事而不得不从。对此,彼得·布劳予以了清晰的勾勒:"与强

---

① (美)丹尼斯·朗.权力论[M].陆震纶,郑明哲,译.北京:中国社会科学出版社,2001:52.

② Dolf Sternberger. Legitimacy[M]//International Encyclopedia of the Social Science V.9. New York: Macmillan and Free Press, 1968:244.

制不同,权威要求自愿服从,因为上级对下级的影响是依靠他们自己的社会规范。但是,与说服和个人影响也不同,权威要求命令控制,因为社会规范和集体制裁给个别下级施加强制性的压力,要求它服从上级的指示。从下级的集体看服从是自愿的,但从其个别成员来看则是强制的。"

合法型权力作为政治权力的主流形式,相对于其他各种权力类型来说具有明显的优越性,它能够建立起比强制型权力、利诱型权力可靠得多的预期反应,因为内化的社会规范更为依赖环境约束或即时谈判,在确保遵从方面有更大的可靠性和确定性。合法型权力较强制型权力和利诱型权力也更有效率,它具有经常化、制度化的"强制"力,而把对于诉诸武力以及提供奖励的需要降低到了最低程度。因此,合法型权力可以说是政治权力的理想形态。

(四)专业型权力

与上述各种权力类型不同,专业型权力是比较自然的一种权力,更多的是存在于人们日常生活和人际关系中的一种弥散性权力,虽然它在政治领域也有所体现。这种权力形式是基于专门的知识和技能而形成的一种权力关系,其中对权力的服从是由于信任权力主体有卓越的才能和专业化的知识以决定采取何种行动能够最大限度地满足权力对象的利益与目标。专业型权力也称专家型权力或合格权力,它的公式是"A让B信服",其原则是"服从真理",要素是"知识"与"能力"。

"知识就是力量"——我们对培根的这句名言耳熟能详。实际上,如果从政治学的视角来看的话,这句话也可以译成"知识就是权力",因为英语中的"power"兼有权力和力量的意思。在人们的日常用语中,经常会把某一知识领域的杰出人物称作为"权威"(如学术权威)。拥有知识的人自古以来更容易赢得别人的尊重、信任和顺从,因而也更具有影响力和权威,犹如病人对医生的服从那样。医生对病人开出某种治疗方案,并不是想威胁病人或强制病人做什么,患者可以不听医生的话(因而不属于强制型权力);更无须诱惑病人就医(因而不属于引诱型权力);也无权命令病人按照医嘱去做,病人也没有执行医嘱的义务(因而也不属于合法型权力)。但是一般来说病人会照医生的吩咐去做,因为医生拥有治病救人方面的专门知识和技能。这是一种非常特殊的权力形式,医患关系可以说是其典范,但这种权力形式在政治领域依然有一定程度的表现。比如,有的人把政治家形容为"国家医生",把统治者比喻为"伟大舵手",都有类似的价值取向。在当代社会,政治与公共管理日益成为一种专业化、职业化的行当，所谓"专家治国论""技术官僚主义"等就是其鲜明的写照。就政府系统而言，如果说合法型权力基于职务的大小，那么专业型权力则基于能力的高低。

当然，在政治领域，专业型权力并不像医患关系或者纯粹的技术领域那样明确和容易得到公认，它通常只是合法型权力的一种补充。但这种补充依然是重要的。自从马克斯·韦伯建立了"官僚制"理论以后，政府管理越来越需要专门的知识和技能，正像韦伯所说："官僚制政府基本上是基于知识而进行控制……官僚机构增长的决定性因素一直是其超过其他组织形式的纯技术优势。"[①]逐渐地，行政人员在公共管理中经常以专家的身份出现，并成为现代化的一个重要象征。这种"专家"和他们所拥有的"专长"，不仅来自管理经验，而且来自学历证明。同样，有管理学位的政治官员，其知识和技能通常也可以弥补其合法权力或权威的不足。

（五）个人型权力

把权力与掌权者个人联系起来，有着悠久的历史。我们可以看到，同样一个权力位置，不同的人坐在上面，其个人所实际拥有的权力往往并不相同。这其中固然有某些因素起着作用，比如坐在这个位置上的人所具有的知识和能力不同——这就是上面所说的专业型权力的大小有所不同，但是掌权者本人的品质、个性、吸引力、感召力等个人因素往往会起到重要的作用。甚至，具有某种特殊人格魅力的政治人物有时并不需要特定的职务就可以让人们服从，权力和职务在某些情况下也是可以分开的，即所谓的"有职无权"和"有权无职"。一个草莽英雄可以揭竿而起而一呼百应；一个退了休的前领导人仍然可以发号施令而运筹帷幄……这就产生了与强制型权力、利诱型权力、合法型权力和专业型权力均不同的个人型权力，即依附于掌权者个人而形成的人格化权力，它的公式是"B心甘情愿追随A"，其原则是"服从是一种幸福"，其要素是"人格魅力"。

个人型权力能够造就一种"心悦诚服"的服从，在领导者和追随者之间形成一种情感的甚至人身的依附关系。马克斯·韦伯曾用"克里斯玛"（charisma）对达到极致的个人型权力加以概括。"克里斯玛"意为政治人物的超凡魅力、英雄气质、非凡品质和至高无上的神圣性。在克里斯玛型统治中，权力来源于对魅力领袖（克里

---

① （美）丹尼斯·朗.权力论[M].陆震纶，郑明哲，译.北京：中国社会科学出版社，2001：64.

斯玛)的情绪化效忠,领袖与其他官员的关系是直接的,无需经过任何固定的机构或程序,领袖在权力结构中是否有正式职务也无关紧要,因为其权力本身就不来源于任何法定职务。"克里斯玛"一般而言带有某种神秘色彩,不过,正如一些研究所表明的,这种克里斯玛式的个人型权力是非制度化的,因而也是不稳定的和不可继承的,它通常只与特定的领袖个人相关联。

这种诸如"克里斯玛"的高度人格化的权力,既可能是自然产生的,比如来自领导人的非凡品质、英雄气质、超凡魅力等,也可以是人为制造的。而对于现代社会来说,人为制造一些个人魅力已经成为政治生活的重要组成部分。而且,按照一些学者的观点,真正的"克里斯玛"领袖并不存在,毋宁说"克里斯玛"一般都是人为制造出来的。与生俱来的"克里斯玛"禀赋可遇而不可求,长期政治实践的锤炼也可以锻造出领袖魅力,而现代的政治公关技术(通俗地说是"政治包装术")在塑造领导人形象方面已经越来越受到关注,从领导人的穿衣打扮、言谈举止、行动路线和场面安排,到危机处理、领导策略、施政纲领和理论体系等等,对于提升个人型权力大有裨益。

三、权力组合与"权力阶梯"

以上分别探讨了合法型权力即权威以及强制型、利诱型、专业型、个人型权力等各种权力形式。值得注意的是,成功的权力运用往往并不是单纯依靠上述某一种权力形式,虽然可能以某一种权力形式为主,比如合法型权力。甚至权力本身也不是某一种单纯类型的权力,而是多种权力形式的复合体。

一般来说,具有较高程度的广延性、综合性与强度的权力很少会是基于某种单一形式的权力,某种"纯粹"的权力形式往往是不可靠、不持久和不稳定的。掌权者能够熟练运用多种权力形式——包括同时行使或交替使用不同的权力形式——对于提升和保持其影响力与控制力是非常有利的。同时行使或交替使用不同的权力形式,就构成了不同的权利组合。审时度势地运用不同的权力组合是政治艺术的重要体现。美国常使用的"胡萝卜加大棒"政策就是一种典型的权力组合的模式。当然,权力组合还有更为复杂的模式。

某种权力组合实际上就是不同的权力形式和权力手段的特定的排列组合。权力形式包括上述强制型、利诱型、合法型、专业型、个人型等诸种权力,而权力手段则通常具有命令、威胁、说服、交易、感召、操纵和使用武力等。虽然权力组合可以是多种多样的，但大致还是有规律可循，即通常是有软有硬，软硬兼施，而且通常还是由软到硬，把使用武力作为最后的手段。虽然掌权者一般都尽量不诉诸武力，把"不战而胜"作为权力使用的最高境界，但武力作为不得已的"杀手锏"本身表明，掌权者有时不得不从最温和、最具认同性和共识性的权力形式爬上"逐步升级的阶梯"，最后达到最具惩罚性、强制性的权力形式，从而获得权力对象的遵从。为此，掌权者必须具备行使不止一种权力形式的能力。这在人类最原始的权力运用经验当中——例如家长对孩子的权力运用——已经得到了很好的说明。例如，设想一位家长试图让小孩做功课而不是看电视，首先通常会是讲要好好学习等道理（说服）。讲道理讲不通，家长往往会允诺给孩子某种条件（比如给予奖励）来诱导其放弃看电视而去做功课（利诱与交易）。如果小孩仍不为所动，于是家长就可能板起脸来倚老卖老地说："听话啊，爸爸是过来人了，不听老人言，吃亏在眼前，你以后就会明白了！"（诉诸专家型权力）。倘若小孩依然固执己见，家长通常就会命令说："快做作业，不做也得做，这是命令！"（诉诸合法型权力）。小孩继续抗拒，就可能激起家长惩罚性威胁（诉诸强制型权威），并最后实施惩罚，不让小孩吃晚饭（使用武力）。

权力的"逐步升级的阶梯"表明，各种权力形式之间是可以转化的，而且有时会转化得很快。在上述家长与孩子的权力关系中，走上不断升级的权力阶梯，从说服逐步升级到武力，有时不过是几分钟的时间而已。而沿着权力阶梯走到武力的使用，往往是最不明智也最不可取的。因此，一般来说应当尽力延缓权力阶梯的升级速度，为缓和紧张关系赢得宝贵的时间。当然，当强制型权力的使用不可避免时，也不必优柔寡断，而要快刀斩乱麻，果断采取必要措施。但总的来说，尽可能多地使用"软权力"而尽可能少地使用"硬权力"，是权力行使的金科玉律。

第三节 合法性与权力制约

一、权力与合法性

政治学所说的权力，一方面表现为作出强制性决定的社会能力。正如政治学家拉斯韦尔等在《权力与社会》一书中所说："正是惩罚的威胁使权力有别于一般的影响。权力是施加影响的一种特殊形态，意即利用威胁或对不遵守既定政策的人采取严厉剥夺的办法来影响他人的过程。"①但另一方面,权力又不仅仅是一种强制力,它还需要民众自觉的认同与服从,否则即使存在强制和威胁也无法使人们服从,甚至会引起人民的反抗与起义。所以迪韦尔热相信,权力是一种合法的影响力,而不合法的权力不再是一种权力,而只是一种力量②。这一论点旨在把权力与强力区别开来,强调权力或权威的社会认同等心理因素。这就涉及权力的合法性问题。

"合法性"是英文 legitimacy 的意译,在中文词汇中目前尚难找出一个恰当的对应词,故又被译作"正当性"等。所谓"合法性",是指民众对于现存政治秩序和政权的信任、支持和认同,也可以说是政治权力以非强制手段维持其统治秩序的能力。正如著名政治学家李普塞特所说:"任何政治系统,若具有能力形成并维护一种使其成员确信现行政治制度对于该社会最为适当的信念,即具有统治的合法性。"③就此而言,"合法性"与我们日常生活中常说的"合法"或"合乎法律"并不是一回事。按照哈贝马斯的观点,"合法性"概念的对象是政治系统,只有政治系统才存在拥有或者丧失合法性的问题,公司、企业、个人均无此问题(它们只有是否"合法"的问题)。尽管国际学术界有关合法性的理论见仁见智,分歧甚大,但有一点共同之处:合法性是对统治权力的承认④。因此,"合法性"也可以被称作"统治合法性""政治合法性""权力合法性"或"政治权力的合法性",所有这些概念可以相互通用。

在现代意义上,合法性有两种形态,实质的合法性与形式的合法性。实质合法性是基于实质性利益的合法性,即主要涉及一个社会基本的伦理价值。一般来说,政治权力因为获得了社会主流价值观的认可才得以维持。然而,因为需要一种普遍的价值标准,实质合法性在理论上极可能陷入绝对主义,在实践上极可能陷入乌托邦。相对而言,形式合法性是基于一定形式或手段运用的合法性,形式合法性并不指向特定的实质利益,是程序或技术方面的合法性,形式合法性追求的是一种外在规则的普遍适用,在事先制定好的一般规则的基础上产生统治的基础和权威⑤。

---

① Harold D. Lasswell, Abraham Kaplan. *Power and Society*[M]. New Haven: Yale University Press, 1950:75.

② (法)迪韦尔热.政治社会学——政治学要素[M].杨祖功,王大东,译.北京:华夏出版社,1987:117.

③ Seymour Martin Lipset. Some Social Requisites of Democracy: Economic Development and Political Legitimacy[J]. *American Political Science Review*, 1959, 53(1): 69-105.

④ (法)让-马克·夸克.合法性与政治[M].佟心平,王远飞,译.北京:中央编译出版社,2002:12.

⑤ 王雅琴.政治权利的价值[J].中共太原市委党校学报,2015(5).

合法性是一个政治体系存在、持续、稳定和发展的基础和前提。从世界上的政治经验看,政治体系在社会变迁的过程中大都不同程度地面临着合法性危机,这种危机如果不能加以消解而逐渐加剧,就会导致政治体系的崩溃。反之,若一政治体系在掌握政权之后能有效地取得和维系其合法性,则将大大有助于政府的运作和政局的稳定。当代著名政治学家阿尔蒙德曾说:政治权力如果是合法的,意味着某一社会中的公民都愿意遵守当权者制定和实施的法规,而且还不仅仅是因为若不遵守就会受到惩处,而是因为他们确信遵守是应该的。如果大多数公民都确信权威的合法性,法律就能比较容易地和有效地实施,而且为实施法律所需要的人力和物力耗费也将减少。而且,如果存在某种合法性的基础的话,权威人物在困难的处境之中也有时间和能力来处理社会和经济问题。正因为当公民和精英人物都相信权威的合法性时要使人们遵守法规就容易得多,所以事实上所有的政府,甚至最野蛮、最专制的政府,都试图让公民相信,他们应当服从政治法规,而且当权者可以合法地运用强制手段来实施这些法规①。

可见,合法性对于权力或权威来说具有重大意义,它是政治权力的命脉所在,也是政治学的一个重要问题。当代世界的权力观,主要存在着"社会冲突论"与"社会共识论"之间的分歧。前者坚持在一切权力关系中强制是不可削弱的因素,而后者强调在一切权力关系中合法权力的主导地位。实际上,在特定的政治权力关系中,强制性与合法性通常是共存的,两者相反相成。但现代政治学更为主张合法性,合法性对于现代的政治权力也越来越重要。政治学应当倡导这样一种观念:合法性是政治权力的灵魂,政治权力与合法性密不可分。

二、合法性的基础与来源

从上述概念出发,合法性的基础是什么呢? 或者说,政治权力的合法性从何而来? 在这个问题上,马克斯·韦伯的理论颇有影响。韦伯从经验分析出发,提出了三种合法性的基础:①传统的基础。统治合法性建立在对于习惯和古老传统的神圣不可侵犯性的要求之上,例如统治者可凭其世袭地位享有令他人服从的权威。②克里斯玛基础。统治的合法性建立在某个超凡魅力人物的英雄气质、非凡品质和超凡神圣性之上,这种人物即克里斯玛领袖,其超凡魅力,吸引人们的追随和服

---

① (美)阿尔蒙德,鲍威尔.比较政治学:体系、过程和政策[M].曹沛林,等,译.上海:上海译文出版社,1987:35-36.

从。③法理基础。统治合法性建立在对于正式制定的规则和法律的正当行为的要求之上,人们服从依照法规而占据某个职位并行使权力的统治者,如通过选举任职的政府官员。韦伯强调,这三种合法统治的基础都属于纯粹的类型,它们从来没有在社会和历史中以纯粹的形态出现过,所有经验事实中的统治形式都是这三种纯粹类型的混合,但不同类型的因素的比重和组合方式可能有差异,因而某种现实的统治合法性可以非常接近某一类型①。

当代政治学家戴维·伊斯顿对合法性的基础类型作了进一步的探讨,他把合法性的来源归于意识形态、结构和个人品质三方面②。意识形态为政治系统的合法性提供道义上的诠释,有助于培养系统成员对于政治权威和体制的合法性情感;结构作为合法性的源泉则意味着通过一定的政治制度和规范,政治系统的掌权者即可获得统治的合法性,亦即合法的政治结构能赋予其执政者合法的地位;而合法性的个人基础是指执政者个人能赢得系统中成员的信任和赞同,这种个人合法性所包含的内容要多于克里斯玛的范畴,因为并非所有的执政者都真正具有超凡魅力,但通过表现出一种虚假的魅力,他们也能够操纵大批的追随者,按照伊斯顿的说法,"无论是真正的还是欺骗的,这种超凡魅力的确代表了合法性情感产生的一个个人要素"。上述三种合法性源泉相互影响、相互作用,共同为政治系统奠定合法性的基础。

可见,合法性的基础与来源是多方面的,包括意识形态、传统、法理、结构和个人品质(克里斯玛)等因素。在不同的时空条件下,上述因素的作用是不同的。在历史上,克里斯玛(领袖的超凡魅力)和传统的合法性基础曾经发挥巨大的作用。在当代,随着民主化和法治化,传统的和克里斯玛的因素式微,法理基础的重要性日益提升,以民主制度为核心的良好政治结构成为合法性的基本源泉,同时意识形态和政治文化的流变对于合法性也产生重要的影响,价值共识对于合法性显得日益重要。正像洛文索所说,每一不同的社会和文化均有自己一套界定合法性的方法与标准,很难一概而论,但是,在当代的背景下,一个长久的政治秩序的合法性应具备三个条件,即政治体系建立一套明确一致的运作规则;统治者与民众拥有一套

① Max Weber. From Max Weber: Essays in Sociology. New York: Oxford University Press, 2012: 78 – 79, 245.

② (美)伊斯顿.政治生活的系统分析[M].王浦劬,等,译.北京:华夏出版社,1989:317 – 318.

广泛的价值共识；民众深信既定的运作程序，以完成共同的价值共识①。民主的制度和程序以及价值共识，在当今时代日益成为合法性的必要条件和基础。

以上对于合法性的解释，基本上是把合法性当作一个经验性的问题，认为合法性主要意味着赢得群众的同意或忠诚，而不大关心该领域价值判断的理性标准。这样在合法性的问题上就没有真理可言，只要民众对政权支持和忠诚，就有合法性，不管这个政权是什么性质的，以及通过什么手段来赢得群众的支持和忠诚。

这种经验主义的合法性理论，遭到了一些质疑和批评。"如果关于合法性的信念被看作是与真理没有内在联系的经验主义现象，那么它的依据显然只有心理上的意义"②。例如，在古代社会，帝王们为了证明自身统治的合法性而宣称自己为神的化身或子嗣；在传统社会中，统治者利用宗教来为自己的合法性进行论证，但这些统治者真的具有"合法性"吗？对此，当代著名政治社会学家哈贝马斯的回答是否定的。他认为，在这些高度专制的社会里，由于统治者集政治权力和合法性解释权于一身，合法性解释或证明完全只是出于统治者的需要而出现的一种工具，因而难以赢得大众的忠诚；即使大众对政治权力产生了忠诚和信仰，也并不意味着就一定存在合法性，因为从中无法解释在对国家政权的忠诚曾盛极一时的法西斯主义国家，其政治秩序的合法性的理智基础究竟是什么。因此，这些批评者否认合法性是政治系统为自身的统治所作的论证或证明，也否认把合法性单纯理解为大众对于国家政权的忠诚和信仰。在哈贝马斯看来，"合法性意味着一种值得认可的政治秩序"③。显然，这里的"值得认可"并不等于被认可，关键的问题不在于"是不是"，而在于"应该不应该"。这里不是把合法性构筑在单纯的经验分析与心理认同上，而是强调合法性的规范含义和价值判断。

合法性究竟是一个经验的问题还是一个规范的问题？应当说两者兼而有之，不可偏废。但是，要找到一个放之四海而皆准的规范性价值标准的确很困难。如果按照哈贝马斯的尺度，有史以来除极个别的社会外，绝大多数的政治体系都不具有合法性，即使这些政治体系在当时是稳定的和被民众所忠诚拥护的。鉴于现代

---

① Richard Lowenthal. Political Legitimacy and Cultural Change in West and East [J]. Social Research：An International Quarterly，1979，46(3)：401-435.

② (英)约翰·基恩.公共生活与晚期资本主义[M].刘利圭，等，译.北京：社会科学文献出版社，1999：286.

③ Jurgen Harbermas. *Communication and the Evolution of Society*[M]. Boston：Beacon Press，1979：178.

政治学的"科学化"取向,经验主义的合法性理论始终是政治学的主流。但是,以规范的理念对当代经验主义合法性理论进行反思,至少在学理层面上不能说是没有必要的,因为社会科学的理论不仅要真实地反映现实社会和政治的实际图景,而且应当超越这种实际图景,给人类社会的发展提供方向性和终极价值①。

三、权力的制约与方式

权力可以用来造福于民,也可以祸国殃民;掌权者可以流芳千古,也可以遗臭万年。但是,就其自然趋向而言,权力是很容易被滥用的,也很容易腐化。在很多人眼里,权力是地位的象征,但是权力也的确是很危险的。在西方政治思想的历史长河中,一直渗透着对权力的恐惧、不信任和担忧,也一直在探索如何去规范权力和制约权力。法国18世纪的著名思想家孟德斯鸠在其名著《论法的精神》中曾说过:"一切有权力的人都容易滥用权力,这是万古不易的一条经验。有权力的人们使用权力一直到遇有界限的地方才休止","从事物的性质来说,要防止滥用权力,就必须以权力制约权力"。19世纪英国著名的历史学家阿克顿勋爵更是有一句脍炙人口的名言:"权力趋于腐败,绝对的权力趋于绝对的腐败。"权力真的如此邪恶吗? 丹尼斯·朗的说法可能更为客观。他说阿克顿勋爵只表达了"一半真理",另一半真理是:"权力可以使人崇高,正像使人腐败一样。"

同西方的政治理念相比,中国人对权力通常有着更为美好的期待,比较少去研究如何从政治制度上对权力进行规制的问题。中国历史上一贯倡导"德治""仁政",寄希望于通过"贤人政治"使权力得到良好的使用。但事实证明,历代王朝都无法跳出"权力趋于腐败,绝对的权力趋于绝对的腐败"这一政治法则。中国每一个封建王朝的倾覆,无不最终是由于权力腐败猖獗不治所致,究其原因,就是不能从政治体制上解决对权力的制约问题。无论何种社会,以权力制约权力都不失为在制度层面上克服权力腐败的一种根本方法,它虽发轫于西方社会,但不应是西方的专利,而是人类政治文明的共同财富。历史的教训、治理腐败的严峻挑战、全球化背景下市场经济对政府权力边界和依法行政的要求、公民权利对法治保障的诉求等使得权力制约不仅仅停留在政治学学理讨论的层面,其在现实中的必要性得到了世界各国政府和民众的认可。从我们认识权力开始就应该牢记:权力必须得

---

① 胡伟.在经验与规范之间:合法性理论的二元取向及意义[J].学术月刊,1999(12).

到制约。从政治学的角度看，关键是要有一套好的政治体制，实行民主和法治，从而对权力进行有效的规范和制约。具体而言，在政治制度的设计方面，区分私域和公域，切实保障公民权利，强调法治，建立多维度和多层次的分权制衡。

现代法治的本质特点之一是制约权力。在法治国家，法治的这一本质特点不但由宪法确定，而且由宪法保障。英国作为近代西方最早创建宪法制度的国家，所颁布的第一个宪法性法律就是1215年的《自由大宪章》。在这个大宪章中第一次规定了对王权的限制、对"大议会"权力的肯定以及对自由人权的保障等内容。《自由大宪章》确认"国王必须受法律的约束，万一国王不肯守法，人民有权强制国王遵守""征税须得赋税人的同意"等原则，体现了早期立宪主义的思想。此后，1628年的《权利请愿书》、1679年的《人身保护法》、1689年的《权利法案》等，一步一步地扩大了人民的权利，限制了王室的权力[1]。

在一个强调民主与法治的国家，宪法规范了国家权力和公民基本权利及其关系，简单地说，宪法就是关于国家和公民关系的法。公共权力具有扩张性和侵略性的特点，公共权力的扩张本性，是近代立宪的理论根由。此外，对权力的制约还与人的道德的不完善性相联系。道德上的至善永远只是一种理想，没有一个人的道德是完善的，人们会由于一时的冲动而做出不正确的有时甚至是悲剧性的判断和抉择。权力的扩张本性和道德不完善性的特点，决定了国家权力的约束和控制是绝对必须的。而对权力进行制约和控制，防止权力的滥用和专制，则成为人们长期的法治和宪政目标。宪法的根本内容就是制约权力，将国家权力纳入宪法的控制、支配之下，不仅是法治的重大进步，也是法治本质的体现。在这里，宪法对权力的制约是指国家权力受到法律的控制。因为在一个民主和法治的国家，只有当以制约权力为本质特征的宪法能够被忠实遵守的时候，人民的基本权利才能够得到有效保障，社会经济才能得到繁荣和发展，才能实现"每一个政府的基础或中心就是它的基本法律"的法治目标。因此，法治国家保障民主、防止国家权力不被滥用的首要考虑就是能够对国家权力实施有效规范[2]。

关于权力分立思想最早可以追溯至亚里士多德时期，亚里士多德提出，一切政体都三个要素：议事机能、行政机能、审判机能。正式提出权力分立模式的是近代政治思想家洛克，洛克在其著作《政府论（下篇）》中将国家权力划分为立法权、行政

---

① 危玉妹.宪法语境中的权力和权利[J].福建工程学院学报,2005(2).
② 蒋德海.析宪法的权力制约内涵[J].探索与争鸣,2003(3).

权和外交权,并强调了立法权和行政权的分立。孟德斯鸠总结了洛克的思想,将国家权力分为立法权、行政权和司法权。此后,权力分立逐渐成为西方国家宪政的基本原则之一,并且被运用到西方国家的政治实践中。与集权模式追求效率不同,分权模式侧重于权力之间的相互制约,从而防止权力滥用,保障权利。也就是说,分权模式在权力与权利、效率与正义之间,更加关注权利与正义。然而,这并不是说,制约是分权的全部思想,单纯的制约会变成无谓的扯皮,造成国家权力的过度内耗,这显然也不是权力分立的初衷。一个权力过分集中的强大政府固然是对人权的致命威胁,但一个政权支离破碎的无能政府也同样不能达到其保护公民权利之目的。相反,权力之间的相互尊重也是权力分立所追求的目的之一。它要求各权力部门应避免不当干涉其他核心权力之行使,并尊重其决策(决定)。对此,德国行政法鼻祖奥托·迈耶表示:"分权也是一种预防措施,通过分权使得国家中各种实际权力的意志都联系在一起,如果一种权力不遵守其界限,那么就会有损于其他权力。"从功能主义的角度看,分权就是通过权力的分离,来防止权力之间的相互侵轧,实现权力运行的效率性[1]。

能够对权力有效制约的政治体制,其基本构架应当是一个三维结构:第一,在权力的纵向结构上,实现被治者对治者的制衡,主要是建立人民同意的政府,这意味着政府应是民选的、受民意支配的、对人民负责的。如果说权力趋于腐败是一条普遍法则的话,那么正如著名政治学家卡尔·弗里德里克所言,腐败的程度是与权力的同意程度成反比的,这同样是一条普遍法则。第二,在权力的横向结构上,实现不同权力主体之间的制衡,特别是要使决策权、执行权、监督权相互平衡,使立法权、司法权与行政权之间既相互统一,又具有一定的张力,从而以权力制约权力。第三,在一个新的维度上实现社会权力对于政治权力的制衡,特别是通过大众传媒和公共舆论来制约公权和表达人民的呼声,实现新闻舆论对权力的监督。

第四节　权力与国家治理能力现代化

一、权力与权利的关系

公民权利是国家权力的基础和渊源,权力是为了保障权利而存在的。权利性

---

[1]　周佑勇.监察委员会权力配置的模式选择与边界[J].政治与法律,2017(11).

也是权力的价值属性，权力的内在属性中包含了权利的价值指向与功能，权力的起源、运行与发展过程均要受到其指导与规制。这是就权力与权利关系的普遍认识，而且这样的认识已经渗透进现代法治理念之中，并为人们所接受，也指导着世界各国法治建设的实践①。政治权力与政治权利是对立统一的互动关系，其对立性主要表现为两者在权限划分与配置上的反比例关系和两者在政治运行中的双向互控；其统一性表现为两者的相互依存和相互转化。两者对立性和统一性的基础和根源，表明两者关系的实质是公共利益与个体利益的关系问题。

（一）政治权力与政治权利的对立性

第一，两者在权限划分与配置上呈反比例的关系。一般说来，在某一个特定的社会历史条件下，一个社会的政治权限总量（即政治权力与政治权利之和）是一个定量。如果没有生产力的较快发展和基于这种发展而形成的社会资源的较大增长，一个社会的政治权限总量就不会有任何增加。在这种情况下，政治权利的扩张只能以相应的压缩政治权力来实现。反过来，政治权力的扩张也只能以相应的压缩政治权利来实现。换言之，两者在权限划分与配置上的数量关系是反比例关系，即如果国家行使的政治权力在政治权限总量中所占的比重越大，则公民行使的政治权利所占的比重就越小。反之亦然。

第二，两者在运行中的相互控制。这种制约通常表现为两种模式：一种是"权力制约权利"模式，另一种是"权利制约权力"模式。"权力制约权利"模式分为两种情况。一种情况是没有异化的政治权力对政治权利的制约。由政治权利转化而来的政治权力，本身就具有独立性和自身的运作模式，政治权力一旦形成，它"本身就意味着一种支配力量"。即使在政治权力没有异化的情况下，也必定会产生它对政治权利的制约。另一种情况是异化后的政治权力对政治权利的制约。异化后的政治权力，必然成为政治权利的异己力量，从而不可避免地对政治权利进行侵害。"权利制约权力"模式表现为，政治权力是基于人民权利的基础上产生的，人民的权利是政治权力的本源，人民是权力的"唯一源泉"和"原始权威"。权力被看作是权利的衍生物，这种源自权利的权力必然受制于权利。

---

① 周佑勇.监察委员会权力配置的模式选择与边界[J].政治与法律,2017(11).

（二）政治权力与政治权利的统一性

第一，政治权力与政治权利的相互依存。一方面，政治权力是实现政治权利的前提和保障，政治权力是基于实现和保障政治权利而产生的，因为个体的力量是很微弱的，不足以保护自己的权利，不足以消除权利行使过程中所遇到的障碍，不足以保证自身利益的实现。公民为了实现自身的利益，就结成特定的政治力量，通过这种特定的政治力量，去获得社会的统治地位，从而获取政治权力并依据它来实现并维护自身的利益。另一方面，政治权利是政治权力的基础和源泉。根据近代民主理论，权利是人民所固有的，权力是人民授予的。就两者的关系而言，权利更具有本源的意义。西方启蒙思想家主张，政治权力来源于人民与政府之间的契约，是人民权利让渡的结果。

政治权力与政治权利的实现在一定场合下互为条件。政治权利的实现依赖于政治权力的保障。当公民个体行使政治权利时，可以自己作为或不作为，也可以要求他人实施一定的作为或不作为，这后一种权利的行使，对他人来说仅表现为一种要求。如果他人有实施一定作为或不作为的义务而拒不履行时，公民个体则可以通过一定的程序和方式请求国家机关（行政机关或司法机关）依法强制他人履行。这样，政治权利就借助于政治权力的强制力而得到了实现。此外，政治权力的实现常常借助于政治权利的行使。现实政治中的代议机关，大都具有提案权和质询权等政治权力，但是这种政治权力必须借助于议员或代表在符合法定条件下对提案权或质询权等政治权利的行使，才能形成并发挥作用。

第二，政治权力与政治权利的相互转化。一方面，政治权力向政治权利的转化。这种转化主要有两种方式，即主动式转化和被动式转化。主动式转化是政治权力向政治权利的方向转化和回归，是指在既定的政治权力与政治权利的划分与配置基础上，随着社会政治、经济、文化的发展，对社会不再需要的政治权力加以削减，使其转化为政治权利或社会权利。被动式转化是指由于公民为扩大其政治权利而不断进行各种形式的斗争，迫使国家通过宪法和法律向公民"返还"权利。另一方面，政治权利向政治权力的转化。这种转化通常要通过一定的机制和中介来进行。从政治运行的现实来看，在专制社会里，由于缺乏这种转化的机制和中介，故而政治权利很难或很少向政治权力转化。但在民主法治社会里，公民个人以选举等形式将属于自己的那一部分参与国家事务管理的政治权利委托给自己的代表，当所有公民委托给代表的政治权利在代议机关中通过合法的程序集中起来并达到法定数量的时候，这些占有多数票的政治权利便转化成了政治权力。

二、权力与国家能力

迈克尔·曼对国家权力的讨论，区分了基础性权力和专断性权力。基础性权力指"国家能实际穿透市民社会，并依靠后勤支持在其统治的疆域内实施政治决策的能力"；专断性权力是"国家精英所享有的、不必与市民社会团体进行日常的制度化磋商的行动范围"。

基础性权力与专断性权力是两种不同类型的权力。在基础条件上，基础性权力以理性的官僚体系和工业文明下的技术条件为基础，具有复合性特征；而专断性权力只以暴力作为支撑，具有单一性特征。在运转方式上，基础性权力是通过国家与社会多元行动者的协作来运转的，而专断性权力则是建立在暴力之上的强制，即统治者依靠暴力的优势强制其统治对象服从自己的意志。强制也许在某些情况下能够带来协作，但它不是建立在以理服人基础之上的，而是依赖力量对比的悬殊，一旦力量对比发生改变，这种服从就不可持续。在存在形态上，基础性权力存在于多元行动者的协作制度之中，而专断性权力以统治者的个人意志为转移。在价值指向上，基础性权力没有实际的拥有者，是一种功能性权力，体现在国家与社会多元行动者的协作关系之中，基础性权力一般要求在公共领域、运用规范手段达成公共目的，具有公共性；而专断性权力则属于一种个人性权力，其权力主体是拥有暴力资源的统治者，专断性权力的运用也许在某一情境下有利于公共目标的实现，但是其根本考量都是持续维护统治者已有的专断性权力。与基础性权力的确定性相比，不确定性、任意性是专断性权力的重要属性，专断性权力能够"通过改变可以获得的选择范围、改变分配给这些选择的预期收益以及控制选择的结果或实际收益来恶化行动者的选择状况"，使人们生活在一种连续的不确定和不幸的状态中。

国家能力建立在基础性权力之上，而非依靠专断性权力。强制越多则同意越少，统治者的随心所欲越多则行为制度化就越少，统治者对个人利益的考虑越多则对公共利益的关注就越少。基础性权力正是在对专断性权力的限制中成长起来的。基础性权力的运转方式就是对专断性权力运转模式的一种取代，正是多元行动者的协商与协作替代了强制下的服从，正是制度化的规范限制了个人意志的随心所欲。相比于专断性权力的构建，基础性权力的养成对于国家来说是一种更高的要求。专断性权力只需要暴力资源上的优势,这样的权力容易取得也很容易丧失,一旦遭到更大的强力,专断性权力就会因失去基础而瓦解。作为一种通过国家与社会协作产生的功能性权力,国家基础性权力以国家与社会多元行动者协作的制度化作为其存在形态。"制度是稳定、受尊重和不断重复的行为模式",制度化不仅拥有完备的制度形式,更重要的是实现预期的作用。国家基础性权力是一种以制度化为存在形态的功能性权力,国家代理人和社会行动者的行为在其运转过程中应是可预期的、符合一定规范的、具有预期效果的,国家与社会的协作模式也是稳定的和程序化的。

现代国家之所以强大就是因为具备国家基础性权力,国家基础性权力是现代国家竞争力的来源,国家基础性权力越强说明国家与社会之间的协作水平越高。无论从可动员资源的规模来看,还是从对资源的使用效率来看,依靠基础性权力的国家都具有不可比拟的优势。现代国家正是因为基础性权力的存在而能够施行高密度、高难度和高精度的社会政策。现代国家之间的竞争不仅是物质层面硬实力的竞争,也是精神层面软实力的竞争,软实力一方面依靠合理有效的制度激发社会活力,推动文化繁荣;另一方面也需要社会对国家的高度认同,这就要求公共决策能够凝聚共识、体现共识,这就要求其必须以基础性权力为基础①。

三、国家治理能力现代化的提升

实现国家治理能力现代化,首先需要提升资源汲取能力、基层渗透能力、民主巩固能力、制度治理能力和国家学习能力这五项国家能力。其中,资源汲取能力的提升是国家治理能力现代化的前提条件;基层渗透能力和民主巩固能力的提升是国家治理能力现代化的社会基础;制度治理能力的提升是国家治理能力现代化的核心内容;国家学习能力的提升是国家治理能力现代化的智识基础②。

(一)资源汲取能力的现代化

任何国家机器的运作都需要一定的资源保障,一个治理能力强大的国家必定是一个有能力从社会汲取资源的国家。提升资源汲取能力的水平,实现资源汲取能力的现代化就必须实现从"管理型"理念到"治理型"理念的转变。所谓治理型资

---

① 殷冬水,赵德昊.基础性权力:现代国家的标识[J].学习与探索,2019(9).
② 郑智航.当代中国国家治理能力现代化的提升路径[J].甘肃社会科学,2019(3).

源汲取理念,强调的是作为汲取主体而存在的国家和政府与作为被汲取对象而存在的公民之间在资源汲取过程中能够形成一种合作共赢的正和博弈状态。具体来讲,这种治理型资源汲取理念主要包括以下几个方面的内容:一是,国家和政府资源汲取的正当性是建立在其对公民的可信承诺的基础上的。这种可信承诺体现在资源汲取上就表现为以税收法定为核心的汲取权力法定原则。二是,国家和政府资源汲取的目的在于形成公共财产,并最终服务于纳税人。三是,在实现资源汲取能力现代化的过程中,应当采取切实有效的手段来尊重和保护公民的财产权,应当防止权力在资源汲取过程中寻租。

（二）基层渗透能力的现代化

推进治理能力现代化过程中,需要通过转变控制技术、动员方式和渗透手段来加强国家的基层渗透能力。国家权力应当从"无所不在"的状态过渡到"在其应在"的状态。从权威生成角度来看,国家的渗透能力并不是源自国家在现实生活中的"处处在场",即什么事情都管,而在于国家应该担负的责任上,并且管得恰到好处。此外,基层渗透能力的现代化还体现在从传统政治动员到现代政治动员的转变。国家权力不再主要依靠政治动员方式来对基层进行渗透和控制,而是通过法治化的科层制管理方式来实现。尽管政治动员方式还在一定范围内具有效力,但只应当处于一种辅助管理的地位。应当用法律来校验政治动员中的议题,只有这样做,才能保证政治动员是一种理性的基层渗透方式,从而防止国家基层渗透功能沦为攫取基层资源的工具和手段。

（三）民主治理能力的现代化

现代国家治理体系是一个民主的治理体系,提升国家治理能力也就意味着国家必须提升民主化程度和国家吸纳与整合能力,必须强化民主政治在制度和文化层面实现的稳定性和获得合法性,并以此为基础将民主政治结构化和常态化。从新兴国家的国家建构来看,掌权的政治精英缘于国家控制能力较弱、制度自治能力较差以及发展道理缺乏自信等诸多原因,往往强调"专断性权力"的高度使用。这种管理方式导致的结果是"国家集权→民众抗争→国家集权"。国家不断集权致使问题积重难返,社会动荡程度加剧。因此,民主治理能力的现代化要重视在党的领导下,推进政治民主和实现公民政治权利,通过制度化的、自由和公平的选举方式来进行有组织的竞争,确保所有成年人在事实上拥有投票和竞选公职的权利,确保公民出版、集会、言论等自由的实现。

（四）制度治理能力的现代化

从传统到现代转型的一个重要表征就是制度治理方式获得普遍认可,并成为一种权威的治理方式。制度治理能力提升在实现国家治理能力现代化过程中居于核心地位,因为资源汲取主要是为制度治理提供物质性保障,制度治理又是基层渗透和民主巩固的重要手段,而国家学习主要是为制度治理提供智识性保障。因此,要推进国家治理能力现代化,就必须增强制度供给和制度实施能力。遵循制度程序和技术程序是制度有效供给的必要基础,特别是在制度治理的背景下,我们既要保证制度供给的内容具有合法性,也要保证制度供给自身过程的合法性。在现代社会,制度治理之所以具有权威性,原因就在于国家具有强大的制度实施能力。要想推进国家治理能力现代化,就必须提升国家的制度实施能力。要做到这一点,必须使制度实施者与实施对象之间形成一种协调互动关系,而绝非简单的支配与被支配、服从与被服从的关系。因此,在制度实施过程中,制度实施者与实施对象之间应加强有效沟通,使实施对象的意见能够获得充分表达。

（五）国家学习能力的现代化

国家并不天生就具有较强的治理能力,而是在具体的治理实践中不断习得的。这种学习能够为提升国家治理能力提供智识基础。一个国家的学习能力会对该国发展、竞争和兴衰产生直接影响。国家学习能力的现代化要求国家根据既定目标不断从历史或现实情景中通过重复互动而获得协调的技巧并发展出日常规则。这种学习活动可能产生新的制度构想,推动制度变迁。我们既要从西方科学技术和治国理念中学习先进经验,又要从中国历史传统中吸取经验和教训,从而自觉地立足于中国历史文明的连续体中,在全球化时代增强中国文明的主体性。在具体的学习过程中,以理性、务实、谦虚、严谨的态度来增强国家学习能力。

总而言之,国家治理能力现代化要加强基础性权力,而非依靠专断性权力,从传统国家治理体系向现代国家治理体系转型。国家治理体系和治理能力现代化的目标,应该着眼于加强政府职责,追求更少的腐败、更高的政府效能和完善的法治。国家要从单方面支配社会过渡到国家与社会的有效互动,这就需要重构国家与社会、政府与公民、权力与权利的关系。通过对基础性权力的建设，既实现社会有效控制国家，又实现国家有效管理社会。倘若国家行使权力无需顾忌社会，公民没有掌握有效控制政府的手段，政治权力最终会走向异化，这样也就难以实现治理能力现代化。

第五节　中国特色社会主义制度下的权力观与监察体系

一、中国特色社会主义制度下的权力观

（一）中国特色社会主义制度的权力本源观

依据马克思主义对"权力的本源"的解释，一切国家权力属于人民，人民群众是历史进程的实践者与创造者，一切公共权力来源于人民群众，各级领导干部是公共权力的具体执行者，并接受社会的监督。中国特色社会主义权力本源观要求各级领导干部必须树立"权为民所赋"的权力观，做到"公正用权、依法用权、为民用权、廉洁用权"，这是共产党人权力观的核心。各级领导干部必须从广大人民的根本利益出发，不断提高人格修养，不断提高执政境界，做到：①公私分明，坚持道德底线；②依法用权，不搞权力寻租；③心有所畏、言有所戒、行有所止，按照权力清单用权、按照法定界限用权，处理好情与法、利与法、权与法的关系；④为民用权，正确行使公共权力，破除官本位思想，自觉接受监督，合理、科学、规范、廉洁用权，牢记党的宗旨，正确理解权力的本源观，让权力真正实现"源于人民、造福于人民"。

依据权由民所赋伦理观，人民群众是中国共产党执政力量的重要源泉，不忘初心、继续前行、牢记使命，要求各级领导干部要把广大人民的普遍性根本性利益放在执政的首要位置，这是新时代中国共产党执政理念的根本出发点与落足点，各级领导干部必须坚持为人民服务的精神，认真要求自己，立党为公，执政为民，一切为了人民，积极利用公共权力为广大人民群众谋幸福，保持对权力的敬畏之心，让各级领导干部深切体会和意识到人民大众才是公共权力的真正来源。中国特色社会主义制度对马克思主义权力"本源观"的创新发展，对于正确塑造依法治党、依法行权的思维，深化推进行政权力改革，积极维护社会和谐稳定，具有重要的时代价值。

（二）中国特色社会主义制度的权力服务观

"谁授权、服务谁、为谁负责"是马克思主义政治学的一条普遍原理,中国共产党是全国各族人民利益的根本代表,中华人民共和国成立以来,党中央对马克思主义权力观进行了有效的继承与发展,从中可以清晰地看到"权为民所用"的马克思主义权力观。十八大以来,党中央提出,各级领导干部要牢固树立为人民服务的权力行使观念,坚定为人民服务的理论信念,做到"权力来自于人民,服务于人民",做到权为民所用,减少私心杂念,做到"执政为民、勤政为民",断绝以权谋私、以权谋利、贪污腐化等不良现象,坚定权力的服务观。不搞形式主义,坚定理想信念不动摇、宗旨意识不降低,不忘初心,牢记使命,坚决杜绝权力的滥用、错用现象,把执政为民、为民用权作为行使公共权力的核心要求,正确处理好领导干部与广大群众之间的关系,时刻保持为人民服务的宗旨意识,时刻把人民群众的利益放在心上,始终把人民利益摆在至高无上的地位,把人民群众满意作为行使权力的根本标准,强调"时代是出卷人,我们是答卷人,人民是阅卷人"。时刻以人民利益为重、全心全意为人民谋利益,都要真正做到"为政不移公仆之心",淡化权力观念,强化服务意识。不谋私利才能谋根本、谋大利,才能从党的性质和根本宗旨出发,从人民根本利益出发,全心全意为人民服务,始终同人民想在一起、干在一起,以人民忧乐为忧乐,以人民甘苦为甘苦,通过行使公共权力积极为人民创造美好生活。

（三）中国特色社会主义制度的权力责任观

马克思主义的权力观认为,人民群众应该把权力交给为社会负责的公仆。公共权力具有公共性、服务性等特征,这就要求各级领导干部必须有正确的权力责任意识,自觉地去升华思想素质和工作本领,不负党和人民群众的重托。党中央非常重视对各级领导干部权力责任观的培养,积极培育各级领导干部的责任和担当,督促其认真做到"在其位谋其政、尽其责",用权为民,不负广大群众的重托,绝不能丢掉了宗旨意识,失去了行动准则,把为人民服务、对人民负责贯穿始终。必须强化责任意识,"为官避事平生耻",以高度的事业心和责任感,用责任意识校准权力观念,积极进取,用心负责,向党和人民负责。强调要把"敢于担当"作为好干部的重要标准之一,落到实处,培养造就"铁一般担当"的干部队伍,为那些"敢于负责、善于作为"的干部"撑腰鼓劲"。

在中国特色社会主义制度下，党中央积极创新发展马克思主义权力观，面对各种利益矛盾错综复杂的局面，不断深入推进权力运行的体制机制改革，特别是从制度上深入推动政府管理体制改革，对社会权力和利益格局进行了综合协调，积极为社会发展、经济改革松绑，积极倡导构建"富强、民主、文明、和谐、自由、平等、公正、法治、爱国、敬业、诚信、友善"的社会主义核心价值观，充分释放社会发展活力，深层次地推进构建社会主义现代化国家治理体系，进一步深化完善了"法定职责必须为、法无授权不可为"的公共权力管理格局，以期为创新发展马克思主义权力观，有效促进政府职能权力执行方式转变，进而实现中华民族的伟大复兴提供制度保障。

中国特色社会主义制度的权力观对马克思主义权力观做出了重要认知升级，具有重要的时代价值。在这一权力观下，提高党的领导能力和执政水平，加强对权力的制约，按照运行科学、程序严密、监督有效的原则要求，积极传承倡导社会主义民主与法治精神，准确限定各级领导干部的相关职责与范围，逐步建立起与我国经济社会发展相适应的权力结构和运行机制。中国特色社会主义制度的权力观对马克思主义权力观的发展具有重要的理论创新作用，开辟了中国共产党"从严治党、依法治权"新境界，对科学塑造各级党员干部"从严治党、依法治权"的行动思维，有效推进中国特色社会主义权力观体系建设，均具有重要的指导意义和现实借鉴①。

二、中国特色社会主义权力观的特点

（一）中国共产党是中国政治权力的核心领导和最高权威

中国共产党是中国政治权力的核心领导和最高权威，这是新时代中国特色社会主义政治权力模式的本质内涵。习近平总书记在党的十九大报告中旗帜鲜明地指出，"中国特色社会主义最本质的特征是中国共产党领导"，"党政军民学，东西南北中，党是领导一切的"，这一系列重大政治理论鲜明而自信地揭示了中国共产党在中国政治权力中所扮演的具有的决定性和唯一性的执政主体角色。

"决定性"执政主体角色表征的是中国共产党的现实属性，即中国共产党是中国政治权力的核心领导和最高权威。从政治权力的现实运作来看，中国共产党既具有将党的意志贯穿到政治权力重构、组织、运行全过程的绝对权力，又具有将反

---

① 叶杨.习近平新时代中国特色社会主义权力观新论[J].齐齐哈尔大学学报（哲学社会科学版）[J]，2019（8）.

映着党的意志的路线、方针和政策贯彻执行于中国政治、经济、文化、社会和生态建设各方面的当然权威,更具有引领中国人民和中华民族生存发展方向以及核心价值理念的完全支配力。

"唯一性"执政主体角色表征的是中国共产党的历史属性,即中国共产党的最高政治力量地位是不可替代以及不能替代的,具有历史必然性。从政治权力的历史生成来看,中国共产党的最高政治力量地位是中国革命、建设和改革实践活动的规律性表征。党的领导核心地位生成于党领导中国人民所进行的新民主主义革命、社会主义革命以及社会主义建设与改革的一系列成功的实践活动中,来源于党的自我革命、人民的认同以及宪法的赋予。与西方国家建构的逻辑不同,中华人民共和国的成立"是依靠中国共产党作为最高政治领导力量来完成的"。

(二) 一切政治权力集中统一于党中央的领导

一切政治权力集中统一于党中央的领导,党中央是党内外一切政治权力的轴心和首脑,这是新时代中国特色社会主义政治权力模式的历史基因。党中央这一政治权力轴心组织在中国共产党领导中国人民所进行的一系列革命、建设和改革实践活动中起着"首脑"作用,它是顶层设计党的路线、方针和政策的核心主体。习近平总书记强调,"坚持党中央集中统一领导,确立和维护党的领导核心,是保持党和国家事业发展正确方向的根本保证"。党中央集中统一领导中国政治权力,主要体现在党内和党外两个层面。

党内层面,中国共产党中央委员会是中国共产党党内一切政治权力的轴心权威。党中央拥有管党治党的管理权、管军治军的军事权以及党的路线、方针、政策的顶层设计权。通过建构规范化、程序化的纪律机制和组织管理机制来确保党内各级党委组织以及全体党员在思想上、政治上和行动上的高度一致性;通过建立全面从严治军、建军、兴军以及强军的理论创新体系、军队管理体系、实战演习体系来强化党对军队的绝对领导,为国防和军队现代化提供根本遵循和行动指南;通过布局制度化、常态化的领导机制、决策机制和问责机制来实现党的路线、方针、政策在各级党委的全面贯彻实施与执行。

党外层面,中国共产党中央委员会是中国共产党党外一切政治权力的轴心组织。党中央拥有厘定国家战略规划的顶层设计权和指导各级党委总揽全局协调各方的领导权。通过顶层设计国家战略方针以及指导各级党委统一领导与有效调配国家行政权力、司法权力和监察权力，既要确保整个政治统治和经济社会管理的秩序稳定与和谐发展，又要引领整个社会的思想意识、发展观念以及价值文化。党中央的统一领导、协调各方和总揽全局是确保中国政治权力的党性特征及其稳定性、创造性和持久力的决定性因素。维护党中央权威和集中统一领导，在政治、思想、组织、行动、信念方面坚决同党中央保持高度一致，这是中国"大一统"传统优秀文化在中国当代政治权力架构的传承与延续，也是中国共产党领导下的革命、建设和改革实践历程的历史性选择。

（三）党的意志、人民意志、国家意志高度统一的逻辑

中国共产党、社会主义中国、中国人民三者同呼吸、共命运，这是社会主义中国诞生和发展的基本历史脉络。党的意志、国家意志、人民意志高度统一则是中国共产党、社会主义中国、中国人民三者能够同呼吸、共命运的内在逻辑机理。在这一逻辑机理的内在规定下，中国共产党当然地成为社会主义中国的最高政治力量和一体化向心力量，其领导下的政治权力统一、分工与协作的关系模式也得以出场且运行发展。在党与国家同命运、共进退的历史进路中，政治权力与国家权力是中国共产党的领导权在政治层面和国家层面所表现出来的两种外在表现形式，两者在内在本质上是一致的。所以，作为中国政治权力的唯一支配者和控制者的中国共产党当然地成为国家主权及国家意志的代表者。新时代中国特色社会主义政治权力就体现出了党的意志与国家意志高度统一的社会主义本质特征。

党中央集中统一领导的中国特色社会主义政治权力逐渐发展完善成为由党委的领导权、人民代表大会的立法任免监督决定权、人民政府的行政权力、人民法院和人民检察院的司法权力以及监察委员会的监察权力所构成的结构体。结构是由一系列转化规律构成的转换体系。新时代中国特色社会主义政治权力结构体折射出来的是"党的意志、人民意志、国家意志间的高度统一"的内在规律①。

三、中国特色社会主义制度下对权力的监督制约

迄今为止，具有中国特色的权力制约实践正在构建，基本的逻辑框架是以民主集中制为基准线，在党的领导下进行权力制约的实践探索，形成了中国权力制约话

---

① 李娟.新时代中国特色社会主义政治权力关系模式的内在逻辑与功能意义[J].云南社会主义学院学报，2021(3).

语的框架性结构。中国的改革开放具有一个鲜明的特点，就是从实际出发，以问题为导向，这一点对于权力制约的思考同样有效。作为一种政体的组织原则，民主集中制强调的是集中统一和权力的有效行使。由于不存在多党竞争，不存在分权制衡，因此权力制约的实践只能从体制内部去寻找解决问题的方法，即权力顶层的自我规训和自我约束。改革开放以来，中国在上述两个维度都作了不少努力。例如强调党内法规建设(建章立制，强调政治规矩)及尊崇宪法、依法治国，在决策维度上实行重大决策的程序化、法制化、民主化，健全集体决策制等。同样重要的是，国际新形势为党和政府的决策提供了新的参数。中国在现有的政治体制下，对政治权力进行约束，"将权力关进制度的笼子"，这种自我约束，也是执政党的自我净化、自我完善、自我革新。

在党政体制内部，相关的权力制约实践可以分为两类：第一类是"发扬传统"，诸如机构设置中的权力制衡/监督、下派巡视组、审计考核、举报等。在两千多年的治国理政实践中，先辈们积累了丰富的经验，其中许多在今天依然有其实用价值和借鉴意义。第二类是在新历史条件下的发展和创新。改革开放以来，在权力行使方面，中国政府及官僚制经历了理性化、民主化和法治化过程的洗礼(至今仍在继续)。作为这些过程的一个结果，政治词典里增添了不少的新名词：干部四化、依法治国、依法行政、行政诉讼、国家赔偿，任职公示、听证会、民主测评、公民参与、信息公开、权力清单、权力在阳光下运行、将权力关进制度的笼子里，等等。中国特色的权力制约之路致力于权力结构和权力运行机制的理性化和民主化，目标是将权力关进制度的笼子，让权力在阳光下运行。其中的一个亮点是，提出了决策权、执行权和监督权既相互制约又相互协调的命题，并且将这一探索纳入了国家治理体系和治理能力现代化的系统工程[①]。

2018年3月，全国人大十三届一次会议通过的宪法修正案首次规定建立国家监察制度，将国家监察制度纳入国家重要政治制度的范围。根据《中华人民共和国监察法》规定，国家监察体制的总体原则是坚持中国共产党对国家监察工作的领导，构建具有中国特色的国家监察体系，建立集中统一、权威高效的反腐败体制，强化党和国家的自我监督，推进国家治理体系和治理能力现代化。监察机关的主要职能是维护宪法和法律，依法监察公职人员行使公权力的情况，调查职务违法和职

---

① 景跃进.中国特色的权力制约之路[J].经济社会体制比较,2017(4).

务犯罪,开展廉政建设和反腐败工作。中华人民共和国监察委员会是最高国家监察机关,省、自治区、直辖市、自治州、县、自治县、市、市辖区设立监察委员会,各级监察委员会是行使国家监察职能的专责机关。中华人民共和国监察委员会由全国人大产生,对全国人大及其常委会负责,并接受监督。中华人民共和国监察委员会负责全国监察工作,领导地方各级监察委员会的工作。地方各级监察委员会对产生它的国家权力机关和上一级监察委员会负责。监察委员会依法独立行使监察权,任何组织和个人不得拒绝、阻碍或者干涉监察人员依法执行职务。

国家监察体制改革后,国家监督系统实现了由"分散监督"到"系统监督"的转变。将监察机关从行政机关中剥离出来,作为独立的国家机关与一府两院构成"一府一委两院",与国家司法机关同处于人大之下从而构成国家监督系统,且与审计机关等其他国家机关各司其职,在其监督职权上表现出了强烈的同一性,彼此间既相互依存又相互促进。在权责、职能、工作程序上也实现了良好的衔接,避免了职权上的重叠和国家监督资源的浪费,提高了监督效率,实现了对国家权力的全方位、系统性监督。此外,国家监督系统内的各个国家机关在对权力的监督和制约方面各有侧重,国家权力机关主要是居于统领性地位,代表人民行使最为广泛的国家监督权;监察机关是依法行使国家监察权的专职机关,其监察对象覆盖了所有行使国家权力的公职人员;司法机关包括检察机关和审判机关,在国家监督系统中同监察机关工作实现无缝对接,完成由调查到起诉到审判的全过程。在国家"系统监督"的体制机制下,实现了不同组织机构间权力监督与制约的结合,充分发挥多方优势,从而实现了不同国家机关权力、范围、职能上的相互补充。

此外,国家监察委员会作为国家监察机关,不再隶属于其他国家机关,取得相对独立的地位,监察对象的范围由国家行政机关及其公务人员扩大到了行使公权力的全体公职人员。国家监察机关不再作为某一国家机关的组成部分对其所隶属的机关及其内部组成人员进行监督,而是以一种相对独立的身份对其监督对象进行一种直接性的"垂直监督"。"垂直监督"的体制机制在实质上表现为一种对监察机关独立性的内在要求。在国家监督系统内,从中央到地方垂直设置了国家监察委员会和地方各级监察委员会,执行国家监察职能,在管理上也一律采取"垂直"管理结构,这有利于确保监察机关的独立地位并保障监察工作的独立开展且不受其他因素的干扰。国家监察体制改革后的国家监督系统内部实现了由"横向监督"到"垂直监督"的转变,相对于改革前较为单一的"横向监督"主导的体制结构而言,重组后的监督系统内部呈现"纵横交织"的网络监督格局①。

我国的监察体制改革,在坚持党的领导下,在原有的立法权、行政权、司法权基础上增加了监察权,对推动我国社会主义民主政治发展具有重要意义。从国家监察体制的改革意图来看,将监察机关从行政机关中"升格"为与政府、法院、检察院并列的、由人大产生并对人大负责的国家机关,显然塑造了一种新的国家权力结构。这使得我国国家政体中长期稳定的立法机关加"一府两院"格局转变为立法机关加"一府一委两院"的国家权力结构,我国的国家政体从原先的立法权、行政权、司法权的"三位一体"转变为立法权、监察权、行政权、司法权的"四位一体"形式。监察权的设立构建了一种立体的政体模式。国家权力结构内部不仅有分工协作,也有监督制约,从而使得国家权力的运行完整有序。国家监察体制改革是一项事关全局的重大政治改革,是针对国家政治制度作出的顶层设计。这一改革完善了我国的国家政体模式,形成了新的立法机关、行政机关、监察机关、司法机关互相分工、有机协作的民主结构,进一步健全了社会主义民主政治,完善了人民民主②。

阅读和实践

一、拓展阅读

1. (美)汉娜·阿伦特,《极权主义的起源》,生活·读书·新知三联书店,2014 年。

2. (法)迪韦尔热,《政治社会学——政治学要素》,华夏出版社,1987 年。

3. (英)约翰·基恩,《公共生活与晚期资本主义》,社会科学文献出版社,1999 年。

4. (法)让-马克·夸克,《合法性与政治》,中央编译出版社,2002 年。

5. (美)丹尼斯·朗,《权力论》,陆震纶,郑明哲译,中国社会科学出版社,2001 年。

6. (英)迈克尔·曼,《社会权力的来源》,刘北成,李少军译,上海人民出版社,2002 年。

---

① 颜德如,栾超.国家监督权力结构转换与系统重构[J].社会科学,2019(2).
② 陈尧.从"三位一体"到"四位一体":监察体制改革对我国政体模式的创新[J].探索,2018(4).

二、实践技能

大学生对权力认知的调查

第1题. 你认为谁拥有权力？

1. 只掌握在少数人手里

2. 由国家机关掌握

3. 每个公民都有

4. 具有一定社会地位的群体

5. 不太清楚

第2题. 制约权力的手段不包括哪一种？

1. 分权

2. 社会监督

3. 竞争性选举

4. 道德教育

第3题. 你认为希特勒的统治权力来源于什么？（多选）

1. 个人魅力

2. 专门的知识与技能

3. 强制与惩罚

4. 诱惑性的奖励

第4题. 你对"权力"二字的直观感受？

1. 暴力的、强迫的

2. 被操纵的、不被信任的

3. 不受法律约束的

4. 合乎法律的、令人信服的

第5题. 你认为下列哪些内容属于权力的行使？（多选）

1. 国务院下令各试点城市开展垃圾分类工作

2. 全国人大代表投票选举国家主席

3. 国旗法规定在公共场合焚烧、损毁国旗者启发追究刑事责任

4. 医生要求患者躺在病床上接受检查

5. 老师要求同学本周五前上交作业

6. 居民向居委会提出建议要求增加垃圾投放点

第6题. 你认为以下哪一种权力的实施方式最有效?

1. 强制惩罚不服从者

2. 为服从者提供奖励

3. 建立法律制度

4. 根据专业知识和技能

5. 通过个人的魅力

第7题. 你如何理解国家权力?（多选）

1. 国家权力的行使者是人民

2. 国家权力包括了立法权、行政权和司法权

3. 国家权力掌握在少数政治家手中

4. 公民权利受到国家权力的制约

第8题. 你认为以下哪些是权力的体现?（多选）

1. 君王的象征

2. 以大欺小的恶势力

3. 某人的权威

4. 掌握某方面专业的能力

第9题. 你觉得权力的特征包括哪些?（多选）

1. 阶级性

2. 社会性

3. 强制性

4. 公平性

第 10 题. 你倾向用什么词来表述权力？（多选）

1. 冰冷的

2. 黑暗的

3. 神圣的

4. 温和的

5. 可怕的

6. 高尚的

技能篇

第五章　民主与政治人

本章导读

　　在人类迄今发明和推行的所有政治制度中,民主是弊端最少的一种,如丘吉尔所说:"民主是最坏的政府形式,只不过要除掉所有其他已不断试验过的政府形式。"如俞可平教授在《民主是个好东西》一书中所言,民主是一种保障主权在民的政治制度,它只是人类众多制度中的一种,主要规范人们的政治生活,而不能取代其他制度去规范人类的全部生活。民主有其内在的局限性,不是万灵药,不能包医百病,不可能解决人类的所有问题。但民主保证人们的基本人权,给人们提供平等的机会,它本身就是人类的基本价值。民主不仅是解决人们生计问题的手段,更是人类发展的目标;不仅是实现其他目标的工具,更契合人类自身固有的本性。即使有最好的衣食住行,如果没有民主,人类的人格也是不完整的。民主也是社会主义核心价值观的一部分。

第一节　民主的内涵

一、什么是民主

　　"民主"(Democracy)一词来源于古希腊,是由希腊词 Demo 和 Cracy 拼合来的,Demo 是人民的意思,Cracy 是统治的意思,组合起来就是"人民的统治"。从历史发展的进程来看,民主并不仅仅是一种政治统治形式,作为国家制度的政治民主只是民主的历史形态之一。民主最初是人类在生产、生活交往过程中组织集体活动的一种方式,主要存在于集体决策的过程中。作为一种集体决策的机制,即使在今天,民主也主要是指一种决策规则。至于民主政治制度,实际上也是从集体民主决策过程演变而来。民主在当今世界已经取得了广泛的合法性，世界各国都宣称自己的政体是民主制度，没有哪一个国家敢于宣称是民主的敌人或反对民主。

在民主一词被广泛认可和使用的今天，有一个不容忽视的事实：在漫长的人类政治发展过程中，民主并不占据任何形式的道德高度，也不是被广泛采用的政治制度。在古希腊的雅典城邦，所有公民都有平等参与公共决策和担任官职的机会，公民大会上每个公民都有权发表演说，可以提出议案供大会讨论。绝大多数行政官员通过抽签的方式产生，并且有严格的任期，以保证每个公民都有平等的参政机会。正是在希腊的直接民主制下，伟大的哲学家苏格拉底被指控拒绝承认国家认可的神和腐蚀年轻人，在 500 人的陪审法庭的投票下被判处死刑，这样的民主制度，遭到了古希腊思想家们的抨击，他们认为民主制度是一种被遗弃的、乏善可陈的政治制度。柏拉图和色诺芬为苏格拉底的辩护使得雅典民主政治的弊端成为众矢之的，"多数人的暴政"也成为雅典民主被后人诟病之处。此后，从古罗马的西塞罗，到中世纪的阿奎那、启蒙时代的弥尔顿、洛克、孟德斯鸠、狄德罗，各个时代伟大的思想家们都不青睐民主制度[1]。民主被看作是经济上缺乏独立性的下层阶级的统治，他们会为了本阶级的利益而牺牲国家的整体利益，而且这些普通大众缺乏从政所需的修养和知识，他们容易受到野心家的蛊惑而采纳错误的政策，为政治的混乱和动荡埋下祸根，因此民主制并不比一人专制的君主制或精英共治的贵族制优越[2]。

古希腊哲学家对民主的观点影响了后世两千多年，直到 18 世纪，民主仍然被理解为一种负面的政治体制。多数思想家将民主制等同于抽签选择官员、全民参与立法和决定公共政策，而将选举制认为是一种贵族制度。1789 年法国爆发了大革命推翻了君主制度，确立了人民主权的原则。此后，由公民参与的选举逐渐成为政府合法性的来源。在 18 世纪和 19 世纪之交，自由主义思想在欧洲流行，有限政府、责任制政府和保护公民权利得到了广泛传播。进入 19 世纪以后，民主一词的语义不断发生演变，民主被理解成一种公民在政治上享有平等权利的社会状态，民主逐渐开始与代议制联系了起来。民主不再是多数人的直接统治，而是"理论上拥有主权的人民通过直接或间接的方式选出自己的代表，然后将国家的治理及相应的权力委托于这些代表，同时保持监督他们的工作和必要时撤换他们的权力"。到

① 郑洪.从苏格拉底之死谈民主、自由、宽容[J].哈尔滨学院学报，2018(10).
② 曾庆捷.发展政治学[M].上海：复旦大学出版社，2018：62.

了 20 世纪,民主的理念和制度在世界范围内得到传播,成为当代世界最主要的一种政治体制①。

民主的核心价值在于主权在民和自由平等。近代以来的人民主权理念是西方思想家们在反对和批判"君权神授""主权在君"等封建专制意识形态基础上形成和发展起来的。17 和 18 世纪资产阶级革命时期,英国的霍布斯、洛克和法国的孟德斯鸠、卢梭等人以人性论的"自然权利""天赋人权"为起点,认为自由、平等、生命和财产安全是人类与生俱来的权利,而现实社会却常常背离和践踏这些权利。为了解决现存社会事实上的不自由和不平等,恢复人类在自然状态下的自由和平等权利,人们共同制定"社会契约"作为协调社会的一种新手段。实现主权在民需要政治生活自身要素的支撑,自由和平等就是其中的基本要素。从动态上分析民主的过程,通常可以分为讨论协商和按照多数意志作出决定两个阶段。无论是在民主的讨论协商阶段,还是在按照多数意志作出决定阶段,自由和平等都是必不可少的前提。在民主活动中,必须坚持保证所有参与主体都应该享有法律规定的自由和平等权利,能够充分地发表个人意见和看法,不受任何外力特权干扰,独立自主地参与表决,民主活动才能健康顺利地进行。所以,民主离不开自由和平等②。

马克思主义从历史唯物主义出发,全面而深刻地把握住了政治民主的实质。马克思通过对巴黎公社的评价指出,一方面应通过普选制和低薪制来实现人民执掌公共权力,"公社的伟大社会措施就是它本身的存在和工作。它所采取的各项具体措施,只能显示出走向属于人民、由人民掌权的政府的趋势。另一方面应对公共权力实施有效的监督","一切社会公职,甚至原应属于中央政府的为数不多的几项职能,都要由公社的勤务员执行,从而也就处在公社的监督之下"。马克思的直接民主理想是在巴黎公社经验基础上的进一步总结和发展,在这种民主政治的状态下,政府与公民关系应具有这样的一些特征:①市民社会与国家是相分离的,社会决定国家,公共权力产生于社会。因此,公民决定政府,政府体现公民的意志和利益。②政府"合理职能"主要体现为由公民集体的共同需要而产生的社会公共事务职能,公务人员通过普选产生,政府不是对立于公民的,而是服务于公民需要的。③公共事务由公民共同参与管理,轮换进行,每个公民都有机会来行使政府职能;政府是公民管理公共事务的载体,从这个角度看,公民与政府是对等的。④对政府

---

① 曾庆捷.发展政治学[M].上海:复旦大学出版社,2018:63 - 64.
② 李良栋.论民主的内涵与外延[J].政治学研究,2016(6):3 - 4.

权力的制约是通过公民的监督来实现的,从而体现了公民与政府间的监督制约关系①。

现代政治民主也是一种政治统治形式和一种国家制度。列宁指出,"民主是一种国家形式,一种国家形态。因此,它同任何国家一样,也是有组织有系统地对人们使用暴力,这是一方面。但另一方面,民主意味着在形式上承认公民一律平等,承认大家都有决定国家制度和管理国家的平等权利"②。列宁的这一经典定义,揭示了民主的三层含义:民主是一种阶级统治;民主是一种国家形式或国家形态;民主意味着公民的平等和参政的权利。马克思主义进一步认为,作为国家制度的政治民主在阶级社会中,不过是占统治地位的阶级剥削、压迫被统治阶级的政权形式,是统治阶级实行阶级专政的工具。只有到了共产主义社会,作为国家制度的政治民主才最终从社会生活中消失,只保留作为管理体制的民主形式。

马克思主义主要从本质上揭示了政治民主的内涵,但是,在现实生活中,与人们最直接发生关系的还是作为一种管理体制和决策机制的政治民主,通常从政府权威的来源、政府产生和存在的目的、组成政府的程序来界定。尽管从政府权威来源或政府的目的进行定义不是十分精确,但一般都承认政府合法性来源于人民,政府的目的是为了人民。在当代研究中,人们主要从经验性的、描述性的以及程序性的角度去定义政治民主。达尔用五个基本标准来衡量政治民主,这些标准包括:有效的参与、投票的平等、充分的知情、对议程的最终控制以及成年人的公民资格③。但是达尔的这些标准依然缺乏定量分析。政治民主作为一种管理体制,似乎更应该定义为社会成员在该体制下能够直接或间接地参与影响全体成员的决策过程。

民主政体被绝大多数学者认为是民族国家实行政府组织的最好形式,因为这一政体形式有效地推进了自由、平等价值的实现。因此,几乎所有的当代政府均宣称自己是民主政府,实行的是一套民主制度。但是,被公认为是民主政府的国家在世界上并不多,虽然许多国家在形式上建立了代议制、选举制、分权制、政党制并赋予公民一定的社会权利和政治权利,但在实际政治运作过程中,按照另一种政治逻辑运行,如同极权主义、威权主义政权那样,并没有真正体现民主的实质。因此,仅仅从形式上、制度上来判断是否属于民主政体是不确切的。

---

① 林莉.直接民主:基于政府与公民关系视角的解读[J].苏州教育学院学报,2013(5).
② 列宁.列宁选集(第3卷)[M].北京:人民出版社,1995:257.
③ (美)罗伯特·达尔.论民主[M].李柏光,林猛,译.北京:商务印书馆,1999:43.

二、自由主义、多元主义、精英主义对民主的理解

从民主研究的历史来看，有许多不同的观点。其中，自由主义、多元主义、精英主义对民主特征的理解更为引人注目。

古典的自由主义学者穆勒在对民主制度进行设计时，主要关心的是政治生活中个人的自由是否得到了切实的保护。民主意味着权力来自人民，但应受到限制，即人民及其代表在立法和决策的方式和范围上都应受到限制，如法案必须经过正当的立法程序，法案的内容不得超越宪法和法律规定的范围，不得通过立法来剥夺人的基本自由和权利。自由和民主相互结合和相互强化。个人自由是否得到保障，政府权力是否受到限制，是区别自由民主和其他类型民主的根本尺度。自由民主中的"自由"，不是指谁来统治，而是指如何统治，意味着政府的权力和行使权力的方式受到限制，尤其是受到宪法的制约，归根到底则是个人权利的制约，即所谓的"天赋人权"。因此，在自由主义者眼中，只有实现了特定的规则和制度，才是真正意义上的民主。这些规则和制度包括：①代议制；②自由和公正的选举，每个公民在选举中具有同等的地位；③所有公民不管其在先赋性和社会性方面有多大差别，均享有选举权和被选举权；④人们对于广泛的政治事务具有知情权和表达意见的自由；⑤公民享有基本的社会权利和政治权利；⑥公民有权结成独立的政治组织和社团组织，如利益集团、政党和社会运动；⑦国家与市民社会之间实现独立和分离；⑧政府的权力有限，其权力的行使受到宪法和法律的约束，并且政府是负责的政府等。古典自由主义对民主的理解集中在个人的消极自由方面，而这一点在新自由主义者那里得到了扩张。在坚持个人的消极自由基础上，新自由主义者有限扩大了政府的角色，认可政府通过必要的保护、缓解冲突和再分配途径以促进个人积极自由方面的作用。这一新的特征为当代西方民主国家政府活动的扩张提供了辩护。

多元主义对民主的理解不同于经典的近代民主理论，它并不关注宪法或程序上的分权制衡，而把注意的目光放在了社会的多元制衡过程，也即更为关注现实世界中的社会力量之间的均衡关系。在多元主义者看来，社会是多元的社会，这种"多元"意味着，首先是思想和意识形态的多元。由于各人的才识、能力、教育水平等因素的影响，人们的思想意识千差万别，必须允许人们有充分表达不同意识、见解的言论自由，这是民主的先决条件之一。其次，社会发展必然伴随着利益的多元

化倾向,不同利益的组合形成了形形色色的利益团体。利益的多元化在政治生活中必然会发生利益的冲突。最后,近代民族国家的发展伴随着权力的一元化向多元化的趋势转变,权力的多元化是现代民主社会的重要特征。因此,现代民主政治的普遍场景是,整个社会范围内存在着基于不同价值观念和经济利益而形成的利益团体,这些相互冲突的利益团体通过各种途径参与政治生活,影响政治决策以寻求自身利益的最大满足。利益团体参与政治的经常化和制度化就会形成一种新的权力分配关系和利益关系格局。政府的政策就是在这些利益团体之间进行协调、交易、妥协、合作而达成。

多元主义民主认为,个人在政治生活中的作用是有限的,只有通过组织为媒介才能在权力分配中获益。虽然社会资源扩散在广泛的人口之中,但政治权力通常为社会中众多的集团如产业组织、工会、政党、学生组织、妇女组织、宗教组织等分享和占有,这些利益集团参与和影响国家及地方公共政策的制订,改变社会利益分布格局,从而决定社会政治的基本结构。各个政治集团为争夺统治权力而进行斗争,处于互相对立、冲突的状态,但这并未构成对民主的威胁,恰恰是表达民主的核心和政治稳定的根源。因为,多元集团之间的政治竞争遵循特定社会的民主规则,尊重宪法权威,尊重公民的个人权利,在两党制或多党制的体制下运作,同时,这些利益集团接受政府作为各种利益要求的媒介和调节者。在政治竞争中失败的少数集团,同样得到宪法的权利保护。

精英主义对民主的理解更多的具有经验色彩。当自由主义、多元主义对民主参与的条件、民主控制的形式、民主决策的范围以及社会成员在政治生活中作用的有效性采取规范主义态度时,精英主义提出了不同的观点。针对民主在政治生活中规范与事实之间的差异,熊彼特明确地提出:"民主政治并不意味也不能意味人民真正在统治——就'人民'和'统治'两词的任何明显意义而言——民主政治的意思只能是:人民有接受或拒绝将要来统治他们的人的机会……用这么一句话来表达,即民主政治就是政治家的政治。"民主实质上就是一种方法,"就是那种为做出政治决定而实现的制度安排,在这种安排中,某些人通过争取人民选票取得做出决定的权力"[①]。

精英主义学者认为民主的重要特征包括:①民主不意味着人民的统治,而是社

① (美)约瑟夫·熊彼特.资本主义、社会主义与民主[M].吴良健,译.北京:商务印书馆,1999:415,395.

会精英的统治,或者更确切地说,是政治家的统治。②民主意味着多元的精英竞取权力的过程,这一过程往往采取政党竞争的形式。③在民主制中,公民定期选举政治精英为政治决策者。同时,公民以利益集团的形式影响政治决策,而利益集团的领导者和组织者是政治精英的一个重要组成部分。④精英阶层是开放的,人们有平等的机会成为精英。

二战以后,民主世界发生了巨大的变化,传统的自由主义所坚持的人民大众是自由民主的捍卫者的观念受到了极大的挑战,由于民众的社会经济利益得到了保障,大多数人已经不再对民主感兴趣,甚至成为自由民主的反对者,社会下层比中层、上层更加倾向于威权主义;倒是中产阶级和精英阶层成了民主体制的坚定支持者和维护者。尤其是从西方国家政治选举活动的低投票率可以看出,政治冷漠普遍存在于这些国家,民众疏离于政治生活,除了很少的场合外,公共权力大多数情况下操纵在官僚阶层和政治精英手中,因此,政治生活的现实使得民主只能是精英主义的民主,而不是其他。

第二节　民主的类型

用伯纳德·克里克的话来讲,"在公共事务的世界里,民主大概是最为混杂最让人困惑的词汇"。对于不同的人,会产生不同理解方式的术语,将有陷入毫无意义之境地的危险。人们赋予"民主"一词的诸多含义如下:

（1）人民直接且不间断地进行自我统治的政府形态。

（2）以机会平等和个人功绩,而非等级和特权为基础的社会。

（3）以缩小社会不平等为目标的福利和再分配制度。

（4）以多数统治原则为决策基础的制度。

（5）制约多数权力以保证少数之权利的制度。

（6）通过竞取民众选票来确定公职人员的手段。

（7）服务于人民利益的政府体制,而不管人民在政治生活中的参与情况。

（8）由穷人和弱势者统治的制度。

对于民主本质的思考,可以通过1864年美国内战高潮时林肯发表的葛底斯堡演说来理解。林肯在他的演说中高度赞扬了他所称的"民有、民治、民享政府"（government of the people,by the people,for the people）的优点。他所阐明的一点是，民主将政府和人民联系起来，这种联系经若干方式形成：政府为民所有、为民所治、为民所享①。对于民主的不同理解方式反映出，民主统治的确切本质一直是意识形态和政治激烈争论的问题。以下，我们介绍几种最为广泛使用的民主类型。

一、直接民主与代议民主

"直接民主"（direct democracy）的基础是公民直接、非中介（unmediated）和持续地参与政府工作，所以它也就消弭了统治者与被统治者、国家和市民社会的区别。直接民主在古希腊以民众参与统治的政府形式得以实现，而其最为通用的形态为公民投票。直接民主的优点如下：它强化了公民对自己命运的掌握，因为它是唯一纯粹的民主形式。它使全体公民更为开明、政治上更为成熟，从而还有教育意义。它使公众能够表达自己的观点和利益，而无须依靠自利的政客。它保证了统治的合法性，因为人民更有可能接受他们自己所做的决定。

代议民主（representative democracy）是一种有限间接的民主形态，"有限"是因为人民对政府的参与是不经常的和短暂的，仅限于隔几年举行一次的投票活动；"间接"则在于公众并非亲自行使权力，他们只是选择服务其利益的人统治而已。这种统治之所以为一种民主形态，仅在于代表（representation）能在统治者和被统治者间建立可靠和有效的联系。有时候也用选举授权（electoral mandate）来表达这种观点。代议民主的长处在于：提供了一种切实可行的民主形式（直接民众参与唯有在小的共同体中才能实现）；使普通公民免受决策的负担，从而使政治中的劳动分工成为可能；容许有较好教育、专业知识和更多经验者掌控政府；使普通公民远离政治，促使其接受妥协方案，保持稳定②。

二、公民投票式民主

"公民投票式民主"（plebiscitary democracy）是一种无需统治者和被统治者间的中介，而通过公民投票来确立的民主统治形态。它允许公众就政治议题直接地表达观点，因而是一种直接或参与式的民主。不过，这一类民主常因给煽动政治

---

① （美）乔万尼·萨托利.民主新论[M].冯克利,阎克文,译.北京：东方出版社,1998:38,42.
② （英）安德鲁·海伍德.政治学（第二版）[M].张立鹏,译.北京：中国人民大学出版社,2006:67.

（指政治领导人以煽动演讲操纵民众，并迎合其偏见和情绪所进行的统治）提供活动空间而受到批评。这种民主形态中民众的拥戴给专制者贴上一层民粹主义的色彩。不过，用以补充代议民主的公民复决却不同于公民投票式民主。

三、发展型民主

早期民主理论集中在保护个人权利方面，它很快就开始关注另外一个问题：人类个体和共同体的发展。一种新的民主统治模式——可宽泛地指称为发展型民主制度——由此产生了。卢梭的思想在许多方面都背离了自由主义的民主观，对马克思主义和无政府主义的传统以及后来的新左派均有影响。在卢梭看来，就民主乃"服从于约束自身的法则"而言，它最终只是人类实现自由和自主的手段。换句话说，只有公民直接和不断地参与决定共同体的生活，他们才是"自由"的。这种思想已经超越了传统选举民主的观点，为更激进的直接民主观提供了支持。卢梭甚至还对英国的民主实践进行了强烈的批评，他在《社会契约论》中指出：

> 英国人相信他们自己是自由的，这可是大错特错了；他们只有在选举议员时，才是自由的；选举过后，人民不过是奴隶，等于零。在短暂的自由时刻里，英国人民使用着该失去的自由。

卢梭模式的新颖之处在于，他坚持认为自由最终意味着服从公意。卢梭相信，公意不同于他或她的"私人"或"自私"的意志，将是每个公民的"真实"意志。公民服从公意，也就是在服从他们自己的"真实"本性；如果他们无私地行事，则公意就是个人的意志活动。在卢梭看来，如此一种激进的发展型民主制不仅需要政治平等，而且还要求相对高水平的经济平等。虽然卢梭并非公有制的支持者，但他仍然提出，"没有一个公民可以富得足以购买另一个人，也没有一个公民穷得足以不得不出卖自身"。卢梭的理论促进了20世纪六七十年代新左派思想家提倡的现代参与式民主思想的形成。该思想高度赞扬"参与式社会"的优点：在这样的社会，每个公民和所有公民都能够通过参与做出影响其生活的决定而获得自我发展。只有通过提升社会所有主要机构（家庭、工厂、地方社区与政党、利益团体和立法机关等政治机构）的开放性、问责制和权力下放程度，这一目标方可实现。该模式的核心是"基层民主"（草根民主，grass-root democracy）的观念——即相信政治权力应在尽可能低的层次行使。不过，卢梭自己的理论也因为区分了公民"真实"意志与"感觉"或主观意志而备受批评。这种区分的危险在于，如果只征询公民的要求而无法确定公意（因为公民会受到自私的蒙蔽），那么那些宣称根据社会"真实"利益行事的专制者便有了自上而下规定公意的空间。因此，卢梭有时也被看成是所谓极权民主的设计师。

四、人民民主

"人民民主"一词源出二战后在苏联模式基础上形成的制度，但这里所使用的人民民主泛指马克思主义传统所产生的各种民主模式。尽管它们不尽相同，但均与自由民主模式有明显差异。马克思主义者往往对自由民主或议会民主嗤之以鼻，视之为"资产阶级"或"资本主义"的民主形式。但由于民主观念或理想具有明显的平等主义色彩，所以对马克思主义者也有吸引力。民主被用来特指通过财富公有制实现的社会平等目标（在最初意义上是社会民主）。有学者指出，人民民主是为了对冲自由主义民主给人类带来的灾难，拯救人类。体现党性和人民性统一性的人民民主，在世界政治中彰显了其强大的治理能力的优势①。

五、议会民主

"议会民主"（parliamentary democracy）是一种民主统治形式，它通过审议性的民选议会机构来运作，在政府和被统治者之间建立了间接的联系。这种意义上的民主基本上意味着责任和代议政府。议会民主由此在大众参与和精英统治之间维持平衡，政府不对公众直接负责，而是对公众选举产生的代表负责。这种制度的吸引力在于，代表们教育水平较高且有审议和辩论的机会，应该比一般公民能更好地确定他们的最佳利益。古典的议会民主形式与约翰·穆勒和埃蒙德·柏克的名字相连，它要求议员依据自己选民的利益而独自思考。但是现代议会民主则融合了议会民主与授权民主（mandate democracy）的思想。

六、多元民主

"多元民主"（pluralist democracy）一词有时与自由民主交替使用，指若干政党

---

① 杨光斌，乔哲青.人民民主：优势、挑战与对策[J].西华大学学报（哲学社会科学版），2019(1).

选举竞争基础上的民主制度。更具体一点,它指一种民主形式,其中组织化团体利益有能力表达人民利益并确保政府的回应。这样一种民主可看成议会民主或任何多数主义形式的替代选择。健康的多元民主具有以下条件:竞争性团体之间的政治权力广泛散布,特别是不存在精英团体;存在高度的内部回应性,团体领导对其成员负责;存在一个裂化的(fragmented)中立政府机器,能给团体足够的接近渠道。

七、参与式民主

20世纪中期以来在西方兴起的参与式民主理论以对自由主义民主理论的缺陷及其实践后果的深刻反思为基础,试图建立一种以对话和参与为核心的新的民主机制,在学术界和政治实践中产生了广泛的影响。参与式民主理论认为,在以自由主义为主导意识形态的西方国家,代议制民主成为不证自明的基本制度框架,然而代议制虽然能够服务于效率与权利,却破坏了参与和公民身份,并在实践中引发了公共生活的衰落以及公民的缺失等一系列后果。因此,只有通过复兴民主及公民身份中的参与维度,重塑积极的富于公共精神的公民,并以此为基础建立一套有助于公民通过自由平等的对话和讨论直接参与公共事务的民主机制,才能实现社会的进步和人类的自由平等①。

参与式民主理论认为,对政治的参与能够强化人们的政治责任感,培养人们对公共问题的关注,有助于形成积极的、对政治事务有更敏锐兴趣的公民。公民只有不断地、直接地参与国家和社会的管理,个人的自由与发展才能充分实现。坚持国家　切权力属于人民,从各个层次、各个领域扩大公民有序政治参与,最广泛地动员和组织人民依法管理国家事务和社会事务、管理经济和文化事业。健全民主制度,丰富民主形式,拓宽民主渠道,依法实行民主选举、民主决策、民主管理、民主监督,保障人民的知情权、参与权、表达权、监督权。在制定法律法规和公共政策过程中增强决策透明度和公众参与度,并建立听取意见制度。

八、协商民主

"协商民主"(有的译为"审议民主")是20世纪后期西方学术界开始关注的新

---

① 万健琳.参与式民主理论述评:基于公民身份的政治[J].国外社会科学,2010(1).

领域。协商民主理论源自并超越了自由民主和批评理论。它强调在多元社会现实的背景下，通过普通的公民参与，就决策和立法达成共识。其核心要素是协商与共识。协商民主有助于矫正自由主义的不足，同时也有助于不同层面的政治共同体的政治实践。荷兰学者李帕特分析奥地利、比利时、瑞士和荷兰政治系统，归纳出协商民主理论；在社会上不同阶级、地域、文化等所产生的分裂，被所属阵营纳入系统之中，形成"柱状化"结构，在以此结构为前提的联合政权内，各阵营进行"协调的政治"。

协商民主理论认为，代议民主已经与现代公民的要求及社会的发展不相适应，公民与官员之间就共同相关的政策问题进行直接面对面的对话与讨论，是政治民主最基本的要素之一，也是任何其他方式所不可取代的。他们积极倡导公民直接的政治参与，并相信协商民主是民主政治的发展方向，是当代民主的核心所在。协商民主的实质，就是要实现和推进公民有序的政治参与。

第三节　现代代议制民主

"代议制民主"至今已有300多年的发展历程。"人民主权"原则是代议制民主的理论基石。洛克等民主理论家以"人民主权"为理论原则，利用社会契约的假设，推演出早期的代议制民主理论。洛克认为，生命、自由、财产是人最重要的自然权利，"人们联合成为国家和置身于政府之下的重大的和主要的目的，是保护他们的财产；在这方面，自然状态有着许多缺陷"，为了克服自然状态的缺陷，人民以社会契约的形式，将权力交给政府，"政府的目的是为人民谋福利"。保障每个公民的自然权利是政府的职责，一旦政府违背了这个目的，人民有权反抗政府。卢梭认为，国家的主权来自人民，属于人民。国家就是建立在社会契约基础上的政治共同体或主权者，主权者"只能由组成主权者的各个人所构成，所以主权者就没有，而且也不能有与他们的利益相反的任何利益"，人民共同体的意志构成公意，是一种主权行为。"唯有公意才能够按照国家创制的目的，即公共幸福，来指导国家的各种力量"，"立法权力是属于人民的，而且只能是属于人民的"。不论是洛克还是卢梭，"人民主权"都是其理论基石[①]。

---

① 郭国仕.西方民主的理论转向及其困境[J].重庆理工大学学报(社会科学),2018(1).

民主的形式可以划分为两种类型:直接民主和间接民主。直接民主是指人民不间断地直接行使权力,亲自参与国家重大事务的管理;间接民主是指人民通过代表参与公共事务的管理,它在很大程度上是对权力的限制和监督。穆勒写道:"既然在面积和人口超过一个小市镇的社会里,除公共事务的某些极次要的部分外,所有的人亲自参与公共事务是不可能的,从而就可得出结论说,一个完善政府的理想类型一定是代议制政府了。"代议制可以说是间接民主的代名词,也是现代民主的一种主要实现形式。民主的实现方式由古希腊的直接民主逐渐过渡到代议制民主,这种转变不是一蹴而就的,而是经历了漫长的历史过程。民主政治制度发展到今天,代议制民主占据了主要的地位。

在代议制下,公民享有选举代表的权利,并借此实现对公共事务的影响。公民在享受民主的同时,无需以花费大量时间精力为代价。对公民来说,民主不像在雅典城邦中那样是一股让人窒息的压力。在参加民主活动(主要是选举)之余,公民有充裕的时间从事自己的职业,做自己喜欢做的事情。这样,公共领域和私人领域得以清楚区分开来,政治对私人生活的侵蚀也得到有效抑制。被人民选出的代表,代表人民制定法律、监督政府,被赋予明确的责任。人民虽不直接介入公共事务,但拥有最后的控制权,代表对人民负责。如果代表不能很好地履行职责并服务公共利益,久而久之就会丧失代表资格。在这样的压力之下,代表必须了解民情,倾听民意,严肃审慎地做出决策。代议制是一种理想政体。它一方面提供了处理公共事务所需要的专业人才,另一方面坚持了人民主权的基础,要求政府对人民负责,可谓一举两得[①]。

尽管西方的一些主要理论流派对民主的特征有着不尽一致的理解,但在一些基本方面,这些流派的主张还是保持着较多的共同点。在现代代议制民主政府中,如果包括了下列一些基本的政治制度和政治规则,基本上就可以认为该社会的政体形式属于民主政权:

(1)由选举产生政府官员。现代的民主政府都是代议制政府,政府成员是由全体公民通过选举的方式产生的,这些选举出来的政府官员代表选民行使国家的权力,而政治权力最终在于社会成员。政治权力在事实上以及在宪法法理上都归于选举产生的官员。通过定期的、自由的、公平的竞争性选举,以产生重要的政府官

---

① 任俊.代议制的优势及其面临的挑战[J].理论月刊,2015(4).

员，除此以外不存在某些政治力量享有保留权。

（2）实行责任政治。这种责任政治来自社会成员选举产生政府官员，而政府官员必须对选举者负责的原理。除统治者对被统治者和国家负有纵向的责任外，民主还要求官员之间有横向的责任制度。

（3）公民具有广泛的社会权利和自由。除社会多元共存和周期性的选举外，公民应有多样的、持续的渠道和手段来表达并代表其利益和价值，包括各种各样的自治性结社、运动、团体，而他们可以自由缔结或加入这些组织。公民有信仰自由、舆论自由、讨论自由、言论自由、出版自由、结社自由、游行自由和请愿自由，这些自由不仅在形式上是广泛的，而且更为重要的是这些自由是实质性的。

（4）实行法治。法治保护公民免受不正当的拘禁、流放、恐怖、折磨，以及对其私人生活的不正当干预。这样的干预有可能来自国家，也有可能来自自治的国家反对派力量。政治权力受到宪法的约束，政治机构必须受到其他机构及社会成员的监督检查。

应该说，民主作为一种政治体制，由于它最充分地发挥了每一个成员的自主性，因而是最符合政治生活要求的一种政体形态。正是由于这个原因，在 20 世纪后期的政治转型浪潮中，大多数国家选择了民主体制。

第四节 社会主义核心价值体系中的民主

马克思主义从历史唯物主义出发，论释了民主。科学社会主义的创始人马克思、恩格斯认为，民主政治是一切国家形式的最终归宿。人类社会自从产生国家后，有过不同的国家制度，在所有这些国家形式中，只有民主制才是国家的最完整形式，从而也是国家的最终形式，是国家制度的顶点。在民主制中，人民成为国家的主人，全部政治权力回归社会。只有实现真正的民主，人类才能获得彻底的解放。中华人民共和国成立后，开始探索和实践社会主义民主政治建设。以毛泽东为核心的第一代中央领导集体提出走出历史周期率的民主新路。毛泽东说："只有让人民来监督政府，政府才不敢懈怠，只有人人起来负责，才不会人亡政息。"新民主主义革命胜利后，建立了无产阶级领导下各革命阶级联合专政的政府，采取民主集中制的人民代表大会制度，指出对人民民主与对敌人专政，党内讲民主，与民主党派之间协商办事。毛泽东说："我们党内要有民主，就是对同志要有同志的、朋友的、兄弟的、姐妹的态度。"毛泽东在论述中央与地方关系、汉族与少数民族关系时强调,调动一切积极因素为社会主义服务;在人的自由方面指出,自由只给人民,人民内部实行民主;在平等观方面指出,农民、民族、男女之间平等,都包含着丰富的民主思想。他还提出要通过制订法律维护秩序、发展民主的思想。改革开放以来,党和国家领导人再次紧扣社会主义人民当家作主的本质。邓小平提出"没有民主就没有社会主义的现代化"的论断。为了发展民主,中国积极推进政治体制改革和法治建设,完善中国特色社会主义民主政治制度,开创了中国特色社会主义民主政治建设的新局面①。民主是社会主义的生命,是中华人民共和国的生命。没有民主,就没有社会主义,就没有社会主义的现代化,也就没有中华民族的伟大复兴②。

作为社会主义最重要的核心价值之一,"民主"是支撑社会主义价值理想大厦的"龙骨",其理论和现实意义不容低估。

首先,民主是社会主义赢得人心、党的领导赢得群众的引领旗帜。没有全体人民翻身解放、当家作主,就没有社会主义。中华人民共和国成立后,中国共产党把建设人民民主的国家政治制度付诸实践,一直在探索中国特色社会主义民主道路,社会主义民主的追求绝不是乌托邦式的空想。

其次,民主是法治的基础,法治是民主的保障,民主与法治是密切结合、不可分割的。一方面,离开民主,法治就可能沦为专制,民主也会成为一纸空文。法治作为一种社会治理方式,必须以民主为灵魂、基础和依据。只有广大人民掌握了国家政权,并真正实现了人民当家作主,才可能依托国家的体制机制体现人民自己的意志,并切实依法治国、依法办事。一切权力属于人民,全体人民当家作主,这是社会主义国家制度的核心内容和根本准则,也是中国推行依法治国的根本出发点和归宿。因此,依法治国、建设社会主义法治国家必须始终以发展社会主义民主作为宗旨和使命,把保障和实现人民群众的民主权利,特别是保障人民群众管理国家的权利,作为自己的神圣职责。另一方面,法治的缺席可能会直接导致"议而不决、效率低下",甚至可能会导致无政府主义泛滥和出现群体性动乱,民主的发展就会成为奢谈。只有把民主建设和法治建设有机结合起来,促进民主和法治的良性协调发展,才能跳出"其兴也勃焉,其亡也忽焉"的历史周期率,保障人民主体地位和民主权利的落实,实现社会和国家的长治久安。

---

① 张有武.关于社会主义核心价值观中民主的思考[J].湖北经济学院学报(人文社会科学版),2017(3).
② 俞可平.民主是共和国的生命[J].人民论坛,2007(22).

最后，人民民主是建设中国特色社会主义、实现中华民族伟大复兴的制度保证。在中国，无论是法律还是政治上，人民都是国家的最高权力主体。1954 年的《中华人民共和国宪法》明确了"中华人民共和国的一切权力属于人民"，"人民民主"作为国体之本、政体之魂确立下来。人民代表大会制度、中国共产党领导的多党合作和政治协商制度、民族区域自治制度以及基层群众自治制度等基本政治制度，使人民民主逐渐深入国家的政治生活、经济生活、社会生活和文化生活，成为建设中国特色社会主义、实现中华民族伟大复兴中国梦的制度保证[1]。

社会主义核心价值观中的民主指的是中国特色的民主，它是依据马克思主义民主理论建立的民主，内涵如下：第一，从国家层面上讲，"民主"是指人民掌握国家的一切权力。这体现了中国特色社会主义民主的本质，它是我国国家制度的核心要求。由于我国现在正处于社会主义初级阶段，为了实现真正民主这一目标，实现社会主义国家的本质，我们不仅要在理论上、更要在实践中贯彻"一切权力属于人民"的原则。第二，从社会层面上讲，"民主"是指社会活动、社会生活的民主。我国正处在社会转型的关键时期，经济、政治、文化各方面的问题容易显现出来，如贫富差距问题、教育改革问题、地区行业经济不平衡问题、环境问题、劳工问题、社会保障问题等等，各种矛盾随着改革的深入会不断涌现出来。要解决这些问题，就要加强社会主义民主政治建设，发挥民主在政治生活中的作用，化解社会矛盾，维护最广大人民的根本利益、实现社会的公平正义。第三，从个人层面上讲，"民主"是指人们的一种思想意识和生活方式。一个社会的民主要想得到真正的落实，关键在"人"。人们在思想意识里要有民主的概念，把自己当成国家的主人；并且在社会生活中积极行使民主权利、参与政治管理，这样才能将民主贯彻到实处。把"民主的思想意识和生活方式"作为民主个人层面的要求，有利于更好地处理个人与社会、个人与个人之间的关系，进而推动我国民主制的蓬勃发展[2]。

在当前的时代背景下，应该从以下几方面推进民主政治建设[3]。

第一，加强民主制度建设。民主制度建设包括选举、决策、权力制约与监督、公民权利与义务等方面，要立足中国传统文化的精髓，结合当前政治民主化的现实，并借鉴西方民主制度中的合理成分，完善我国的民主制度建设。选举方面要扩大

---

① 尹江燕，孙伟平.坚持社会主义民主应有的价值理念[J].毛泽东邓小平理论研究，2019(5).
② 李芹.社会主义核心价值观之民主与民主政治建设研究[J].才智，2015(31).
③ 张有武.关于社会主义核心价值观中民主的思考[J].湖北经济学院学报(人文社会科学版)，2017(3).

非党员、非干部、社会新兴阶层人士的比例;决策方面要加大民主决策力度;人民代表要加大基层调研力度,切实围绕群众切身利益工作;监督方面力争监督对象普遍化,拓宽监督渠道;完善财产申报机制。另外,必须健全民主权利保障的法律制度建设,制定出周全、完备、操作性强与可实现的法律,并建立严格执法、公正司法的制度,切实有效保障人民民主权利。

第二,提升群众的民主意识。公民有序参与政治生活,充分享受民主政治权利,真正成为国家主人,是培育社会主义民主观的出发点和落脚点。针对当前群众政治参与程度有限,民主意识不强的现状,要加强民主教育,把民主理论制度转化为便于说明和操作的实践形式,融入群众日常政治生活,可以依托听证会、社会情况民意反映制度、重大事项公开公示制度、在线交谈、网络论坛、议事会、恳谈会等形式强化公民的民主实践,让人民通过参与活动,增进对政策的了解,增强民主意识。

第三,推进社会主义民主文化建设。民主不仅是政治问题、制度问题,还是文化问题,能起到维系社会秩序与规范政治活动的作用。通过普及社会主义民主理论,针对不同群体开展有针对性的群众性政治活动,比如学生开展社会调查、志愿服务、宣讲考察活动;工会要借助群众喜闻乐见的形式开展线上教育,比如网上民主论坛、网上时政栏目、官方微博、微信公众号,切实回答群众关心的热点难点问题,有效提升公民民主素养,营造良好的民主文化氛围。

第四,公职人员要规范用权并建立符合民主原则的干部考核机制。公务人员作为代表党和国家行使公职权力的群体,必须充分树立马克思主义的民主观、群众观,增强服务群众的意识,杜绝"为官不为""为官不勤""权本位"等行为,恪尽职守,依法依规用权,公正、便民、勤政、廉政,增进群众对政策的认可,对政府的信任,对民主的理解。鉴于当前部分领导干部还存在不符合社会主义民主观的现象,要加强对干部的监督、考核、评判,把经得起群众、历史、实践检验的干部选出来,积极服务最广泛的人民群众,保障人民民主权利的实现。

中国特色社会主义民主需要不断完善和发展,习近平总书记强调,发展社会主义民主政治,关键是要增加和扩大我们的优势和特点,而不是削弱和缩小我们的优势和特点。未来民主政治制度的建设需要提高政府科学执政、民主执政、依法执政水平;健全人大组织制度和工作制度,既保证人民依法实行民主选举,也保证人民依法实行民主决策、民主管理、民主监督;坚持和完善中国共产党领导的多党合作和政治协商制度，推动协商民主广泛、多层、制度化发展，深入开展政治协商、立法协商、行政协商、民主协商、社会协商、基层协商等多种协商；坚持和完善民族区域自治制度，巩固平等团结互助和谐的社会主义民族关系，促进各民族和睦相处、和衷共济、和谐发展，切实保障少数民族当家作主，管理本民族、本地方事务的权利；坚持和完善基层群众自治制度，发展基层民主，保障人民依法直接行使民主权利，切实防止出现人民形式上有权、实际上无权的现象；坚持和完善民主集中制的制度和原则，促使各类国家机关提高能力和效率、增进协调和配合，形成治国理政的强大合力；全面推进科学立法、公正司法、全民守法，推动良法善治，让人民群众在每一个案件中感受到公平正义[①]。

第五节　中国特色社会主义制度下的全过程人民民主

发展全过程人民民主是新时代党领导社会主义民主政治建设的基本方向，也是中国特色社会主义政治发展的重要内容。2019 年 11 月 2 日，习近平总书记在上海市长宁区虹桥街道古北市民中心考察调研时首次提出"人民民主是一种全过程的民主"的重大论断。在庆祝中国共产党成立 100 周年大会上的讲话中，习近平总书记将"发展全过程人民民主"与"践行以人民为中心的发展思想"相连，强调党在新的征程上必须"紧紧依靠人民"。2021 年 11 月 11 日，党的十九届六中全会将发展全过程人民民主写入党的第三个历史决议之中。全过程人民民主重大理念是对中国特色人民民主鲜明特质和显著优势的深刻总结，是对中国特色人民民主实现形态的新概括，为落实人民当家作主进一步指明了方向，对推动中国民主政治发展，更好发挥中国民主制度的优势和治理效能具有重大的理论与实践意义。

习近平总书记在党的二十大报告中提出，全过程人民民主是社会主义民主政治的本质属性，是最广泛、最真实、最管用的民主。必须坚定不移走中国特色社会主义政治发展道路，坚持党的领导、人民当家作主、依法治国有机统一。他强调，要健全人民当家作主制度体系，扩大人民有序政治参与，保证人民依法实行民主选举、民主协商、民主决策、民主管理、民主监督，发挥人民群众积极性、主动性、创造性，巩固和发展生动活泼、安定团结的政治局面。

---

① 邓斌，高建民.中国特色社会主义民主政治的鲜明品格[J].红旗文摘，2019(1).

一、全过程人民民主的理论基础

全过程人民民主是中国特色人民民主价值、理论、制度与实践的统一,其形成与发展具有深厚的理论基础。马克思主义民主思想为其提供了理论渊源,中国特色人民民主理论为其奠定了本土化理论根基[①]。

(一)马克思主义民主思想是全过程人民民主的理论渊源

马克思主义民主思想是我国人民民主理论、制度与实践的思想根基,是全过程人民民主的理论渊源。马克思主义认为,人民是历史的创造者,但是人民的主体地位并没有在政治经济生活中始终得到确立,只有在没有阶级剥削的社会,人民才能真正掌握社会和实现自治。在那里,人与人之间不再因为资本和私有制而存在剥削与统治,作为阶级统治形式的国家与民主制度已经消亡,经济资源由全社会共同占有,因此需要人民共同对经济活动进行管理,也为人民共同管理经济社会事务提供了条件,人民在经济和政治上处于主体地位,成为一个不受任何外在社会力量统治的整体,能够实行真正的民主自治。马克思主义民主思想揭示了民主产生与发展的一般规律,分析了历史上民主制度的阶级属性,强调了人民实现民主自治的经济条件,探索了人民民主自治的制度与实践形态,为全过程人民民主理论与实践提供了理论渊源。

(二)中国特色人民民主理论是全过程人民民主的理论根基

我国人民在中国共产党领导下,通过新民主主义革命掌握了国家政权,并利用国家政权对私有制生产关系进行社会主义改造,实行生产资料公有制,建立了社会主义国家制度和人民当家作主制度体系,形成了中国特色人民民主理论,并在改革开放过程中不断发展,成为推进中国特色社会主义民主政治建设、实行全过程人民民主的本土化理论根基。人民民主发展坚持社会主义方向,推进政治体制改革,加强民主制度化、法律化建设,不断巩固与完善社会主义政治制度,将其优越性更好地发挥出来。人民民主理论揭示了中国社会主义民主政治的理论基础、制度构成、主要形式和发展道路。

---

① 赵永红.全过程人民民主:理论逻辑与制度路径[J].行政论坛,2022(1).

二、全过程人民民主的内涵与特征

从民主的概念与本质着手,全过程人民民主实际上等同于人民民主、党的领导与依法治国的有机统一,既有质的坚守,也有坚强的领导与法律的保障。从民主的环节与过程来看,全过程人民民主体现为完整的政策过程链条,是民主选举、民主协商、民主决策、民主管理与民主监督五大环节相融相嵌、相辅相成的过程。从民主覆盖的人员与单位来说,全过程人民民主的参与范围应该包含当家作主的全体中国人民与具体执行人民公意的各党政部门。从民主价值赖以落实的制度与政策而言,各项民主制度与一系列公共政策的共同运行,是确保全过程人民民主得以顺畅运行、人民意见得以有效表达的基本保障①。

(一)以党的领导推进全过程人民民主

全过程人民民主以党的领导为前提。邓小平曾经指出:"党的工作的核心,是支持和领导人民当家作主","不要社会主义法制的民主,不要党的领导的民主,不要纪律和秩序的民主,决不是社会主义民主。"全过程人民民主的本质是中国共产党领导的"人民当家作主",也就是说全过程人民民主是在党的领导下探索、发展和逐步实现的,是党领导人民创建的政治文明新形态。因此,只有始终坚持党的领导、全面落实党的领导,充分发挥党总揽全局、协调各方的核心引航作用,全过程人民民主才能朝着正确方向有序展开,人民当家作主理念才能更好更充分实现。

党的领导建立了人民民主的价值体系、组织体系和制度体系。党的领导确保代表、实现、维护好人民利益的最大公约数。中国共产党建立了以公有制为主体、多种所有制经济共同发展,按劳分配为主体、多种分配方式并存,社会主义市场经济体制等社会主义基本经济制度,从经济基础上保证了人民利益最大公约数的实现。人民代表大会和人民政协,都接受中国共产党的领导。政协委员通过民主协商制把社会上不同的"众意"聚集起来,人大代表通过民主集中制把不同的"众意"综合起来,集中在每年召开的"两会"(人代会、政协会议)上,形成国家意志即"公意",最终找到并实现人民利益的最大公约数。

党的领导确保了全过程人民民主与依法治国的高度统一。民主需要法治保障,离开了法治,民主寸步难行。中华人民共和国宪法以根本法的形式反映了在历

---

① 程同顺,王雪珂.全过程人民民主的话语权意涵[J].统一战线学研究,2022(1).

史和人民选择中形成的党的领导地位,反映了党带领人民推进社会主义民主政治建设所取得的成果,确认了中国共产党的执政地位,确认了党在国家政权结构中总揽全局、协调各方的领导核心地位。因此,确保依法治国与人民当家作主的有机统一,离不开健全保证宪法和相关法律全面实施的体制机制,离不开各级党和国家机关以及领导干部带头尊法、学法、守法、用法,提高运用法治思维和群众路线、民主执政等方式深化改革、推动发展、化解矛盾、维护稳定、应对风险的能力①。

(二)以人民当家作主为价值导向

人民当家作主,是社会主义民主政治的本质特征。人民民主的本质就是人民当家作主,民主不仅给党的执政以合法的空间,同时也使国家治理走向全面的法治化。习近平总书记提出的"江山就是人民,人民就是江山"便是对此种历久弥新的民主理论的朴素概括。始终坚定不移地坚持与巩固人民当家作主的主体地位,是中国民主与西方民主在价值导向上的最大区别。脱离了把民主价值与意识形态话语相等同的窠臼,是否站在人民的立场上自然而然地成为判断一个国家的民主是形式的民主还是真实的民主的重要标准。习近平总书记多次强调,要"坚持以人民为中心,必须坚持人民主体地位,坚持立党为公、执政为民,践行全心全意为人民服务的根本宗旨,把党的群众路线贯彻到治国理政的全部活动之中,把人民对美好生活的向往作为奋斗目标"。强化以人民为中心的政治话语,在权力归属上体现为"人民是权力的所有者,政府就应该处于人民的控制之下,政府的政策和行为以人民的意志为依归,即对人民负责"。因此,党必须为了人民、依靠人民、造福人民,必须以维护和实现广大人民群众的根本利益为出发点和落脚点,这也是党的性质和根本宗旨的必然要求,是党的先进性的重要体现。落实到政治实践中,就是要充分尊重、支持和维护人民当家作主。唯有此,人民群众才会更加自觉地把个人命运同国家和民族的命运紧密联系在一起,党的领导因此也获得了更多的政治和道义资源②。

(三)人民民主和国家意志相统一

马克思指出:国家制度如果不再真正表现人民的意志,那它就变成有名无实的

① 祝灵君.推进全过程民主离不开党的领导[J].探索与争鸣,2020(12).
② 程同顺,王雪珂.全过程人民民主的话语权意涵[J].统一战线学研究,2022(1).

东西了。我国作为社会主义国家，国家制度必须依据人民意志进行设计，要在最大程度上保障国家权力服务于人民。全过程人民民主作为社会主义民主的具体表现形态，形成了以人民代表大会制度为根本政治制度的一整套制度体系。人民代表大会制度作为实现全过程人民民主的重要制度载体，满足了人民民主的根本需求。人民代表大会制度以民主集中制为组织原则。在民主集中制下，通过民主选举产生代表组成各级人民代表大会。在这一过程中，人民代表大会必须对人民负责，保证人民的知情权、参与权及表达权，并接受人民监督。人大代表作为人民代表大会的主体，在党的领导下凝聚人民共识和整合人民意志，并通过人民代表大会将人民的意愿上升为国家意志，依据相关法律和程序使这些国家意志借助国家机关的有效执行，进行贯彻落实，从而保证最广大人民根本利益的实现。在整个过程中，以人民代表大会为基础的政权组织形式，依托"立法—执法"将国家意志转换为法律法规并实施，全过程人民民主真正实现了人民民主和国家意志的有机统一。

（四）实质民主与程序民主相统一

实质民主和程序民主是民主政治建设的两个维度。实质民主强调人民的统治、权力及利益的实现，程序民主突出政治参与的步骤、顺序、时限以及方式等。实质民主的实现要有程序民主作支撑，而程序民主以保证实质民主的实现为目标。一国的民主政治建设不应该脱离实质民主而单纯追求程序民主，要实现实质民主和程序民主的有机统一。习近平总书记强调："民主不是装饰品，不是用来做摆设的，而是要用来解决人民要解决的问题的。"全过程人民民主无论是从制度安排、具体运行机制以及议题的设置等方面都需要由人民参与及确定，不仅展现了丰富的民主内容，更是对人民权利的充分尊重和保障。具体说来，全过程人民民主强调参与环节的完整性，每一环节都是民主权利的行使。同样，议题清单也是基于人民的实际利益需求和现实问题而设置，以"解决人民要解决的问题"为最终目的。当然，民主内容需要民主形式来保障实现。在长期实践中，全过程人民民主构建了多样且科学的民主形式，通过多样化的民主形式使丰富的民主内容予以充分实现。

（五）直接民主与间接民主相统一

从中国民主政治发展轨迹来看，中国特色社会主义建设经过长期探索，跳出了西式民主旧有框架，建构了以人民代表大会制度、协商民主制度、基层群众自治制度等构成的复合型民主制度,实现了直接民主与间接民主的统一。习近平总书记指出:"保证和支持人民当家作主不是一句口号、不是一句空话,必须落实到国家政治生活和社会生活之中。"人民代表大会作为一种直接民主与间接民主相结合的民主形式,由人民依法选举产生人大代表,再由这些代表组成各级人民代表大会,代表人民的意愿行使权利;协商民主本质上是我国社会各个阶层直接参与管理国家和社会事务的直接民主,其更加注重人民群众直接参与政治和社会领域相关事务的公共决策过程;基层群众自治制度作为基层直接民主的实现方式,调动了基层民众的参政积极性,有力保障了其民主权利。概言之,直接民主与间接民主相统一,在注重人民群众"全过程"有序政治参与的同时,还充分保障了不同阶层人民权利的实现。

（六）过程民主与成果民主相统一

民主制度的运行是实现民主成果的重要途径,而民主成果又是衡量民主制度运行效果的重要指标。从全过程人民民主机制运行来看,全程参与表现在民主选举、民主协商、民主决策、民主管理、民主监督等方面。民主选举关注管理者,人民群众通过选举,选出领导者与组织者制定公共政策并实施管理;民主决策和民主管理关注运行过程,就不同的利益群体在决策和管理过程中表达的不同利益诉求,在协商的基础上达成共识,从而为公共决策提供依据;民主监督关注管理效果,人民群众对管理者行为及相关公共政策进行评价和监督。由此可见,人民群众在整个动态循环的参与过程中始终处于主体地位,既充分保证了人民群众的公平参与,化解了人民内部意见的分歧,实现了一定程度上的社会公平,又增强了参与感和获得感,同时降低了公共政策推行过程中的阻力,提高了政府治理效能①。

三、全过程人民民主的优越性

全过程人民民主是对我国实行的人民当家作主民主制度本质特征的概括,是对中国共产党领导人民长期探索实现人民民主实践形式的政治智慧结晶,深化了对中国共产党性质和宗旨的认识,阐明了我国社会主义民主的特质和优势,具有十分重大的理论价值和现实意义。全过程人民民主在中国特色社会主义民主政治发

---

① 郭建娜.全过程人民民主的内在逻辑、独特优势及实践指向[J].理论建设,2021(6).

展道路上,彰显了中国民主制度的显著优越性①。

（一）全过程人民民主是维护人民广泛权利的民主

中国的国家性质和社会主义基本制度的确立,为发展人民民主奠定了根本政治前提和制度基础,使中国人民真正成为国家、社会和自己命运的主人。全过程人民民主首先是代表最大多数人民利益、保障最大多数人民权利的民主。中国宪法规定,中华人民共和国的一切权力属于人民。全过程人民民主始终坚持人民至上,始终坚持发展完善人民民主的制度保障体系,始终坚持探索实现有利于保障人民广泛真实民主权利的民主形式,是具有丰富内涵和实质内容的民主。中国特色社会主义进入新时代,中国坚持以人民为中心的发展理念,坚持走自己的路,不断健全完善中国特色社会主义民主制度,不断发展社会主义政治文明,有效推进社会主义民主发展的制度化、规范化和程序化,不断拓展以人民为中心的民主政治创新道路和实现方式,构建了顺应时代要求、反映人民心声的更加广泛、真实、管用的民主制度。全过程人民民主是新时代以人民为中心的发展理念在民主政治领域的实践成果,凸显了新时代中国特色社会主义民主政治制度的鲜明特点和显著优势。

为实现人民广泛真实的民主权利,中国人民不仅依法享有选举权,而且在民主决策、民主管理、民主监督等各方面享有全方位的宪法性民主权利。全过程人民民主是包含选举、协商、决策、管理、监督等丰富权利内涵、彼此相互融合的民主实践体系。中国坚持民主的全过程理念,使民主贯穿于人民政治生活实践的全过程,贯穿于国家权力运行和国家管理的全过程,贯穿于政治、经济、社会、文化、生态建设各领域,这是中国发展全过程人民民主的根本出发点和核心经验。全过程人民民主的许多具体制度形式,大多源自人民美好生活的现实需要,源自国家发展进步的需要。在中国,往往先有一个民主的需求和任务,然后才逐渐探索发展出相应的全过程民主的形式和制度。这一特征体现了中国的全过程人民民主从人民的实际需求出发,尊重人民现实需要,遵循社会发展规律,在不断满足人民美好生活需要的过程中,不断创新民主的实现形式和渠道,持续扩大民主的领域和范围,逐步提升民主的品质和成色。当今中国,基层民主、协商民主蓬勃发展,主要是这种"有事好商量"的民主形式满足了基层社会治理的现实需要,是人民首创精神的体现和基层

---

① 樊鹏.全过程人民民主：具有显著制度优势的高质量民主[J].政治学研究,2021(4).

治理创新的产物,得到了人民群众的衷心拥护。

（二）全过程人民民主是有利于巩固和发展国家治理能力的民主

中国的全过程人民民主被认为是高质量的民主,中国共产党的领导为中国的民主政治健康发展确立了正确的方向,为优化民主运行、确保民主质量提供了坚实的政治保证和制度保障,既避免了西方式民主中常出现的重大利益集团捕获政治的问题,又确保了优质的民主与健全的国家治理能力双向发力、协调发展。习近平总书记在庆祝中国共产党成立100周年大会上的讲话中指出,"中国共产党的根基在人民、血脉在人民、力量在人民。中国共产党始终代表最广大人民根本利益,与人民休戚与共、生死相依,没有任何自己特殊的利益,从来不代表任何利益集团、任何权势团体、任何特权阶层的利益。"习近平总书记的重要论述,既深刻指出了中国共产党和中国特色社会主义民主的本质特征,又揭示出中国政治制度和民主制度成功背后的关键因素。在中国共产党的领导下,中国的全过程人民民主始终围绕着一个没有任何特殊利益的政治核心运行,始终围绕着党和国家的中心任务展开,始终服务于人民的整体利益与核心利益。中国政府出台了一系列重大政策,加强社会领域监管,维护社会公平正义。中国的全过程人民民主坚持民主和集中相结合,在党和国家的重大立法和决策中既善于充分发挥各方面积极性,又确保国家有能力做出有效决策,从中国政治体制运行和构建优质民主政治的角度,更加精准地指出了中国民主得以行稳致远的关键。

（三）全过程人民民主是追求社会和谐稳定与社会活力相统一的民主

中国发展和完善全过程人民民主,始终坚持以人民为中心不断创新民主实现形式,充分释放民主的效力与活力,同时善用民主优势维护好国家法治秩序与社会和谐稳定。"礼之用,和为贵"。中国传统文化中饱含"和"的智慧,中国提倡和珍视民主,也强调必须保持和谐稳定的社会秩序,坚信社会安定团结是保障和促进民主权利发展的必要条件。活力是人类社会发展进步的必要条件,民主则是活力的源泉,促进和保障民主的目的是激发人类社会发展的内在动力与活力。中国的改革开放就是一个不断赋予人民广泛民主权利的过程,也是一个构建活力中国和展示繁荣发展的过程。然而,活力既不等于放任自流,更不是凌乱无章,"死水一潭不行,暗流汹涌也不行",唯有既充满活力又和谐有序的民主政治生活才会不断发展进步。

中国是一个拥有 14 亿多人口的超大规模国家,治理难度举世罕见,发展民主要有利于社会稳定和法治秩序,这是坚持以人民为中心的真谛,也是符合最大多数人民利益的最根本要求和最现实的选择。在构建和维护和谐有序社会的前提下,最大程度地发扬民主、激发社会活力,是中国全过程人民民主的题中应有之义,也是中国在发展民主政治中始终坚持不变的方向。中国在发展全过程人民民主中保持稳定的社会秩序与社会活力相统一,法治环境是保障和促进民主发展的必要条件,良俗公约是保障和促进民主发展的社会基础。在公平公正的法治环境与社会公约框架下,中国通过全过程人民民主切实落实保安全、护稳定各项措施,下大气力解决好人民群众切身利益问题,全面做好就业、教育、社会保障、医药卫生、食品安全、安全生产、社会治安、住房市场调控等各方面工作,确保社会大局总体稳定,为人的全面发展和社会全面进步奠定了坚实基础。

阅读和实践

一、拓展阅读

1.陈尧,《民主的要义》,上海人民出版社,2016 年。

2.(美)罗伯特·达尔,《论民主》,李柏光、林猛译,商务印书馆,1999 年。

3.(美)罗伯特·达尔,《多头政体——参与和反对》,谭君久、刘惠荣译,商务印书馆,2003 年。

4.(美)罗伯特·达尔,《民主及其批评者》,曹海军、佟德志译,中国人民大学出版社,2016 年。

5.(美)乔万尼·萨托利,《民主新论》,冯克利、阎克文译,东方出版社,1998 年。

6.(美)约瑟夫·熊彼特,《资本主义、社会主义与民主》,吴良健译,商务印书馆,1999 年。

二、实践技能

大学生民主意识调查

第 1 题.政府就像一个家庭中的家长,我们应该支持政府的决定。

1. 非常不同意

2. 不同意

3. 同意

4. 非常同意

第2题. 政府应该决定哪些话题被允许讨论。

1. 非常不同意

2. 不同意

3. 同意

4. 非常同意

第3题. 如果人们组织各种政治团体会有损社会和谐。

1. 非常不同意

2. 不同意

3. 同意

4. 非常同意

第4题. 当法院判决时,应该参考政府的意见。

1. 非常不同意

2. 不同意

3. 同意

4. 非常同意

第5题. 如果政府总被立法机构监督的话,就办不了大事。

1. 非常不同意

2. 不同意

3. 同意

4. 非常同意

第6题. 如果政治领导人正直、道德高尚,我们应该让他们决定国家大事。

1. 非常不同意

2. 不同意

3. 同意

4. 非常同意

第 7 题. 如果人们有太多不同的想法,社会将会陷入混乱。

1. 非常不同意

2. 不同意

3. 同意

4. 非常同意

第 8 题. 民主不过是利益集团斗争的政治工具。

1. 非常不同意

2. 不同意

3. 同意

4. 非常同意

第 9 题. 如果人民的素质不高,民主就无法实现。

1. 非常不同意

2. 不同意

3. 同意

4. 非常同意

第 10 题. 当民主与经济增长冲突时,我更希望经济增长。

1. 非常不同意

2. 不同意

3. 同意

4. 非常同意

第 11 题. 实际上民主常常被少数精英所操控,并非"人民做主"。

1.非常不同意

2.不同意

3.同意

4.非常同意

第 12 题.民主不利于维护社会稳定。

1.非常不同意

2.不同意

3.同意

4.非常同意

第六章 政治参与

本章导读

公民的政治参与活动是现代国家政治生活的重要组成部分。政治参与是特定制度框架内普通公民或公民团体试图影响政府人事构成和制订政策的各种行为。政治参与是公民表达政治意愿、制约政府行为，从而实现公民政治权利的重要手段。公民的政治参与水平是衡量一种政体的民主化、现代化程度的重要指标。从公民个人的角度看，政治参与不仅是公民表达政治诉求，通过政治活动实现自身利益的重要途径，而且还是法律赋予公民的基本权利，是公民进行自我教育的重要方式，更是公民政治社会化的重要手段。公民的政治参与是推进国家治理体系和治理能力现代化的重要途径，政治参与状况影响着政治的发展进程，关系着国家的命运、民族的兴衰。

第一节 政治参与及其动因

一、公民参与和政治参与

公民参与是指公民参与到社会、社区等共同体的生活中以便改善他人的境遇或是改变共同体的未来。公民参与的概念包含"公民"和"参与"两部分，"公民"部分强调现代社会中的公民性，即"人们定义'良好公民'的一系列规范"。公民性首先体现在公民间具有平等的权利和责任，公民之间是互惠和合作的水平关系，而非权威与服从者之间的垂直关系；即使有分歧，公民之间也能够相互帮助、相互尊重、相互信任；公民性也体现在公民对公共事务的积极参与，对公共而非私人事务的关心和投入是公民道德的核心价值。对公民参与的研究更多地关心"参与"的部分，例如帕特南强调社会结构的建构和参与公民组织的重要性,他认为这有利于培育社会资本并改善治理的质量,而对于什么类型的参与或者参与到什么类型的公民组织,则没有更细致的探讨。对帕特南来说,无论是通过足球俱乐部、登山俱乐部参与公众生活,还是通过参加选举来参与政治,都是公民参与,并且都能够建立起公民的社会资本。

公民参与是包含政治参与和社会参与等参与行为在内的更广泛的参与概念,公民性既体现在政治参与行为中(如联系公共组织官员以实现自身政治诉求、参加选举活动、为竞选捐款等),也体现在社会参与行为中(如参加公益活动、参加志愿组织和各类社团、为慈善组织捐款等)。非政治类的或半政治类的公民参与——包括向慈善组织捐款、观看政治类电视或阅读报纸、对垃圾进行回收利用、参加社区公益活动等——可能转化为政治参与的前奏[①]。

现代意义上的政治参与(political participation)源于近代西方民主理论中有关人民权利的思想,以近代政治思想家卢梭为代表的参与民主理论为政治参与提供了较早的理论依据。《布莱克维尔政治学百科全书》对政治参与的定义是:参与制定、通过或贯彻公共政策的行动。亨廷顿和威尔逊等人认为政治参与就是公民试图影响政府决策的活动。可以看出,大多数政治学研究者都认可,政治参与是特定制度框架内普通公民或公民团体试图影响政府人事构成和政府制订政策的各种行为。

理解政治参与的概念,需要明确政治参与指的是政治活动而不包括政治态度。部分学者把政治行为的前提态度和认知纳入政治参与范畴,如政治信息、对政治是否与自己有关的认知、相信自己能够影响政府决策的信心等。多数的观点是将政治态度排除在政治参与之外,因为有关政治的知识、政治兴趣、政治能力以及对政治相关性的认识,尽管可能常常与政治行为密切相关,但不与政治行为发生直接关系。因此,学者普遍认为研究考察政治参与时,应当将重点放在政治行为上。对于政治参与,可以从以下几方面来理解:

首先,政治参与的主体是公民,公民的政治活动是政治参与的主要形式。从个体的角度看,参与政治活动的人群可以分为两类:一类是业余政治活动者即公民,另一类是职业政治活动者。后者是指从事政治或政府工作的人,如政府官员、政党

---

① 王新松.公民参与、政治参与及社会参与:概念辨析与理论解读[J].浙江学刊,2015(1).

骨干、政治候选人等，他们不属于政治参与的主体。公民的政治参与活动具有间断性和业余性的特点，与职业政治活动者相比，他们的活动通常是附带的或者是第二位的。按照这样的定义标准，政治生活中最活跃的那部分人（如政治家、政治精英、党魁等）的政治活动，就不能算是政治参与。

其次，政治参与的目的是试图影响政府决策活动。政治参与活动的目标指向是公共权力机构，因为只有它们才拥有分配社会资源的最终决定权。权力的行使通常是通过制定公共政策完成的，公民的政治参与就是要改变或支持政府的决策行动。按照这一标准，日常生活中许多非政治性的活动或运动都不能算是政治参与。例如，现代社会中经常发生的工人罢工，如其目的只是让公司老板增加薪水，也就是说，工人行动的目标是指向公司这类非公共机构就不能算作是政治参与。但是，如果工人为了增加薪水而把矛头指向政府，那么这种行动就是政治参与。

再次，政治参与包括所有试图影响政府决策的活动，而不管这些行动是否产生实际效果。有少数研究者只把那些成功的影响活动算作是政治参与，而失败的活动则不算作参与，这种观点有些偏颇。通常情况下，失败的参与活动所占的比率要比成功的高得多，两种结果的不同之处在于参与的影响强度有差别，弱参与可能经常导致失败的结果，而强参与成功的可能性则要大些。因此，实际效果不应当是判断政治参与的定性标准。

最后，政治参与并不以合法或非法来限定，也就是说，那些试图影响政府决策的平民行动即使不被现有法律允许，它们仍然属于政治参与的范畴。这样，不仅像选举、政治游说、投票等是政治参与活动，那些抗议、暴乱、示威游行甚至是叛乱行为，都属于政治参与形式。

二、政治参与的影响因素

政治心理学对公民政治参与的人格因素进行了分析，一些研究对人格特质等二级因子对个体在社交媒体政治参与上表现出的差异性进行了探讨。根据大五人格量表（the Big Five personality traits）的测量，外向性人格与政治参与显著正相关，会促进政治参与活动的频率；对于尽责性人格，研究发现其受活动类型的影响比较明显；宜人性人格的政治参与行为表现消极，神经质人格具有不稳定性，开放性人格通常容易对政治参与有正向促进作用①。

除了人格方面的因素以外,研究发现,以下因素也会影响人们的政治参与②。

在现代化的进程中,经济社会发展的宏观因素影响着政治参与的水平。经济发展催生了大量的社会组织,组织成员数量的增加导致了更多的政治参与。经济现代化的一个必然结果是各类社会组织层出不穷,例如,商业组织、农民协会、工会等,这是高度发达社会的特征。组织的多样化一方面意味着社会中组织成员的增加,另一方面组织活动比过去更加活跃。只要这些组织经常性地与政治发生关系,组织成员参与政治的机会和频率也就会随之增加。因此,著名政治学家亨廷顿得出结论:"如果人们加入某个组织并在其中积极活动,那么他们参与政治的可能性就会大得多。"此外,经济发展导致政府职能的扩大,因此,人们对政府解决社会问题的能力寄予厚望,纷纷通过各种手段试图影响政府决策,这也是政治参与扩大的一种重要原因。新兴工业化国家推动经济发展的共同特点都是政府促进型的,当政府参与社会资源的开发与分配的时候,它就不自觉地扩大了自己的管理范围。由于政府手中掌握着大量社会资源,而且决定着资源的分配,因此,更多的人认为接近政府可能是发财致富的捷径。另外,由于政府垄断了公共问题的处置权,一些社会成员也把贫穷、不平等、疾病等社会问题的解决寄希望于政府,一些社会成员经常是在政府无法解决或解决不好上述社会问题的情况下,诉诸暴力、抗议等形式进行政治参与。

一个人的社会经济地位也会影响政治参与的程度,社会经济地位高的个人更倾向于参与政治,这一点基本上毫无疑义。但是,这些变量究竟如何影响公民在政治参与上的差异,依然是一个需要仔细分析的问题。其中,最直接的解释是,教育使公民具备了参与政治所需的知识、意识和能力。换言之,社会经济地位是这些态度(动机)和认知变量的代理变量。一个受过高等教育的公民往往拥有更高的参与能力和技能,同时,他(她)也在受教育的过程中获得了公民意识,从而对政治参与具备权利感和义务感。这一机制,可以从人类发展的角度找到佐证,社会经济发展为个体在政治和公共空间中能够更加积极活跃参与和更具表达意愿提供了所必需的资源,包括重要的认知资源。

制度主义从政治和法律制度方面来解释公民的政治参与,比如说,在决定选举

---

① 吴先超、陈修平.人格特质在网络政治参与中的作用研究[J].华中科技大学学报,2019(5).
② 王正绪、叶磊华.东亚社会中的公民政治参与[J].政治学研究,2018(1).

参与时，选举相关的制度，例如强制性投票（compulsory voting）、关于投票年龄的规定、选举制度（单一选区还是多选区等）、选举重要性、民主程度、党派数量、选举激烈程度等都会影响选民的参与模式。更多制度因素包括关于竞选经费的规模和使用方式的规定、选举层级（县、州一级还是国家级的选举，在欧洲还有超国家即欧盟层面的选举）等也有可能决定参与的模式。在选举制度上，大多数的文献认为比例代表制能够产生更高的投票率，其中的机制是，比例代表制可以增加投票者的效能感和预期的投票收益。比例代表制也更适合更多的政党竞争，从而为选民提供了更多的投票选项。与比例代表制相对，在其他非比例代表制的选举中，小党派的支持者觉得即便自己去投票，也不会影响最终结果，从而不去参与。两者相比，造成了比例代表制下的投票率显得较高。

与制度主义相对，文化主义认为政治态度和公民价值观决定了政治参与。阿尔蒙德和鲍威尔把政治文化定义为公民"在给定时间和空间内，一系列关于政治的态度、理想、感觉"。换言之，政治文化是指导个人和群体行为的世界观。在共同文化环境里，个体能够预测其他在相同文化背景下的人会如何行为。这样，政治文化通过塑造共享的规则和规范来减少不确定性和焦虑感，降低人际活动交易成本和谈判成本。政治文化学者认为个体不是直接对外界事物做出反应，而是需要通过一系列中间环节的"导向"，或者中介变量，或者一系列的价值观。这些导向和价值观源自个人的早期教育和社会化经历。在其经典著作《公民文化》中，阿尔蒙德和维巴首次把参与模式归因于早期的社会化经历，从此开启了一项历史悠久的研究传统，即采用社会调查的方式来检验政治文化对公民政治行为的影响。

以上因素都从不同角度解释了政治参与的影响因素，这些因素之间并不一定是对立和排斥的关系，也可能互相补充、互相作用。

三、政治参与的功能

公民的政治参与是衡量民主政治质量的重要维度，也是国家治理现代化得以实现的重要手段。与此同时，国家治理现代化理论的不断丰富和发展，也为我们深刻理解政治参与在国家治理现代化中的功能定位提供了明确的指引[①]。

第一，政治参与可以增强国家治理合法性，避免政治合法性危机。国家治理的

---

① 王玉坤，王青松.国家治理现代化视阈下的公民参与[J].经济师，2019(6).

合法性基础在于公民认同。根据合法性理论,一项政策的推行,只有满足了最大多数公民的认同,才具有了正当性。如果政策的推行面临公众的集体质疑,那么其正当性也就不复存在,国家治理也因此面临政治合法性危机。公民的认同源于公民广泛的政治参与,在政治参与过程中,基于对政治问题的认识和对自身利益的考量之后达成的妥协,会形成政治认同,从而使国家治理具有了"正当性",也就具有了合法性基础。在我国,人民代表大会制度是根本政治制度,也是我国公民参与最重要的途径,其中选举权是其最直接的体现,人大代表的选举也就关乎政治制度的合法性。因此,扩大公民参与,合理引导并加以规范,使之真正发挥作用,对于巩固国家治理的合法性基础具有重要作用。

第二,政治参与能够促进社会资本,降低社会成本,从而克服"集体行动的困境"。集体行动的研究者奥尔森指出:"除非一个集团中人数很少,或者除非存在强制或其他特殊手段以使个人按照他们的共同利益行事,有理性的、寻求自我利益的个人不会采取行动以实现他们共同的或集团的利益。"他认为集体行动的逻辑在某种意义上取决于组织规模。如果组织规模过大,基于"理性人假设",组织中的个体会出于对自身利益的考量而采取不合作的方式,从而造成"集体行动的困境"。公民的政治参与是集体行动的一种,如果政治参与失当,也无可避免地会面临集体行动困境的挑战,陷入集体行动的困境。社会资本理论认为公民的集体有序参与和交往可以"促进彼此之间的合作和互惠,增加彼此之间的信任,社会信任增加转化为社会资本"。而政治参与可以形成公民之间、公民与政府之间的良性互动,从而降低政府行为的成本。另外,在政治参与过程中,每个个体的参与都会得到回应,自身的利益诉求也会得到满足,这就能够使"外部效应内部化",从而克服集体行动的困境,提升国家治理的有效性。

第三,政治参与能够提高政策的精准性,推动国家治理民主化。随着生产力的发展,中国特色社会主义进入新时代,我国社会主要矛盾已经转化为人民日益增长的美好生活需要和不平衡不充分的发展之间的矛盾。维护公民利益,需要扩大公民的有序政治参与,二者相辅相成,缺一不可。一方面,维护公民利益可以更有效地激励公民参与政治;另一方面,公民的有序政治参与可以更好地反映其利益诉求,使决策真正反映民意,体现民众真正的需求,从而提高政府政策的精准性和有效性,促进国家治理的民主化。

第四,政治参与可以提高公民的参政积极性,培育现代公民精神。当前我国公民的参政意识、权利意识、法治意识和道德意识都还有待提高，与我国社会的现代化转型要求还有很大距离。基于此，可以通过扩大政治参与提高公民的参政积极性。在政治活动中，培养公民的政治权利意识、公共道德意识和国家大局意识，对于现代公民精神的形成很有必要。亚里士多德指出："一个城邦，一定要参与政事的公民具有善德，才能成为善邦。"可见公民精神对于形成善治国家的重要性。公民的道德水平和德性都可以通过教育和公民参与训练来得到提高。现代公民精神的培育可以唤醒公民的公共责任意识，在国家治理中集中民智，助力于国家治理现代化。另外，通过政治参与，"他的能力得到了锻炼和发展，他的思想开阔了，他的感情高尚了，从此使得他永远脱离自然状态，使他从一个愚昧的、局限的动物一变而成为一个有智慧的生物"，从而促进现代公民精神的形成。

第五，政治参与可以促进社会公平正义，提升国家治理的效果。政府政策的执行过程往往是公共利益分配的过程，而执行政策的依据在于决策的确定。因此，如果在政府决策过程中能够保证政治参与的质量，将有利于公共利益分配的公平。社会的公平正义对于政治秩序的稳定具有关键性作用，对于正义的界定也因此成为政治哲学中的重要问题。罗尔斯主张应该平等分配社会基本善，他对社会基本善的分配着眼于人们之间的相对差别。"最不利者"与"居间者"之间的相对差距才是其正义理论关注的焦点。政治哲学研究者德里克·帕菲特主张政治利益的分配应该着眼于社会的绝对水平，优先照顾社会中最不利的人，这一主张事实上是区别于罗尔斯"平等主义"的"优先主义"原则[①]。相对于二者对利益分配正义性的伦理政治界定来看，国家治理更关注利益分配过程的公平正义。在利益分配过程中，无论是"平等主义"还是"优先主义"，都需要广泛的公民参与，因为只有广泛的公民参与才能真正了解社会中的利益对比与利益诉求，从而实现不同针对性的正义分配。社会公平正义的实现，有赖于公民在既定利益分配达成之后形成的政治认同。换言之，政治参与是实现社会公平正义的重要手段，而社会公平正义关乎国家治理的效果，是国家治理现代化的基本要求。

---

① 李石."差别原则"与优先主义——在罗尔斯与帕菲特之间[J].道德与文明,2017(2).

第二节　政治参与的类型与途径

一、政治参与的形态

政治参与是相当复杂的政治现象,一般来讲,在一种参与形态中,既有常态的成分又有非常态的成分。常态的政治参与可以分为以下几个方面。

第一是直接参与和间接参与。公民不经过其他中间环节用自己的行为直接影响政府决策,如选举、罢免、创制、复决等就属于直接参与。但在现代社会中,随着国家规模的扩大和政治事务的日益专业化,公民直接参与政治受到越来越多的限制,而常常以间接方式进行参与。

第二是显性参与和隐性参与。公民有意识地想去影响政府的决策是显性参与;反之,如果是公民无意识的行为却对政府的决策产生了影响,则是隐性参与。在民主社会中,参与渠道是公开的、合法的,公民会有意识地利用这些渠道,所以参与大多是显性的。而在专制社会中,参与渠道既狭窄又曲折,下情难以上达,所以公民参与大多采取隐晦的方式进行。

第三是主动参与和被动参与。主动参与以参与主体的明确意图和积极行动作为主要特征,而被动参与的最主要特征则是公民在参与政治时并不抱有任何影响政府决策的明确意图。

第四是合法参与和非法参与。凡是为正式的法律规定和道德习惯所许可的参与都可认为是合法参与,而那些以不合作、拉拢收买、骚乱、暴力等方式出现的政治参与则是非法参与。

第五是输入性和输出性参与。发生在政治系统输入过程之中的称为输入性参与,其功能是为政府的政治决策输入动力和信息;发生在输出过程之中的称为输出性参与,其作用是对政府的决策加以贯彻和实施。在一个正常运转的政治体系中,输入性参与和输出性参与往往处于一种平衡状态,即公民不断地为政府决策提供信息,增加压力;同时又对政府已形成的决策作出积极或消极的反应,从而影响政府的决策[①]。

---

① 何丽君.新时期中国公民政治社会化研究[D].北京:中共中央党校,2009.

二、政治参与的类型

政治参与因参与者的积极程度、主体、行为方式等的不同而存在不同的类型，这些类型概括起来主要有以下几种：

（1）制度化参与和非制度化参与。制度化参与指的是，参与者在法律允许范围内影响政治过程的行为，例如选举、投票、游说等等。而非制度化参与则是指参与者的行动是非法的，这些行动通常包括抗议行为、示威、暴力等等。在政治参与研究中，制度化参与和非制度化参与是关注的重点，如何使参与制度化从而保持稳定的政治秩序是政治学家更是政治家所关心的问题。

（2）自动参与和动员参与。亨廷顿的参与理论将政治参与的类型作这样的划分。在他看来，凡是行动者本人自发地影响政府决策的活动就是自动参与，而行动者受他人策动而发生的影响政府决策的活动则属于动员参与，这种参与经常是由精英们通过威胁、劝说或物质引诱的方式实现的。自动参与者在行动前就有明确的政治意图和目的，而动员参与不仅在参与前无明确目标和参与政治的兴趣，而且即使在参与过程中，仍然有相当多的参与者不知道自己的行动目的什么，或不愿意参与行动。在有些政治学者看来，只有自动参与才是政治参与，动员参与不应当列入政治参与的研究范围；而有些学者则持相反的观点，他们认为，自动参与和动员参与在现实中界限模糊，如果一定要坚持这种划分，可能不利于对政治现象的研究。所有政治系统的政治参与实际上都是动员参与和自动参与的混合，其混合的程度取决于政治系统的性质，一般而言，民主政治制度中的自动参与水平明显地高于独裁制度中的自动参与；而在动员参与方面，独裁制度的水平则高于民主制度。另外，自动参与和动员参与的一个共同点就是两者的行动结果是相似的，尽管动员行为者和自动行为者的动因不同，但在实际参与过程中，他们的活动是难以区分的，他们的参与活动也会产生相似的影响。

（3）个体参与与组织参与。个体参与是指公民以个人的身份从事影响政府决策的活动。在现代国家里，公民参与政治的权利基本上都得到了宪法和法律的保护，例如公民有平等的选举和被选举权，公民有集会、结社、示威、游行等权利，这些规定为公民的个体参与提供了前提条件。在现实生活中，公民个体活动规模最大、影响力最强的参与活动就是选举投票，这一权利既是法律赋予的合法参与形式，同时又是公民赋予政府和政治领袖合法性的行动。这是一种双向的相互承认的制度。如果公民被剥夺了投票权，"主权在民"的原则就无法实现，而如果政治领袖僭越了公民的投票行为,其统治就失去了合法的基础。当上述两种情况发生的时候,政治生活将失去良好的政治秩序。历史上曾经不止一次地发生公民权被变相剥夺的事件。例如,法国路易·波拿巴的统治,尽管他是通过所谓全民同意的投票方式高票当选为总统,但是,在那次选举中,公民的投票行为不足以表达自己的意愿,因此也无法左右谁执政,因此,这种投票行为是一种无效政治参与。组织参与是一种集体性政治行为,指的是与他人合作以特定的团体形式参与政治的活动。在现代国家,各种团体在政治过程中的作用要大于公民个体,因为组织能够将个人的意志集中,形成比较一般的、具有代表性的利益要求,从而能够对政府形成有效的压力。在现代政治生活中,影响政治过程最重要的行为者通常是政党和政治性团体。作为政治团体的成员,不管其是否参与了影响政府的活动,加入该组织本身就是一种政治参与行为。在现代社会中,除了在政治过程中作为主要角色的政党以外,还有繁杂多样的社会团体,它们的目标就是通过游说活动来影响政府决策。它们既不同于一般无政治目的的社会团体,也不同于以获取政权为目标的政党,它们的活动目标指向就是维护和实现本团体的共同利益。西方的利益集团就是这种类型的社会团体。

(4) 有序参与和无序参与。参与者以常规的或和平的方式影响政府决策,参与过程和参与结果都能够保持一种良好的政治秩序,这就是有序参与。相反,当政治体系出现危机或重大变故,在参与资格受到限制、剥夺或常规参与渠道无法实现预期政治目标时,参与者往往通过激烈的方式如请愿、暗杀等,试图实现政府更迭、左右政府决策或改变政治制度等政治目的,这种参与过程和参与结果都伴随着大范围的、激烈的社会混乱,因此,它是一种无序的政治参与。

三、政治参与的途径

(一) 制度化参与

1. 选举

选举是现代国家最普遍、最有影响力的参与途径,公民通过投票决定政治候选人的取舍。目前,世界上绝大多数国家都已经实现了普选制度,公民较少受到种族、宗教、财产资格等条件的限制,经常以选票表达自己的意志。当然,投票只是选举活动中的一种方式,选举其实还包含许多其他的内容,例如,竞选捐款、选举的组织工作、为候选人游说等等。以美国的竞选活动为例，与参与选举的人数相比，参与竞选的人数要少得多，在各个层次的竞选活动中，全美国有 5% 的公民在竞选中为候选人或政党工作，2%～3% 的公民出席竞选集会、群众大会或类似活动，积极参加这类竞选活动的公民大约是 1000 万人，大约有 10% 以上的公民向候选人、政党或其他政治团体捐款[①]。

2. 院外活动

院外活动是指个人或团体通过与政府官员和政治领袖进行接触，而在涉及许多人的问题上试图影响政府官员和政治领导人的决定的活动。直接同议员或行政官员接触，是公民直接影响政治领袖和政府政策所常用的方法，他们通过给官员写信、打电话、专访、递交请愿书等方式，提出对某些政策问题的看法、愿望和要求（包括个人的问题）。仍以美国为例，调查表明，近些年来，几乎有一半的美国公民参与了某种地方性政治活动，1/4 的公民参与了有关全国问题的某种政治活动。

3. 组织活动

组织活动是指某一组织中的成员或骨干的参与活动，这种组织的基本和明确的目标似乎是影响政府决策。这种组织可能专门致力于广泛的公共问题，例如环境保护组织、人权组织等。作为这种组织的成员，不管他是否参加该组织影响政府的活动，他参加这种组织的事实本身就构成了一种政治参与形式，即使是那些不积极成员，他们或许由组织代表其参与。

4. 社会协商

社会协商对话是指社会主义国家的党政领导机关与广大人民群众以公平、平等的方式就当前重大问题进行的沟通和协商，这是处理人民内部矛盾，保证公民参政议政的一条重要途径。我国在进行社会主义建设的过程中，为了增进政府与民众之间相互了解，消除彼此隔阂，在全国、地方及基层各个层次上展开了社会协商对话。社会协商对话不仅可以起到"安全阀"的作用，而且可以密切党政领导机关与人民群众的关系，提高公民当家作主的意识。我国政府本着重大情况让人民知道、重大问题让人民讨论的原则，通过多层次、多渠道的对话，与人民群众平等地交换意见。不少地方设立了市长、县长接待日，邀请民主党派、社会组织及部分群众参加座谈会，借助新闻媒体促进政府与民众的双向沟通。

---

① 李道揆.美国政府和美国政治[M].北京：商务印书馆，1999：104.

5. 信访

2005 年 1 月,国务院对《信访条例》进行了修订。由于受我国历史文化传统的影响,我国公民习惯性地将信访当成一种具有较高效力的权利救济途径,信访机构也转变成了主要以权利救济为目标的准司法机关。信访具有增强政权合法性、化解社会矛盾、贯彻党和国家方针政策的重要功能,但也从侧面反映出我国的法治体系尚待完善。

6. 决策听证

决策听证制度是行政机关在对社会具有普遍性重大影响的行政行为做出决定前,就相关问题听取专家、群众的意见的制度。决策听证制度作为一种公众、专家参与和政府决定相结合的行政决策机制,体现了科学决策、民主决策、规范决策,有利于健全行政决策机制。行政决策听证制度要求社会涉及面广、与人民群众利益密切相关的决策事项,应当向社会公布,或者通过举行座谈会、听证会、论证会等形式广泛听取意见,有利于完善行政决策程序。行政决策听证制度通过允许公众、媒体参与决策听证会,促使行政决策机关和决策人员审慎决策,防止决策的随意性,减少决策失误,有利于健全行政决策监督。行政决策听证制度作为行政决策机制的重要内容,有利于提高行政决策的民主化科学化程度,有利于提高公民政治参与的制度化水平,有利于保障公民权利,有利于提升政策的合法性,有利于增强决策的透明度。

(二)非制度化参与

1. 抗议和示威

抗议和示威是公民直接影响政府政策所采取的一种比较激烈的形式。公民往往是在采用常规方式和常规渠道无法解决问题或不能实现目标之后才采用这种方式。通过抗议和示威等形式参与政治活动,往往是社会和阶级矛盾趋于激化的一种反映。抗议示威对政治领袖和政府政策影响的程度,取决于许多因素,并非都能产生重要影响,或立即产生影响。但是,这类活动尤其是大规模活动经过媒体报道,从而引起政府和社会的注意则是无疑的。

2. 暴力

暴力活动与抗议和示威有着直接的关系。亨廷顿把暴力定义为一种特殊的参与类别,在他看来,暴力就是以伤害人或毁坏财产的方式来影响政府决策的活动。

暴力是国家机关专有权,任何个人和团体行使暴力行为都是非法的。因此,暴力参与政治背后隐藏着十分强烈的动因与目的。这些目的各不相同,有的是为了更换政治领导人(这种参与通常采取军事政变、暗杀的形式),有的是为了影响政府的决策(这种参与通常表现为骚乱、叛乱),有的是为了改变整个政治制度(如暴力革命)。理论上讲,上述这些目的都可以通过和平的手段表达,但是,为什么暴力的参与形式会经常出现在政治生活当中呢? 政治学关心的问题是:在什么样的条件下,人们会趋向于采取暴力,而不愿意采取更和平的参与形式? 当和平参与的机会丧失之后,在什么样的情况下人们才会倾向于选择暴力作为最后的手段? 在什么样的情况下,哪些社会力量更可能使用暴力? 这些问题涉及政治学中的权力、权利等核心内容。

第三节　网络政治参与

互联网的广泛运用对传统政治参与产生了极大的影响。互联网的重要特征是信息的开放性和共享性。在互联网上,人们可以通过任何一台电脑,自由地联入网络传播信息,访问各种信息资源,可以在更广泛的意义上实现信息的共享。从政治层面上分析,互联网带来的信息的开放性和共享性,也促使公众更接近政府信息,更了解政府决策的制定、执行情况,这也必将侵蚀传统的政治体制。在互联网时代,社会的政治结构从绝对集中走向相对分散,从传统的金字塔型的官僚结构趋于行政组织结构的扁平化和网络化。

各国政府正在积极运用网络技术建立电子政府,增加政府工作的透明度,方便公民的政治参与。一种新的政治参与观正在形成,公民与国家之间的关系以及公民的政治参与流程也正在发生转变。例如英国政府提出的"新"民主制度包含着以下内容:①"远程民主",它使人们在家中甚至在当地社区就可以参与讨论或制订政策;②通过电子邮件、主页、电子投递以及政府信息和行政系统的电子链接,推进政府运作过程的民主性;③通过改善政府不同层级的电子链接向公民提供政府的各种信息。

互联网的广泛运用,使公民的政治参与呈现出了新的特点:

第一,互联网能改善政治参与的途径和手段。政治参与不再局限于政治投票、个别接触等几种简单途径,同时在很大程度上也不再依赖报纸、电台、电视等传统的信息传递渠道。互联网为公民政治参与提供了更丰富、更方便的途径,如访问政府主页,向有关部门发电子邮件,参与虚拟社区讨论、电子选举、电子投票、电子民意调查等。

第二,互联网的出现提高了公民政治参与的兴趣与能力。互联网的发展,为削弱集权控制,建立平等、透明的政府提供了技术上的可能。互联网使政治参与不受时空限制,公民可以根据自己的立场,不论社会背景、阶级或理念观点选择自己关心、喜爱的领域投入对话与沟通。公民可以随时加入,也可以随时退出,更强化了网上公民政治参与的自主性和互动性。

第三,互联网提高了公民政治参与的数量和质量。随着网络的普及,虚拟社区正迅速增加,它按照不同的利益主体把人群进一步细化,并通过多种多样的电子方式把这些公民联结在一起。由于利益表达和聚合更加自由,兴趣爱好和思想价值取向一致的人们在网上的组织和交流更加便利,政治参与的数量必将大幅度增加。同时互联网的普及也有利于保证少数派利益的表达。

但是,互联网中的公民政治参与也存在着诸多局限,主要表现在:

第一,互联网的发展可能导致"参与爆炸"。互联网将对民族国家原有的内部信息传播秩序和个人信息接受秩序产生重大影响。国家不再能够控制信息的流动,互联网的无边界性、超时空性,使得公民在网上可以自由享用各种信息。但是,如果这种自由缺乏行之有效的规范和控制,极有可能导致"自由过度",影响到国家的稳定。同时,互联网上难以控制的跨国信息的高速流动,对民族国家的消解作用也是相当明显的。

第二,网络技术的发展可能导致"信息垄断",使政治参与处于不均衡状态。托夫勒指出,各个高技术国家的政府所面临的一种潜在的可怕威胁来自国民分裂成信息富有和信息贫困者两部分,下层阶级与主流社会之间的鸿沟实际是随着新的传媒系统的普及而扩大了[①]。网络技术的发展在国家内部是不均衡的,它把人群迅速分化为技术精英和普通大众。由于这两种人在获取和支配信息方面的能力是不平等的,就有可能导致信息拥有的两极分化。在发展中国家,由于经济条件的制约,网络建设与普及还远远不够,相当一部分人没有能力通过网络参与政治。这种不平衡,容易使政治发展出现偏差,导致某些范围内的社会冲突。

---

① (美)阿尔文·托夫勒.力量转移——临近21世纪的知识、财富和暴力[M].刘炳章,等,译.北京:新华出版社,1991:143.

第三，互联网中的公民政治参与虚拟化。互联网的运用，使政治参与突破地域的限制，使有共同利益需求和兴趣的人通过网络进行利益表达。在互联网上，参与者所看到的既不是物质，也不是现实的利益，只是聚集的信息。与传统的交往方式不同，各方在虚拟空间中都是一个信息代码，没有任何可标识身份的东西存在，影响传统政治交往方式的身份、国籍、文化、受教育情况、地位、资产等背景在虚拟空间中都被抹去。这种虚拟化的政治参与，难以形成现实的政治力量影响政治过程。

第四节　中国特色社会主义制度下的政治参与

一、政治参与的形式

中国特色社会主义民主政治制度下的政党制度、人民代表大会制度、基层自治制度、信访制度、选举制度的建立，为公民的政治参与提供了宪法上的制度平台和保障，使得普通民众能够通过各种合法方式参加政治生活，并积极影响政策的制定及政治的运行规则[①]。

（一）人民代表大会制度与公民政治参与

富有中国特色的人民代表大会制度是以毛泽东为主要领导的中国共产党人在新民主主义革命过程中长期探索新中国政权组织形式的基础上提出来的，是随着人民民主专政的建立和巩固而逐步建立起来的。人民代表大会制度作为我国社会主义民主政治的根本制度，很好地体现了社会主义国家的性质，保证了中国人民当家作主的根本政治制度，也是党在国家政权中充分发扬民主、贯彻群众路线的最好实现形式。在以"议行合一"为原则的政权组织形式下，人民代表大会既是权力机关又是工作机关，是最能体现民主集中制的政治制度；全国人民通过定期的选举行动产生能够代表自身权利的人民代表，人民委托自己选举出来的代表组成各级人民代表大会，代表通过人民代表大会行使国家权力。可见，人大代表由人民自己选举产生，保证权力来源于人民，各级代表又代表了广大人民群众的利益去参政议政，把人民的心声传达到党和政府的决策层，这也保证了中国共产党的领导地位和领导作用。人民代表大会在成员性质组成方面更具有广泛的代表性，各行业、各地

---

① 马海磊.论公民政治参与视野下的中国特色社会主义民主政治制度[J].天津市社会主义学院学报，2014(3).

方都有自身的代表人物,这也从各层次各领域扩大了政治参与的范围,保障全体人民统一行使国家权力,充分调动人民群众政治参与的积极性和主动性,有助于协调一致地组织社会主义建设。

（二）中国共产党领导的多党合作和政治协商制度与公民政治参与

政党作为特殊的政治组织,具有特定的政治参与功能,能为公民的政治参与提供现代化的形式和途径,保证公民政治参与的有效性和政治体系的稳定性,使公民政治参与的程序和成本得到简化和降低。中国共产党领导的多党合作和政治协商制度是中国共产党和各民主党派在为中国革命、建设和改革事业共同奋斗中形成和确立的一项基本政治制度。政治协商制度具有政治参与和利益表达的作用,协商在决策之前和决策之中就是寻求最广泛的公民参与并在决策中产生实际的效果,充分体现了协商民主的价值。多党合作的政党制度既能维护社会政治秩序的稳定,又能充分调动政治力量积极参与政治活动。各民主党派是社会公众政治参与的载体,为公民参与提供组织途径和程序。

（三）民族区域自治制度与公民政治参与

民族区域自治是我国基本政治制度之一。处理好民族关系的关键是各民族享有平等的自治权,我国的民族区域自治制度把民族平等放在首位,既考虑到民族差异基础上的民族区域自治,又反对过度分散的地方民族主义,使全国集中统一与民族区域自治有机结合起来,有利于和谐和发展各民族之间的关系,巩固和加强各民族之间的团结。民族区域自治制度也是人民民主专政的重要组成部分,充分表现出我国在处理民族问题上统一与自治、民主与集中的有机结合,保证了各少数民族公民行使自己的自治权、平等权和参与国家和地方事务管理的权利,是少数民族公民有序政治参与的重要保障。总而言之,民族区域自治制度保障各民族的民主权利,特别是各少数民族政治参与的权利;各民族不论大小都享有平等的政治、经济、社会和文化权利,共同维护国家统一和民族团结,最终成为促进国家经济社会发展和社会政治稳定的重要力量。

（四）基层群众自治制度与公民政治参与

基层群众自治制度是我们党不断推进社会主义政治制度自我完善和发展的重

要体现,是人民当家作主最广泛、最直接和最有效的参与途径。改革开放之后,我国的基层民主和基层群众自治制度建设得到了确立,其基本方式主要包括农村村民自治制度、城市居民自治制度、企事业单位职工代表大会制度。基层群众自治制度作为社会主义民主由间接民主向全面的直接民主过渡的重要途径,基层群众通过自治制度在自己的居住地通过选举、决策、管理与监督,直接参与基层事务和公益事业的管理与运行,保障了公民的政治参与权。之所以实行基层群众自治制度,主要是因为基层政治、经济、社会和文化生活与广大人民群众利益关系密切,群众对自身的生活情况也最为了解,实行基层群众直接参与更能调动最广大人民群众的积极性和创造性。事实证明,这种直接的政治参与更能增强公民的政治效能感,使公民具有更大的政治参与热情,有利于维护社会稳定,促进社会发展。近年来,为了更广泛地代表基层群众的利益,职工代表大会制度也开始逐步在非公有制经济单位中不断完善,使从业人员在单位中有了更多的渠道参与政治生活,享受切实的民主权利。

二、政治参与的特点

中国特色社会主义民主政治发展的重要成就,在于公民政治参与水平和程度有了新的提高。总结和掌握中国特色社会主义公民政治参与的基本特征,有利于我们区分资本主义和社会主义两种不同性质的民主政治,从而推进中国特色社会主义民主政治向前发展①。

(一)坚持中国共产党领导,保证社会主义性质

始终代表人民群众的根本利益是马克思主义政党区别于其他一切政党的最显著标志,无论中国共产党所处的历史方位如何转换,它全心全意为人民服务的宗旨始终没有变。中国共产党领导是社会主义民主政治发展的根本前提,是公民政治参与的组织保证。公民政治参与不是削弱而是坚持共产党领导,这是世界社会主义及中国民主政治实践经验与教训的总结。在发展中国特色社会主义民主政治中,反复强调坚持和完善共产党领导,正是基于对世界社会主义实践的基本经验和教训的总结。

---

① 方章东,刘庆丰.中国特色社会主义公民政治参与的基本特征[J].合肥师范学院学报,2009(3).

中国共产党组织和领导公民政治参与的作用突出地体现在以下两个方面:其一,把握公民政治参与的发展方向。公民政治参与的根本目的就是维护广大政治参与主体的根本利益。人类历史发展规律告诉我们,只有社会主义才是无产阶级根本利益之所在,同时是全人类根本利益之所在。高举中国特色社会主义伟大旗帜,这是全国人民的共同愿望。公民政治参与必须构成中国特色社会主义整体框架的一个部件,而不能脱离这个框架,更不能冲击这个整体框架。在这里,共产党的领导决定着公民政治参与的方向。共产党自诞生之日起就与整个人类利益、社会主义根本性质和人民群众根本利益相一致,共产党先进性建设进一步促进了三者的结合。所以,公民政治参与只有在共产党组织和领导下,才能体现社会主义性质,才能沿着社会主义方向前进。其二,合理配置公民政治参与资源。公民政治参与的实现不是抽象的,它必须同政治参与的条件即政治参与资源结合起来。社会政治制度的性质决定着政治参与资源内容的选取,我国公民政治参与主体的年龄和综合素质、政治参与形式、政治参与范围等项规定,既与中国具体国情相适应,又体现了社会主义特征。

(二) 参与途径的丰富多样,体现平等性

中国特色社会主义公民政治参与,既包括集体政治参与,又包括个体政治参与。所谓集体政治参与,是指由一定人数构成的共同参与的政治活动,它强调组织性、纪律性,实际效果明显优于个体政治参与。所以,集体政治参与是我国政治生活的主流。集体政治参与包括各级人民代表大会的代表选举;法律法规的调研、起草、修正、表决;政党的政治活动;就事关国家经济和社会发展重大事项而听取党外人士的意见和建议的政治协商会议;民族区域自治地区自治权的实现;工会、共青团、妇联、行业协会和学会等社会团体的政治意思表达;各种听证与咨询制度等等。集体政治参与有多种层次,从农村、工厂、学校、社区的基层政治生活一直延伸到国家这一高层政治生活。

中国特色社会主义公民政治参与方式的丰富多样性,最大程度地体现了政治参与的平等性。其一,它使得法律赋予的政治参与主体资格的平等权得以实现和落实。如果说党的领导从政治上保证了公民政治参与的性质和方向,那么丰富多样的公民政治参与途径为每个政治参与个体提供了广阔的参与空间,公民不分民族、种族、性别、家庭出身、地域、职业、宗教信仰、教育程度、财产状况等条件的差异,都享有政治参与主体资格的平等权。比如在各种听证制度中,代表不同利益群体的政治参与者平等地进行沟通与协商,互相尊重与理解,最终达成共识;又比如,在重大事项的议决中实行"票决制度",一人一票,每票效力相等,这就从根本上消除了政治参与者因领导身份、社会地位、物质财产等差异而导致的参与地位事实上的不平等。

(三) 理性、有序的参与

理性政治参与是正确处理改革、发展和稳定关系的需要,必须予以充分重视并大力加以发展。一方面,通过积极深化政治体制改革,用发展社会主义民主的办法来保护和满足广大群众参与政治的热情;另一方面,在发展社会主义民主过程中,正确处理好改革、发展和稳定的关系,反对政治体制改革过程中那种脱离具体国情的冒进主义,从而保持社会的稳定及和谐发展。深化政治改革,提高理性政治参与水平,是全面建设小康社会的内在要求,是推进社会全面进步的政治基础,是社会主义整体改革的重要组成部分,是广大群众的时代呼声。理性政治参与是中华民族和全国人民的共同利益之所在。

阅读和实践

一、拓展阅读

1. (美)塞缪尔·亨廷顿、琼·纳尔逊,《难以抉择:发展中国家的政治参与》,汪晓寿、吴志华、项继权译,华夏出版社,1988年版。

2. (美)约翰·克莱顿·托马斯,《公共决策中的公民参与》,孙柏瑛译,中国人民大学出版社,2010年。

3. 王巍、牛美丽,《公民参与》,中国人民大学出版社,2009年。

4. 谢芳,《西方社区公民参与:以美国社区听证为例》,中国社会出版社,2009年。

5. 臧雷振,《变迁中的政治机会结构与政治参与:新媒体时代的中国图景》,中国社会科学出版社,2015年。

6. 赵刚印,《现代化进程中的公民政治参与》,上海人民出版社,2010年。

二、实践技能

大学生政治参与调查

第 1 题. 你觉得如果让你去参与一项有关政治的社会活动你身边的阻力大吗?

1. 有很大阻力

2. 有阻力

3. 有一点阻力

4. 完全没有阻力

第 2 题. 你希望自己参与民主选举、决策、管理和监督等政治行为吗?

1. 非常希望

2. 希望

3. 一般

4. 不希望

第 3 题. 你参加过哪些选举? [多选题]

1. 党代表、党员选举

2. 人大代表、政协委员选举

3. 学生会选举

4. 班干部选举

5. 其他

第 4 题. 参与各类选举时,你投票的态度是?

1. 有提前了解过每个候选人的能力,认真考虑

2. 随大流

3. 并不关心,随意投票

第 5 题. 你认为当前大学生政治参与的态度如何?

1. 主动寻求机会参与

2. 被动但认真参与

3. 被动且随意参与

4.不想参与

第6题.你觉得哪种方式对加强大学生政治意识更有效？[多选题]

1.新兴传媒，如网络

2.传统大众传媒，如电视、广播、报纸等

3.党课、两课等课堂教学

4.同学朋友间互相学习交流

第7题.公民政治参与的要求是什么？

1.公民的政治权利与政治参与的义务要相统一

2.公民要依法有序地参与政治生活

3.政治参与时公民的个人利益应该与国家利益相结合

4.法律面前人人平等

5.不知道

第8题.你有过以下哪些政治参与行为？[多选题]

1.参与人大代表选举

2.参与村委会或居委会选举

3.参与监督听证会

4.参与民主评议会

5.参与信访

6.参与网上评议政府活动

7.向媒体投稿评论时政类文章

8.其他政治参与行为

9.都没有

第9题.你在实施以上政治参与行为时持有什么样的态度？[多选题]

1.十分重视,认真完成

2.不太重视,从众心理

3.当作任务,快速完成

4.漠不关心,随意完成

第10题.你认为阻碍大学生政治参与的因素有？[多选题]

1.自身政治素养欠缺

2.高校政治参与氛围较淡

3.政治参与不能有效地影响政府决策

4.政治参与渠道不够多

5.学业负担重,无心关心此事

6.无政治兴趣

第11题.你愿意以什么方式参与政治生活？[多选题]

1.在新媒体上发表意见

2.向大众媒体反映

3.给有关部门反映

4.参与听证会、座谈会

5.集会请愿

第12题.你认为提高大学生政治参与的最佳途径是(　　　)[单选题]

1.优化学生代表结构,提高代表素质

2.加强大学生意识教育

3.保障大学生政治权利

4.拓宽民主渠道,丰富民主形式

价值篇

第七章　责任与政治人

本章导读

　　公民身份外在表现为公民责任,公民身份的真正实现需要有自觉的公民责任意识。对公民身份认同的高低,直接表现为公民责任意识的强弱。具备较强公民身份认同感的人,公民责任意识就较强。因此,提高公民的责任意识,就要增强公民身份认同感。具体而言,公民责任意识的培养需要"内在自修"和"外在培养"相结合。公民责任意识和能力的提高是一项系统工程,需要国家、社会和个人各方面共同努力和投入。其中,公民责任教育是关键,政府的正确引导是支撑力,社会力量是推动力。公民责任教育中的关键点是公民的参与性、实践性,最大程度地激发公民的参与性关系到公民责任教育的最终成效。

第一节　责任的内涵

一、责任的含义

　　在中国思想史上,责任最初包含两个方面的意思:一是表示臣民对君主,以及帝王对"天"的主动尽职和效忠;二是表示个人应对自身选择的行为所产生的不良后果和过失负责。这和现代汉语中"责任"的含义的用法基本一致。在当代语境中,根据《汉语大词典》的解释,责任有三重含义:其一,使人担当起某种职务和职责;其二,分内应做之事;其三,因做不好分内应做的事而承担的过失。因此可以从两方面来理解责任:第一,责任意味着分内应做之事;第二,责任意味着未做好分内应做之事所应受的谴责和制裁。从第一层含义看,表明了社会对责任主体的行为预期，属于积极意义上的责任；从第二层含义上看，它说明社会对行为不符合社会规范的成员所给予的谴责和制裁，属于消极意义上的责任①。

在西方思想史上，责任是个古老的话题，早在古希腊时期就有人关注它。苏格拉底把责任看作是"善良公民"为国家和人民服务所应具备的本领和才能。在柏拉图设计的理想国中，把人分为不同的等级，不同等级的人有不同的责任。亚里士多德等人进一步阐述了责任是表示人应对自身选择的行为所产生的后果负责的思想。他认为，人应该为自己的行为负责，"除非被迫作恶，或以无知而作恶，否则都要受惩罚。因为由于被迫和无知而作为，没有责任。但是，如果我们认为作恶者对于他的无知应当负责任时，则这种无知本身是受法律惩罚的"。也就是说，人要对自己的行为负责，包括对可能逃避责任的偶然行为负责。

在近现代，也有不少西方贤哲围绕责任概念展开讨论。培根将责任理解为维护整体利益的善，因此提出"力守对公家的职责，比维持生存和存在，更要珍贵得多"。康德认为，"责任就是由于尊重规律而产生的行为必要性"。

美国现代法哲学家哈特从地位、原因、义务和能力四个角度分析了责任的含义：

（1）地位责任。哈特认为只要有某人在某一社会组织中具有一种特殊的地位或职位，而为了给他人谋福利或为以某种特殊的方式促成该组织的目标或目的，该地位或职位被赋予某些特殊的职责，那么这个人就有责任履行这些职责，这些职责就是人的责任。

（2）原因责任。哈特认为这是一种独立的责任形式，这种责任的基本表达方式是"应对……负责"，而这暗指的是一种过去发生的事情。不仅要对自己的行为引起的灾难性的后果负责，而且人的作为与不作为都要对结果负责。

（3）义务责任。哈特把其分为法律义务和道德义务，两者不同之处在于法律义务责任更加严格地探讨行为结果与行为之间的因果关系。

（4）能力责任。这里的能力是指理解能力、推理能力与对行为的控制能力。思想与做出有关这些要求的决定，以及在做出决定后遵守这些决定。

在此，可以把责任定义为：由一个人的资格（作为人的资格或作为角色的资格）和能力所赋予，并与此相适应的完成某些任务以及承担相应后果的法律的和道德

---

① 李亚东.大学生公民责任意识的养成[J].衡水学院学报,2012(5).

的要求①。

把握责任的内涵,需要明确两点:第一,对谁负责。在现代社会,一个负责任的政府是怎样的? 责任政府的建设不仅仅是一个"吏治"问题,更是一个如何实现"民治"的问题。蒋劲松教授提出现代责任政府理论,划分责任政府制度与非责任政府制度的标准是看政府是否对选民负责。现代责任政府研究的落脚点就在于如何实现对选民负责,重视协商民主和参与民主。第二,负什么责任。在很多时候,并不是政府不想负责,而是政府搞不懂到底应该负什么责任。责任的明确定位与政府的职能紧密相关,政府责任的倾向度随着时代的变迁而发生着变化,人们为时代把脉,由于知识水平、理性能力等结构性的认识不足,把脉不准、出现偏差甚至错误都是常有的,对于这种客观性,我们要清醒地认识,不能盲目责备政府。要准确抓住政府的责任,关键在于准确定位政府的职能,这就要求在艰难的抉择中调试,此时选择显得尤为重要②。

作为公民个人,在争取和享受权利的同时,不能忘记自己的责任和义务。公民的责任与义务就是意识到作为一个公民个体,个人对社会所应该履行的职责与义务,包括对法律的尊重(法律意识,按制度办事等),关注公共生活(公共意识),参与公共活动(如社团与组织、环保、捐款、各种民间组织与机构的活动)等。

二、责任之于义务

(一)义务的概念

义务一词来自拉丁语"债务"和法语"责任",意思是"按法律规定或在道德上应尽的责任",也可指"不要报酬"。义务也有"税"的含义,是"对商品、交易或财产而不是对人征收的税收或收入,如财产税、货物税等"。

在日常生活中,义务有广义和狭义之分。广义的义务是指人们必须作为或者不作为的一种限制和约束,包括法律义务、政治义务、社会义务、道德义务、习惯义务等一切义务现象。狭义的义务专指法律义务,是人们在法律上必须作为或者不作为的一种限制和约束。法律义务与法律和国家现象是一同出现的,是一个与权

---

① 谢军.责任论[M].上海:上海人民出版社,2007:25-28.
② 陈毅.责任政府的建设[M].北京:北京大学出版社,2012:5-6.

利相对应的概念。说某人享有或拥有某种利益、主张、资格、权利和自由，是说别人对其享有或拥有之物负有不得侵害、不得妨碍的义务。

人们在生活中承担着各种各样的法律义务，其中，在宪法上承担的义务，就是宪法义务，也称为基本义务，主要包括纳税、服兵役、受教育等①。

（二）义务的类型

一个人能够给予社会和他人的利益有三种类型：

第一，仅仅具有必须性而不具有应该性，是我必须而非应该的贡献或付出，是我必须而非应该给予社会和他人的利益：它是必须的，否则便会受到强制力量的惩罚；它把不应该的排除在外，因其违反道德。例如强盗抢劫我，我不应该把钱给他，却必须给他，这不是义务。

第二，仅仅具有应该性而不具有必须性，是我应该而非必须的贡献或付出，是我应该而非必须给予社会和他人的利益。例如见义勇为、自我牺牲。

第三，既具有必须性又具有应该性，是我必须且应该的贡献或付出，是我必须且应该给予社会和他人的利益。例如赡养父母②。

（三）道德义务

道德义务一开始就以道德责任为内容并与道德约束相联系。对个体而言，道德义务就是他应履行的道德责任。道德义务在狭义上是指实行或禁止那种关系他人合法利益的行为，广义上是指符合习惯或道德律令要求的行为，在最宽泛、充分意义上是指超功利的完全自由意志的为义务而义务之行为③。

道德义务是道德行为主体应当承担的道德责任。道德义务是人获得自由的方式，因而真实的道德义务就应当是自觉的道德行为。道德义务虽然并不能排除某种外力的强制（如舆论、风俗甚至特殊情况下的法律强制），但这种强制并不同于政治法律生活的义务，有人在强大的舆论压力下仍我行我素、依然如故，此时道德义务对他是软弱无力的。根据道德义务是否为主体自觉意识，可以将其分为两类：自觉的义务与责成的义务。自觉的义务是一种出于行为者自身自觉意识到"我应当

① 莫纪宏.宪法学[M].北京：社会科学文献出版社，2004：369－370.
② 王海明.新伦理学[M].北京：商务印书馆，2001：816－817.
③ 高兆明.存在与自由：伦理学引论[M].南京：南京师范大学出版社，2004：296.

如此"的责任,外在的要求已变为内在的自觉。自觉的义务近似于康德所说的"德性义务"。责成的义务并不以行为者自身的自觉意识为前提,它是一种出于伦理实体或社会对其成员所要求的道德责任而形成的道德义务。尽管一个人并未自觉意识到这种道德责任,或者虽然知道这种责任要求但并不情愿履行这种道德责任,则将通过强制的办法迫使其履行。诸如,遵守公共秩序,不随地吐痰,不乱扔垃圾等①。

三、责任之于道德

(一)道德的概念

道德是在一定的社会经济基础之上生长流变的一种社会意识形态,但它又不同于一般的社会意识,它不仅是一种特殊的行为规范体系,而且是人类的实践精神,是人类完善和发展自身的活动。自人类社会产生以来,道德现象就以各种不同的形式表现出来。然而,无论道德现象的表现形式有多大的不同,从本质上来说,就是指人类现实生活中由经济关系决定,用善恶标准去评定,依靠社会舆论、内心信念和传统习惯来维持的一类社会现象。

从道德最主要的功能来说,道德是调整人们之间以及个人与社会之间关系的行为规范总和。它依靠社会舆论、人们内心的信念、风俗习惯和传统教育的力量对人们的社会生活发挥独特的作用。从道德的主体角度来看,道德也叫人德规范。人德规范是透过规范的作用提升个人主体的德性,建立体现伦理理想的"道德自我",以达到个人至善。从道德客体的角度来看,道德又可称为社德规范。社德规范是透过规范的作用提升社会的道德水平,建立体现伦理理想的"道德社会",以达到社会至善。从道德的层次来看,现实道德又有常德、美德、圣德等层次之分。诸如正直诚实、公正守法、尊老爱幼、不损人利己等属于常德规范。诸如仁慈博爱、助人为乐等属于美德规范。忘我牺牲、无私奉献等属于圣德规范②。

(二)道德冲突选择的基本原则

在社会利益关系和道德实践的矛盾冲突中,道德原则作为道德判断、道德选择

---

① 高兆明.存在与自由:伦理学引论[M].南京:南京师范大学出版社,2004:301-302.
② 吴灿新.辩证道德论——道德流变的立体图示[M].北京:中国社会科学出版社,2004:112-114.

和道德评价的根本标准和基本依据发挥作用,成为规约人们的心灵和行为、化解人伦矛盾和人际冲突、维持社会秩序的重要精神力量。

第一,集体主义原则。在一般情况下,当个人与个人、个人与集体、个人与社会发生了利益冲突时,解决这种矛盾的正确方法,就是要求作为道德主体的个人把维护他人、集体和社会的利益作为自己行动的标准。集体主义原则的核心问题和根本任务,是处理集体利益和个人利益的相互关系。按照马克思主义的基本观点和基本原则,集体利益是以工人阶级为核心的最广大人民的政治、经济和文化诸方面利益的总和;个人利益是个人在经济、政治和文化等一切方面需求的总和。

第二,人道主义原则。人道主义一般来说有两方面的含义:一是作为哲学意义上的世界观和历史观,一是作为伦理学意义上的伦理原则和道德规范。

第三,社会公正原则。社会公正原则的根本问题,是在道德冲突和道德选择中保障权利与义务的公正交换。而这种保障要能够得到实现,可以从两个方面加以把握:社会通过国家权力即国家管理者的合法强制,来保障权利和义务的公正分配;全体公民的社会公正意识的普遍确立。

第四,功利主义原则。功利主义原则建立在"人的本质在于他的历史性"的唯物史观的观点之上;强调个人利益与社会利益的有机统一,统一的基础在于社会的集体利益。当社会利益与个人利益发生冲突时,这一原则要求个人作出正确的道德选择,即个人利益应当作出必要的牺牲以保证社会利益的最大实现。

第五,底线伦理原则与高位伦理原则。底线伦理原则在伦理学上有两种含义:一是指人人都应当遵循的最起码的社会公德;另一种含义是区分道德与非道德的临界点。高位伦理原则作为一种"最多主义",是一种对最高限度的普遍伦理的追求,是建立在某种或某些崇高价值理想之上的高度伦理规范或崇高价值要求。

第六,兼顾平衡原则。兼顾平衡原则主要指要坚持道德建设与市场经济相适应、继承优良传统与弘扬时代精神相结合、道德教育与社会管理的有机结合、尊重个人合法利益与承担社会责任的辩证统一、注重效率和公平的辩证协调①。

马克思认为道德既不是人主观自生的,也不是神的意志。道德的本质蕴含于社会生活之中。道德是一种特殊的社会意识形态,受到社会关系特别是经济关系的制约。道德是在一定的社会物质生活条件的基础上产生的,但是道德一经产生,

① 吴灿新.辩证道德论——道德流变的立体图示[M].北京:中国社会科学出版社,2004:325-364.

就以自己的特殊职能和特有方式作用于社会经济基础和整个社会生活,表现出巨大的能动作用。道德的功能主要是认识功能、教育功能、辩护功能和调控功能。其中调控功能是核心功能①。

四、责任之于美德

(一)美德的概念

在人格心理学中,凡是可以给一个人的自我增添力量的东西,包括攻击、力量、勇气、自信等,都可称之为美德。当良心、羞耻心、责任心和事业心在你的心灵中永远扎下根来的时候,你就会形成一种有道德的个性。美德大都包含在良好的习惯之内。

美德论与功利论、道义论一样,都是道德理论的重要组成部分。功利论、道义论着眼于行为或原则的善恶上,而美德论着眼于那些履行行为的、具有动机的、遵循原则的行为者即道德主体上。美德论的最重要的代表人物是古希腊的亚里士多德,而当代著名哲学家麦金太尔阐述了亚里士多德美德论在现代生活条件下的意义。

亚里士多德认为,美德也称为德性,但往往是指德性中的善德和善行。亚里士多德认为,美德分为两类,一类是理智的美德,它是以知识、智慧的形式表现出来的;另一类是道德的美德,是以制约情感和欲望的习惯表现出来的。在亚里士多德看来,知识、理智是美德的必要条件,但不是唯一的条件,还必须有实际的训练,养成道德习惯,从而全面形成美德②。

当代美德伦理学家认为,伦理生活的复杂性并不允许我们以一种从事自然科学的方式来进行伦理思考。因此他们认为伦理学其实不具有自然科学所具有的那种客观性。因此,一些美德伦理学家就提出了一个更加极端的观点:根本就没有伦理理论这样的东西,而只是伦理实践以及无法理论化的道德反思③。

古代伦理学把生活看作是一个整体,认为美德是一个幸福生活必不可少的要

---

① 周中之.伦理学[M].北京:人民出版社,2004:56 - 61.
② 周中之.伦理学[M].北京:人民出版社,2004:45 - 46.
③ 徐向东.美德伦理与道德要求[M].南京:江苏人民出版社,2006:11.

素①。所谓美德就是人所具有的完善的、美好的、优秀的、受人称赞的品行、品德、品质。我国古代儒家学派称其为"君子之德""圣人之德"。品德从形式上可以分为美德与恶德两大类型。美德是具有正道德价值的品德，是长期遵守道德形成的品德，如公正、同情、勇敢等。恶德是具有负道德价值的品德，是长期违背道德所形成的品德，如不公正、嫉妒、懦弱等。美德从形式上又可分为对待自我的品德和对待他人的品德②。

（二）美德的本质

学者对美德的本质，或者对构成良好的和值得赞扬的品质的内心性情已经做出各种说明，可以分为三种观点。第一种观点认为美德存在于合宜性之中。柏拉图认为，美德的本质在于内心世界处于这种精神状态：灵魂中的每种功能活动于自己正当的范围之内，不侵犯别种功能的活动范围，确切地以自己应有的那种力度和强度来履行各自正当的职责。第二种观点认为美德存在于谨慎之中，代表人物为伊壁鸠鲁。持该观点的人认为美德存在于对我们的个人利益和幸福的审慎追求之中，或者说存在于对作为唯一目标的那些自私感情的合宜的控制和支配之中。第三种观点认为美德存在于仁慈之中。他们认为美德只存在于以促进他人幸福为目标的那些感情中，不存在于以促进我们自己的幸福为目标的那些感情中③。

第二节　公民责任

公民责任是指公民在社会生活中对国家或社会以及他人所应当承担的一定的使命、职责和义务。公民的社会责任是客观存在的。每个人所从事的职业是公民尽社会责任的基本立足点，是公民最基本的社会责任。如何为社会尽责？首先，最重要的是遵守我国宪法的规定，公民享有基本权利，也必须履行基本义务。公民履行基本义务是落实社会责任的基本保障，按照我国宪法规定，公民的基本义务包括：①维护国家统一和各民族团结；②遵守宪法和法律，保守国家秘密，爱护公共财产，遵守劳动纪律，遵守公共秩序，尊重社会公德；③维护祖国的安全、荣誉和利益；

---

① （英）亚当·斯密.道德情操论[M].蒋自强，等，译.北京：商务印书馆，2004：350-406.
② 肖群忠.伦理与传统[M].北京：人民出版社，2006：105-106.
③ （英）亚当·斯密.道德情操论[M].蒋自强，等，译.北京：商务印书馆，2004：350-406.

④保卫祖国、依法服兵役和参加民兵组织;⑤依法纳税。其次,社会责任的实现与否与公民的社会责任意识有着密切的联系,有社会责任意识的人,履行社会责任是积极主动的;而没有社会责任意识的人,履行社会责任则是消极被动的。最后,为社会尽责还要具备一定的责任能力。公民应不断提升自身职业技能和参与政治生活等多方面的能力。

公民维护民主政治的义务也是一项重要的公民责任。"公民不服从"是指在政治权力机构出现损害国家利益或公共价值的情况下,公民承担起不服从的义务。"公民不服从"就内在而言,与人的良心自由密切相关,外在的制度层面则与民主政治有天然亲缘。一般的道德义务强调公民对政治权力的服从,而为了反抗政治权力机构对公共利益的损害而实行"公民不服从"实际上是一种超道德义务,"公民不服从"这种超道德义务是民主国家中公民道德体系内备受推崇的行为①。在古希腊和罗马的政治实践中就已能寻到"公民不服从"的身影。至近代,通过不断的实践逐步形成了成熟系统的理论。公民不服从的代表人物有印度"圣雄"甘地、美国的马丁·路德·金以及南非前总统纳尔逊·曼德拉等。"公民不服从"也曾被译为"善良违法""非暴力反抗""非暴力抵抗"等,其主体是负责任的公民,表现形式是公开以非暴力的形式不履行法律规定的义务,其产生的原因是"(政府)坚持那些遭到合法性和合宪性严重质疑的方式",是"法律失去其权威性的严重预兆"。

作为一种政治现象的"公民不服从",很难对其下一个准确的定义,罗尔斯试图给这个概念下过定义:"一种公开的、非暴力的、既是按照良心的又是政治性的对抗法律的行为,其目的通常是为了使政府的法律或政策发生一种改变,通过这种方式的行动,我们诉诸共同体的多数人的正义感,宣称按照我们所考虑的观点,自由和平等的人们之间的社会合作原则没有受到尊重。""公民不服从"是一种忠诚于法律的边缘上的反抗形式。德沃金则认为,公民具有判断法律制度好坏的能力,"公民不服从"是公民面对有效性不明确的法律时所采取的最极端方法,也是一种出于良心的违法,与一般违法的动机不同,"公民不服从"是公民拥有反对政府的道德权利,这些权利是宪法赋予的,当法律的有效性不明确时,公民有权利依照自己对法律的判断来行为,政府应该对公民出于善良意愿的违法持宽容态度并且尊重公民的政治权利。

---

① 吴威威.追求公共善:当代西方对公民责任的研究[J].唐都学刊,2007(1).

一般认为，"公民不服从"理论肇始于美国思想家梭罗，他在《论公民的不服从》一文中最早对这一思想进行了阐述。梭罗明确反对"法律本身的非正义性"，他主张区分"好人"与"好公民"。他认为机械地服务于国家的人未必是好公民，而凭良心行动拒绝和抵制国家不义行为的人却是好人，在这里，他"不是基于公民和法律的道德关系，而是基于个人的良知和良知的道德义务来为自己辩护"。梭罗本人因为反对当时美国南部存在的奴隶制度和美国对墨西哥的侵略战争而拒绝纳税，用消极反抗的方式来实现自己"公民不服从"的理念①。应对公民不服从，必须通过政府与公民社会的良性互动，解决社会矛盾，最后达到社会的政通人和②。

公民责任的核心是政治参与。前文第六章介绍了政治参与的有关知识，政治参与不仅是公民的一项实践技能，也是公民的责任。自由主义所持的公民参与观是低调的。罗尔斯认为，公民与群体的依存形式与其说体现为个人的公民认同，还不如说体现为体制的运作。他认为，"在妥善治理的国家中，只有一小部分人能用大部分时间从事政治"，大可不必人人关心政治，每个公民尽可以按自己的兴趣去追求其他形式的善，其中甚至包括对政治的冷漠。但是，自由主义又强调公民参与的工具性意义。威尔·凯姆利卡认为，"自由主义的民主制和自由主义的正义要求有一个至关重要的、积极负责的参与底线"。他说："自由主义的公民应该承认自己有义务在正义制度尚不存在的地方去进行创造，在正义制度受到威胁的时候去进行捍卫。但对很多人而言，这种义务是间歇性的；只是在危机出现、宪法变更或有外在威胁的严重情况下，这种义务才会变得最强。"

美国学者阿伦特的公民观，继承了古典共和主义的基本主张——公民的政治参与。她认为，政治参与是健康公众生活的标志。对于有效的民主政治来说，关注公民的政治参与和关注权力制衡同样重要，二者相辅相成，缺一不可。甚至可以说，普遍积极参与的公众生活比权力制衡制度更能体现民主政治文化的精髓。美国学者福斯认为，阿伦特的观点强调公民政治参与的两大因素：实质和程序。从实质上看，成为一个公民就是把握自己的主体性，这是一种"个人发起，众人讨论"的过程。从程序上看，相互说服或适应，要求一种尽量能保护这种政治参与的非强制的决策过程。阿伦特认为，在当今不同性质的政治群体中，公民身份和公民能力常

---

① 吴伟彬.公共领域理论与公民不服从：以阿伦特的视角为中心[J].大连海事大学学报(社会科学版)，2019(2).

② 黄鑫.论"公民不服从"的概念与类型[J].重庆交通大学学报(社会科学版)，2015(2).

常处于不和谐的状态之中。一种情况是有公民身份的名义，但无实质性公民行为。它表现为自由民主国家中的政治冷漠（包括经济移民的政治不入籍现象）或威权、极权国家中因政治压制而造成的缺乏自由和厌恶政治。另一种情况是民众因缺乏能力而无法有效地从事政治参与行为。它表现为民主自由国家中大众共识和精英共识之间的大落差，也表现为威权和极权国家中以国民素质不够为理由来限制大众民主参与。美国学者特里·库柏认为，公民的核心责任之一是参与建构政体的过程。在这里，参与的质量和类型比单纯的参与数量更为重要。因此，参与不能仅仅限制在投票、运用选举制度或投入政治活动中。它要求一个可以于其中交流思想的政治社群，以便维持民主的建构和政体重构。参与的政治学强调个体公民对其他所有公民的自由的责任[①]。

第三节　公民责任意识的特点

公民责任意识是社会意识的一种存在形式，是一种现代意识，是在现代法治下形成的民众意识，表现为人们对"公民"作为国家政治、经济、法律等活动主体的一种心理认同与理性自觉。公民责任意识体现了公民责任感，每个社会成员能够认识到自己作为公民的社会角色和法律角色，积极主动地践行一个公民应该具有的权利和义务。公民责任意识以道德责任为基础，道德责任是其他社会责任和法律责任的基础性命题。道德责任指人们从内心意识到的对他人、社会的道德义务以及对行为后果的善恶的承担，包含着道德的内在强制力和道德理性。

公民责任意识具有以下特点[②]：

（1）公民责任意识的主体性。在现代社会，公民责任虽然主要表现为法律责任或是一种国家强制责任，但是这种强制责任和法律责任真正落实和有效承担是与公民主体性，即公民自觉和自我强制密切联系在一起的。因此，无论是现代化的市场经济的运作，还是民主法治社会制度的形成，有赖于所有公民在拥有高水平的道德素质和知识素质的基础上，发挥高度的经济主体性和政治主体性，在公共事务中或社会管理中独立思考和进行理性的反思与批判。现代公民不仅是法治国家

---

① 吴威威.追求公共善：当代西方对公民责任的研究[J].唐都学刊，2007(1).

② 蒋传光.公民社会与社会转型中法治秩序的构建——以公民责任意识为视角[J].求是学刊，2009(1).

的价值主体，也是法治国家的缔造者。通过公民主体意识的培育，个体充分理解自己在社会生活中的地位，认同自己的公民角色，知道自己应尽责任与应享受的权利的一致性，进而成为一名敢言权利、勇担责任的现代公民。

（2）公民责任意识的公共性。公民责任意识具有公共性因素，是和公民所处其中的社会公共生活分不开的。社会公共生活具有不同的表现形式，依据社会生活的政治性可将其划分为政治性的公共生活（或国家性的公共生活）和非政治性的公共生活。当然在现代二者的划分没有那样绝对，但二者都隐含着对公民的公共意识和对公共生活的要求。公民责任意识的公共性，主要体现为公民参与公共讨论、遵守社会公德、积极参与社区服务和公益事业服务、组织各种环保活动等意识。

（3）公民责任意识的权责统一性。权利和义务、权利和职责的统一性，是公民责任意识一个突出而又非常重要的特征。现代公民责任意识的塑造，必须在使公民享有权利或权力的同时，承担或扮演起一个国家和社会中主人的角色。马克思曾经指出："没有无义务的权利，也没有无权利的义务。"我们既应强调充分尊重每位公民的权益、需求、意愿与价值，凸显出公民的价值与权利，使每个公民真正享有宪法和法律规定的当家作主的权利，也应强调公民必须履行宪法和法律规定的义务或责任。当今，越来越多的学者已经认识到，现代法治社会和民主制度的形成不仅依赖于基本制度的正义，而且有赖于身处制度和社会中的公民的素质和责任意识，即他们在享有法律赋予的广泛权利的同时，必须有为促进公共利益以及为了使政治权威承担责任而参加政治活动的愿望。

第四节　中国特色社会主义制度下公民责任意识的培养

一、公民责任意识培养的内容

中国特色社会主义事业的领导核心是中国共产党，出发点和落脚点是全体人民。因此，在中国特色社会主义制度下，公民责任意识的培养是与党的治国理政方针相结合，教育和引导广大民众正确认知中国特色社会主义道路，听党话跟党走。以"马克思主义指导思想、中国特色社会主义共同理想、以爱国主义为核心的民族精神和以改革创新为核心的时代精神、社会主义荣辱观"为主要内容的社会主义核心价值体系提供了公民责任意识的培养所需要的主流价值取向。社会主义核心价值体系建设标志着公民道德建设进入一个新的发展阶段,用社会主义核心价值体系引领公民责任伦理建设,基础在于规范公民的道德行为,强化责任自律意识,提倡尽责光荣和失责可耻的伦理价值观念,不断唤醒和激发现代公民对社会主义荣辱观的认同感。以社会主义核心价值观引领公民责任观教育,与党"同向同行"是公民责任意识培养的目标①。

（一）公民对国家的责任意识培养

引导公民承担国家的责任,实际上就是引导公民爱国。就个体而言,公民对国家的情感主要是在保卫国家和维护国家利益的实践行动中体现出的对祖国的认同。就群体而言,公民对国家的情感表现为一种"民族意识"。爱国是公民个人的法律义务和职责,也是规范个体与国家关系的政治要求。在实践领域,公民通过遵守社会规范和法律要求维护国家发展,并表现出对国家的尊重和忠诚,以公民身份为载体而强化个人与国家之间的联结纽带,满足国家对个体公民角色的期待。爱国教育首先要让公民了解本国的历史文化和基本国情,了解本国政府及其构成,国家制度的基本价值和原则,还要认识本国与世界其他国家的关系,同时认识到个体在国家中的位置和作用,感受"我"与祖国的息息相关,理解"我"的身份继承以及国家对"我"的期望。对公民而言,爱国不只是具备某些知识和情感,形成对国家的认同,更要通过自身行为体现这种认同。因此,爱国教育要在公民认同的基础上引导公民从自身的工作和职务中寻找个体对国家参与和奉献的途径。个体不仅要遵守国家法律法规和政策,关心国家时政,还要作为一个普通公民理性参与国家治理,行使自己的选举权和被选举权,更要承担起监督政府和维护制度的责任。总之,个人或通过工作与职业在满足谋生需求的同时维护国家的稳定发展,或通过个体化理解为国家发展做出创造性的贡献,或在民族面临危机、群体生存受到挑战时毫不利己地奉献以捍卫国家的利益与尊严……这些都是个人承担国家责任和爱国的表现。

（二）公民对社会的责任意识培养

社会为公民提供生存的条件和发展的空间,公民承担社会责任是实现共同体

① 邹长青,许江.社会主义核心价值观与当代我国公民责任观的建构——基于公民行为层面表述的视角[J].辽宁大学学报(哲学社会科学版),2018(3).

认同的保障。因此，个体在享有权利的同时，也必须承担起一定的社会责任，维护社会的和谐与稳定。公民社会责任的培养要使个体了解社会规则，掌握公共生活的知识，认同社会公共利益；具有关爱意识，关心弱势群体，包容差异；具有公共理性，能够有效交流和沟通；参与社会实践，能够参加社会志愿活动，具备公益精神等。从具体实践层面来看，公民的社会责任主要体现在社会生活中，涉及政治、法律和经济等领域，公民责任教育要培养公民的法律精神和经济德性。

法律精神是公民基本责任意识的体现，公民的法律意识与法律知识紧密相连，个体首先必须明确法律规定的可为、应为和勿为。此外，法律责任意识还包含对法律的尊重，因为法律不仅是规则体系，也是意义体系，表达着人们对于公平、正义、平等、人权等价值的追求。法律精神还蕴涵着对法律的敬畏，这种敬畏感不仅来自法律的强制性和责任后果，而且也因为公民对法律这一必要的恶的需要，防止了人性毫无底线的堕落，保障了社会最基本秩序的运行。从立法、司法到执法都离不开公民的推动和监督，从法律的确立到公民对法律的接受都影响着公民责任意识的发育。

公民的经济德性是对"经济人"和"道德人"的平衡。公民的经济德性主要包括自立、诚信和公正。经济独立是个体身份独立的前提，它要求公民具有良好的职业素养，具有创造财富的能力，并能够科学理智地消费。诚信是维持市场经济的重要资源，其内涵已经由传统的道德要求和个人修养扩充到当代的契约精神和规则意识。公民没有诚信意识就会导致市场秩序的紊乱，使社会运行陷入瘫痪。因此，公民要在诚信的基础上追求个人利益。各类社会保险和社会救济需要大量的资金保障，国家通过税收平衡社会差距，公民通过缴税的方式照顾社会不同成员的发展，实现公共利益。因此，当代公民不仅要履行职业责任、债务责任，还要承担纳税的责任，同时公民责任教育应鼓励公民的慈善行为。

（三）公民对世界的责任意识培养

当代公民对全球主要有两大责任：国际理解和生态责任。国际理解是世界和平发展和人道主义的基础，公民国际理解教育的目的，一是促进个体对差异的包容和对多元的理解，在此基础上维护和平；二是在国家主义的基础上促进共同的认识，树立全球意识。国际理解教育可以通过国家与国家之间、国家与地区之间、地区与地区之间的交流来进行，以促进相互之间语言、文化和思想的理解。国际理解教育的核心要素是对多元文化的理解,应引导公民承认多元与尊重差异,认识各国或地区之间的不同,欣赏各自的独特性,并感知文化的共通之处,摒弃同质化主张,从而培养具有国际情怀的现代公民。

现代生态问题也最大化地体现了全球关联,生态关系塑造了一种新的公民身份——生态公民。生态公民意味着个体责任范围从人类社会扩展到了自然领域。1992年,联合国环境与发展大会提出了"可持续发展"这一新的战略,联合国教科文组织也发布了《转变关于地球的观念》的报告,表明了世界对于可持续发展理念的重视。公民责任意识的培养要帮助人们形成可持续发展的观念,让人们意识到人类并不是单一地存在于生态系统中,而是与其他生物彼此依赖和相互关联。公民应该理性认识人类需求的无限性和自然资源的有限性之间的矛盾,从认识生态和环境问题走向关注整个人类和自然的发展。培育现代公民的生态文明责任伦理精神,就应引导人们充分认识生态环境对人类和谐发展的重要性,理解合理利用和有效配置资源的必要性,形成节约资源、保护环境的文明观念和健康、文明、勤俭、节约的社会风尚,从而为促进社会乃至全人类的科学发展奠定必要条件[1]。

二、公民责任意识培养的措施

公民责任意识的养成,一方面需要个体自身"过公民的生活",另一方面需要国家实施公民教育,即"内在自修"和"外在培养"相结合。具体有如下的措施[2]:

(一) 重建责任主体,树立现代公民责任意识

重建责任主体,就是说要确立人的主体性,实现自身的自由,积极主动承担自己应负的责任和享有应有的权利。而从当前的社会现实来看,重建责任主体所需要的不是单方面的某种力量,身处在社会中的各个群体组织都有不可推卸的责任,其中包括家庭、学校、社会,他们都扮演着不同的角色。

家庭是人生的第一学校,是责任主体重建的基础,也是主体责任意识确立的最佳场所。可以有针对性地建立家庭成员之间民主、平等、尊重的沟通交流氛围,从小培养公民的主体意识和对自己行为负责的责任意识,尤其要增强责任感的培养。家庭环境在责任主体重建方面发挥着无可替代的作用。学校是人生中有目的、有

① 冯建军,方朵.公民视野中的责任教育[J].高等教育研究,2017(7).
② 梁宁,潘荣华.我国公民责任建设中若干问题的思考[J].黄山学院学报,2010(6).

计划接受教育的场所,是责任主体重建的关键。学校应发挥在个体责任教育中主战场的作用,通过系统的教育向公民传授现代公民应具备的政治、经济、法律、伦理道德和社会生活准则等方面的基本知识,尤其要侧重于公民责任意识的激发和责任行为能力的提升,使个体明确各项权利与责任,明确权利责任之间的关系,达到责任情感的升华以及责任意志的确立。社会是责任主体重建的继续,影响个体终生的发展。责任主体的培养同环境的优劣息息相关,营造良好的社会环境和舆论氛围,建立公平公正、合理合法的制度,使一切不负责任的行为受到法律的公正制裁并得到有效遏制,才能使个体实现从责任"他律"到责任"自律"的意识觉醒,从而激励他们主动自觉地履行应尽义务,启发责任行为的实施,实现责任主体意识的强化。

（二）转变公民教育内容和方式,形成三位一体的公民教育机制

公民责任教育是公民教育的一项重要内容,传统的教育模式导致了公民思想意识上的被动性。实现公民教育的稳步发展,不仅要转变我国传统公民教育的内容和方式,重视和突出公民的实践性和参与性,还要实现公民认识领域上的转变——做主动的公民,从而形成三位一体的公民教育体制。这里的"主动性"就是指公民要从意识上认识到自己是具有主观能动性的个体。不仅如此,还必须意识到自己是一个积极、自由、有责任感的主体,有权利也有能力参与公共领域的任何活动,同时明确自己所承担的权利与义务。纵观我国的经济社会发展状况,在公民教育体系尚未成熟的当下,这种公民的主动性是十分缺乏的。值得注意是,伴随压抑许久的个性得到解放,西方的拜金和个人主义思潮在群众中蔓延,可能会出现为了追求私利采取各种各样手段方式以达目的的现象,这种和公民意识上的主动性有质的不同。正如哈耶克说过,每个个人如果追求私利会导致社会繁荣,但如果这种私利没有限度,整个社会的秩序将会紊乱。主动性是相对被动性而言的,也是公民主观意识上一种权利与义务的体现,更是公民责任教育体系建设中重要的一环。公民的主动性与责任教育密不可分,只有意识到自己身上肩负不可推卸的社会责任,才会有公民的积极性和主动性,也才会有公民关注国家和社会的发展并将其与自身发展相结合。

除此之外,制约我国公民教育发展的另一个重要因素,是我国公民对于政治事务和社会事务的参与性。学生责任感的培养必须根植于学生所参与的各种公民教

育活动中,中小学生参与校内的公民教育活动主要包含两个不同的部分:学生参与一般的学校活动和学生参与学校管理。不仅如此,除了让学生在校园生活中增强实践能力、具有责任意识之外,还应把校外生活及社区活动也作为学生了解、接触社会的良好平台。可以看出,西方国家在公民教育上是十分成功的,它带给我们的启示就是注重参与性的培养。具体来说,学生被鼓励积极参与学校日常管理以及各种实践活动,激发了其强烈的个体责任意识,并将自身融入到国家和社会的共同发展中,而学校、家庭和社区积极配合、有效互动为培养学生的公民责任意识和提高责任能力创造良好的外部条件。重视公民责任教育、构建社区志愿服务体系应成为中国教育发展的重要任务与方向。

(三)增强政府的指导性,为公民责任建设创建和谐大环境

在全社会全心全力为公民责任建设添砖加瓦的同时,政府在这个责任群体里担负着怎样的重任?我国现阶段,转变政府职能、建设服务型政府的理念得到层层深入贯彻,除了加大物质基础设施的投入,以行政命令、法规强制推行外,还应提前预测分析政策措施的可行性。具体来说,就是政府要针对公民教育领域出现的一些问题,发挥引导作用,鼓励公众参与社会事务的管理和监督,积极参与志愿者活动和社区活动,同时要重视社会舆论的作用,及时、正确引导舆论,让群众了解事实真相,以强烈的责任意识去分辨事实真伪,增强现代公民意识。

阅读和实践

一、拓展阅读

1. 郭金鸿,《道德责任论》,人民出版社,2008 年。

2. (德)乌尔里希·贝克、(英)安东尼·吉登斯、(英)斯科特·拉什,《自反性现代化:现代社会秩序中的政治、传统与美学》,赵文书译,商务印书馆,2014 年。

3. (英)亚当·斯密,《道德情操论》,蒋自强等译,商务印书馆,2004 年。

4. 谢军,《责任论》,上海人民出版社,2007 年。

5. 王海明,《新伦理学》(中册),商务印书馆,2001 年。

二、实践技能

大学生责任意识调查

第1题. 你是否会闯红灯？

1. 无论何种情况都不会

2. 看情况而定，如果没车就会闯红灯

3. 习以为常经常闯红灯

4. 如果身边的人闯红灯，虽然内心抗拒但仍然会选择和他们一起闯红灯

第2题. 闯红灯在你看来属于违反社会道德标准还是违反法律？

1. 都违反

2. 没有概念

3. 只是违反社会道德标准

4. 只是违反法律规定

第3题. 如果你在停自行车时不小心带倒了旁边的自行车而周围没有人，你会怎么做？

1. 毕竟是自己的责任，什么情况下都会把车扶起来

2. 在不赶时间的情况下会扶起来

3. 反正也没人看到，默默走开

4. 其他

第4题. 对于一些不文明的网络流行用语，你的看法是什么？

1. 是一种不良的社会风气，应该拒绝使用

2. 虽然不文明，但我一个人的力量起不了什么作用，没必要抵制

3. 用流行语能促进和别人的交流，对社会风气的影响与我无关

第5题. 选举活动中（无论是班级小选还是大型选举），你对自己选举权利的重视程度？

1. 会很认真地投出每一票

2. 反正都不认识，干脆乱投

3. 说不清楚

4. 投票时只看谁和自己关系好

第 6 题. 对于非官方渠道听说的新闻/社会热点,你会如何做?

1. 坚持在核实后再传播,避免成为谣言的帮手

2. 每个人都有判断真假的能力,分享时提醒对方辨明真假即可

3. 一般觉得有趣就会和别人分享,不会意识到自己有责任去核实

4. 不过是作为谈资,不认为自己有责任去核实

5. 转发取决于消息的内容,比如求助类、捐款类会更偏向于转发之后再等待核实

第 7 题. 某一案件中,关键证据存储在犯人的手机里,但犯人不肯说出解锁密码。此时办案处请求手机公司对手机进行解锁,你认为此举如何?

1. 可行

2. 不可行,违反道德

3. 不可行,违反法律

4. 处于模糊边缘

第 8 题. 一对夫妇的孩子在飞机事故中去世,唯一遗留下的物品是孩子的手机,夫妇请求手机公司对手机进行解锁以获取和孩子的珍贵回忆,你认为此举如何?

1. 可行

2. 不可行,违反道德

3. 不可行,违反法律

4. 处于模糊边缘

第 9 题. 假设你掌握了某人违法获利的证据并且你的举报是一定有效的,你会选择去举报吗?

1. 会

2. 不会

3. 说不清楚

第10题. 对于新闻或影视剧里大义灭亲的行为,你的看法是什么?

1. 身处法治国家,这是公民应该做到的事情,换作自己也会做出同样的选择

2. 理智上认同,情感上可能无法做到

3. 维护至亲是孝道所在,检举亲人显得有些寡情

4. 没什么想法,没想过这种问题

第11题. 假设你掌握了你的亲人违法获利(对社会危害一般)的证据并且你的举报是一定有效的,你会选择去举报吗?

1. 一定会举报

2. 不会举报

3. 纠结不定

4. 理性上认同,情感上无法做到

第12题 假设你掌握了你的亲人违法获利(对社会危害较大)的证据并且你的举报是一定有效的,你会选择去举报吗?

1. 一定会举报

2. 不会举报

3. 纠结不定

4. 理性上认同,情感上无法做到

第13题 假设你掌握了你的亲人违法获利(对社会危害严重且依法将严惩不贷)的证据并且你的举报是一定有效的,你会选择去举报吗?

1. 一定会举报

2. 不会举报

3. 纠结不定

4. 理性上认同,情感上无法做到

第八章 公正与政治人

本章导读

公正一直是人类政治文明的价值追求,也是社会主义核心价值体系的组成部分。公正作为伦理学和政治学所研究的重要概念,在不同的社会历史条件下具有不同的内涵。一个公正的社会,尊重每个人选择他自己的关于善良生活观念的自由。公正影响着整个社会共同体当中各个群体之间利益协调与否,进而成为影响整个社会安全与否的最为关键、最为直接的问题。遵循公正的基本规则,就能够有效协调社会各个群体之间的利益关系。更进一步,公正关系到一个国家现代化建设的事业。公正有助于现代化建设内生动力的激活和生成,如果不遵循社会公正的基本规则,现代化建设的内生动力就不可能形成,现代化建设就不可能具有活力和创造力。

第一节 公正的概念及基本观点

一、公正的概念

"公正"(justice)亦为正义、公道。"公正"最初来源于古希腊文"orthos"一词,表示置于直线上的东西,往后引申表示真实的、公平的和正义的东西。公正与公平在一般情况下可以通用,略有区别的是公正偏重于正当、正义,公平偏重于平等、平衡。公正本身就是一个历史范畴。人们对其的认识有一个从个人伦理到制度伦理拓展的过程。在人类历史发展的过程中,不同时期的评价公正的标准是不完全一样的。在古今中外的道德理念和政治文化中,公正首先是作为个人的美德而出现的。

随着人类社会生活文明程度的进步,特别是人类社会的组织化和制度化程度的不断提高,制度安排的公平合理的伦理意蕴日趋突出。美国圣母大学经济伦理学教授乔治·恩德勒等主编的《经济伦理学大词典》对公正的解释是:"公正一是被理解为美德,被理解为个人在日常生活中的正当性(使人人有其物),另一方面也被理解为制度性标准,应该据此对社会的基本政治、经济和社会机构进行基本评价。即使为实现与保持公正的社会关系而需要个人的公正,被理解为制度性评价标准并表现在社会公正特定原则中的公正仍具有系统上的优先性⋯⋯而从哲学上看,公正问题首先在于证实和证明社会正义的制度性原则。从这些原则中,社会公正、交换与分配公正的理念获得了其内容。"①

从非道德的角度来说,公正是社会成员对社会分配所采纳的一套评判标准。首先,公正是政治性的,是社会成员为构筑一个稳定的社会所认可的最基本的准则。其次,社会分配既包括社会分配的结果,也包括社会分配的过程。再次,它必然是民主讨论和妥协的结果。最后,我们说公正是非道德的时候,公正仅仅是评判社会分配的标准,而不是对个人行为的约束②。

二、四种公正理论

古典自由主义的哲学渊源是洛克的天赋权力学说,在经济学上以亚当·斯密为代表,当代哈耶克和诺齐克是代表人物。对于这些思想家来说,所谓社会公正不过是幻想而已,哈耶克认为社会公正是皇帝的新衣。对于他来说,每个人的偏好是不同的,不可能就社会评价达成共识。在古典自由主义者那里,作为社会评判标准的唯一有价值的东西是由法治所定义的正义,或更严格地讲是程序定义;任何其他试图对社会分配结果进行评判的企图都是非正义的。

功利主义认为评价社会分配好坏的标准只能是社会中个人福利总和的大小;一个好的社会分配必须是提高个人福利总和的分配。对于早期的功利主义者而言,功利主义不仅仅是一种社会公正标准,而且也是道德标准。但是,这样的一个道德标准往往是不现实的。

平均主义是最具道德号召力的公正理论。一说起平均主义,人们自然而然会想到收入的完全平等。收入均等是平均主义所追求的目标之一,广义地讲,平均主

---

① 冯益谦.公共伦理学[M].广州:华南理工大学出版社,2010:92.
② 姚洋.转轨中国:审视社会公正和平等[M].北京:中国人民大学出版社,2004:678-680.

义包括个人在权利、财产、机会、教育、收入等各方面的均等化。

在很大程度上,罗尔斯主义是古典自由主义和平均主义的中和。罗尔斯的第一原则——权利优先原则——就是为了保护个人的基本权利,如自由表达权、迁徙权等等。第二原则——差异原则,服从第一原则,实际是第一原则的补充。差异原则认为社会分配在个人之间的差异以不损害社会中境况最差的人的利益为原则[1]。

亚里士多德说,公正意味着给予人们所应得的。为决定谁应得什么,我们不得不决定哪些德性值得尊敬和奖赏。亚里士多德还坚持认为,如果不首先反思那最想要的生活方式,我们就不能弄明白什么是公正的宪法。与此相对,现代政治科学家们从 18 世纪的伊曼纽尔·康德到 20 世纪的约翰·罗尔斯,认为那界定我们各种权利的公正原则,应当不依赖于任何特殊的德性观念或最佳生活方式的观念。与此相反,一个公正的社会,尊重每个人选择他自己的关于善良生活观念的自由[2]。公正意味着相同情况相同对待、不同情况不同对待,它强调的是一般性规则对特殊情况的适用,要在特殊情况下做出正义的判断[3]。

在现代人文社会科学的研究中,公正问题是人们议论最多的问题之一,不同的学科对公正有着不同的定义,为公正的实现提供了不同的方案。在古希腊,公正被列为四大基本美德之一,在其后的伦理学发展过程中,没有不注重公正问题的伦理学家和伦理学说。有些较为偏激的伦理学家甚至把公正看作全部伦理学的底蕴,其他伦理和道德的设定,都无非是证明公正和促进公正的实现。

对于管理者来说,公正也可以看作是一种主观性的理性存在,反映了公共管理者的德性。但是,公共管理所实现的社会治理模式的转型,又必然会迫使一切与它相关联的因素都发生变化。所以,在公共管理中,公正就不仅是公共管理者的德性,而且也是责任义务。

对于治理者来说,人们是把公正作为其美德来认识的,被认为是人的最主要和最基本的德性。对于以往的伦理学来说,公正范畴属于两个分立的领域,其一是对社会成员特别是社会治理者行为的规范,其二是对社会制度的评价标准。这两个方面是否可以联系在一起,由于缺乏依据而不被论及。因为,在以往的伦理学来看,公正作为行为规范属于终极的道德范畴,即最高的美德;同样,公正作为制度评

---

① 姚洋.转轨中国:审视社会公正和平等[M].北京:中国人民大学出版社,2004:696-703.
② (美)迈克尔·桑德尔.公正——该如何是好[M].朱慧玲,译,北京:中信出版社,2011:9.
③ 任剑涛.政治学:基本理论与中国视角[M].北京:中国人民大学出版社,2009:64.

价的标准则是终极的伦理范畴，即至善。由于制度不能建立在美德之上，所以公正范畴在两个不同的领域中必须被分别展开①。

三、公正之于正义

（一）正义相关解释

正义（justice）的基本含义是公平、正当、合乎情理或合乎道义。正义所关涉的内容指向公共领域和人的社会行为（例如公平），因而一直是政治哲学探索的中心问题。在对待正义观念或正义原则的来源问题上，历史上主要存在着两种看法：自然法理论和社会契约论。自然法理论认为，宇宙间存在着亘古不移的法则或"天道"，它统御万物的必然性，也是人类社会必须遵守的正义原则或公理。社会契约论认为，正义观念或原则是人民组成政治社会、建立国家时订立的基本约定。根据自然法与契约这两个不同的来源，正义在习惯上也被称为自然的正义和实在的正义②。

虽然西方的"正义"与中国古代哲学中"道""义""礼"等概念是相通的，但大体上说正义问题在传统中国哲学中是从属于道德哲学的，按照儒家"内圣外王"理论来推演，道德哲学与政治哲学是浑然一体的。虽然中国古代哲学中并不缺少对于正义问题的探讨，但是人们今天对于正义一词的理解主要是从西方政治文化的语境中得来的，它不但具有道德与形而上学的意义，而且还与西方的法治观念与国家观念紧紧联系在一起。

尽管无论是在东方还是西方，人们普遍把正义理解为天道、公道或法则、秩序，但正义观念本身并不像万古永恒的天道那样固定不变。在人类社会发展的不同阶段，由于人们之间的生产关系、阶级关系、权利关系不同，正义观念也就有了不同的具体要求和表现形式；即使在同一社会形态中，代表不同阶级或利益集团的人所拥有的正义观念也可能大相径庭。

罗尔斯的正义论就是一种分配正义的理论。罗尔斯把正义看作是社会制度的首要价值，认为二者的关系像真理与思想体系的关系一样。如果理论是错误的、不真实的，它就要受到修正和拒绝；如果某些法律和制度是不正义的，就必须加以改

---

① 张康之.公共伦理学[M].北京:中国人民大学出版社,2003:218-220.
② 宋惠昌.政治哲学[M].北京:中共中央党校出版社,2003:99-100.

造和废除。他认为,正义的主要问题是社会的基本结构,或者更准确地说,是社会主要制度分配基本权利和义务,决定由社会合作产生的经济和社会安排。任何社会的基本结构都可能无法避免某些深刻的不平等,这些原则调节着人们对政治制度和主要的社会、经济体制的选择。

通过"原始状态"的理论假说,罗尔斯认定,人们在进入社会、缔结契约即选择社会制度时,遵循的是最大的最小值的规则。也就是说,人们总是选择这样的对象:其最坏结果相比于其他选择对象的最坏结果来说是最好的。这一规则把功利主义排除在选择对象之外,因为功利主义所提倡的"最大利益"也可能造成对一部分人权利的严重侵犯。这样,人们在原始状态中会一致同意进行社会合作的条件是公平的契约,所产生的结果也是公平的,这就是公平的正义。它的基本含义是:所有的社会价值——自由和机会、收入和财富、自尊的基础——都要平等地分配,除非对其中的一种价值或所有价值的一种不公平分配合乎每一个的利益①。

(二)不同的正义论

正义是一个古老又常新的概念。在中文里,正义即公正、公平、公道。从各种不同的正义论出发,学者们提出了不同的正义论,主要有以下几种:

第一,正义意味着各得其所。正义就在于根据每个人的品质、才能、地位、身份、贡献分配机会、财富和权力,使人们各得其所。正义就是使每个人获得其所应得的东西的人类精神意向。

第二,正义意味着一种对等的回报。

第三,正义指一种形式上的平等。比利时法学家佩雷尔曼说,不管人们出自何种目的,在何种场合使用正义的概念,正义总是意味着某种平等,即给予从某一特殊观点看来是平等的人,即属于同一范围或阶层的人同样的对待。

第四,正义指某种"自然的",从而也是理想的关系。不过,人们对什么是"自然的""理想的"关系的理解是不同的。古希腊一些思想家认为,社会成员被划分为自由民和奴隶,治人者和治于人者,都是自然安排的。如果大家都遵循这些关系,正义就在社会上实现了。资产阶级认为自由、平等和博爱是理想的关系。马克思认为,正义意味着消灭阶级和阶级差别,首先是消灭阶级剥削和阶级压迫。

---

① 宋惠昌.政治哲学[M].北京:中共中央党校出版社,2003:106-107.

第五，正义指法治和合法性。英国哲学家、法学家金斯伯格认为，正义观念的核心是消除任意性，特别是消除任意权，因此合法性的发展就具有极大的重要性。这种正义通常被法学家称为法律正义。

第六，正义指一种公正的体制。美国法学家庞德指出，从法律的角度看，正义并不是指个人的德行，也不是人们之间的理想关系。它意味着一种体制，意味着对关系的调整和对行为的安排，以使人们生活得更好，满足人类对享有某些东西或实现各种主张的手段，使大家尽可能在最少浪费的条件下得到满足。现代社会的基本底线是建立在尊重人的尊严之上的，它的基本内容是人权①。

（三）正义的种类

第一，从主体的角度，把正义划分为个人正义与社会正义。个人正义适用于个人及其在特殊环境中的行动，指个人在处理与他人的关系中应公平地对待他人的那种道德态度和行为准则。社会正义适用于社会及其基本的经济制度、政治制度和法律制度，指一个社会基本制度及其所含规则和原则的合理性和公正性。

第二，从正义发生和实现的领域的角度，把正义划分为道德正义、经济正义、政治正义、法律正义等。道德正义或个人美德是对人类需要的一种合理、公平的满足；经济正义和政治正义是一种与社会理想符合，足以保证人民利益和愿望的实现；法律正义是一种通过创制和执行法律来调整人与人之间的关系及其行为而形成的理想关系。

第三，从正义与主体利益的关系角度，正义可分为实体正义与形式正义。实体正义是关于制定什么样的原则和规则来公正地分配社会资源的问题，形式正义则是怎么实施这些原则和规则以及当这些原则和规则被违反的时候如何加以处置的问题。

（四）正义的两个原则

原则一：每个人对最广泛的基本自由体系拥有平等的权利，该体系与对所有人类似的自由体系是相容的。

原则二：调整社会和经济中的不平等，有助于处于最劣势地位的人获得最大的

---

① 张文显.法理学[M].北京：高等教育出版社，2007：333-334.

利益,并让公职和职位在机会公正平等的条件下向所有人开放。

罗尔斯的两个原则按照词典式的顺序排序。这意味着在它们中间存在着一个优先顺序。第一个原则是平等自由原则,涉及的是政治的和国内的自由,例如选举权,竞选公职的权利。这条原则必须在实施第二个原则前得到满足。第二原则是机会差别原则和公平原则。需要一提的是,当罗尔斯假设不平等的实际必然性时,他并没有保证它们的存在①。

四、公正之于平等

(一)概念

什么是平等?这是一个人人都感兴趣而又分歧最大的问题,同时也是内涵相当丰富而又复杂的范畴。

首先,在西方历史上,平等的主要含义是指在上帝面前人人平等,这是平等的原始意义。一般来说,平等发端于人类的远古时代,最初具有浓厚的宗教色彩。后来的基督教教义极力宣传一种在上帝面前人人平等的观念。所谓上帝面前的人人平等,是指一种特殊的"人身平等"。也就是说,在上帝面前,人人平等意味着每个人都有其价值,他有不可转让的权利,任何人不能侵犯;他有达到自己的目的,而不应当简单地被当作达到他人目的的工具的权利。现代意义上的平等观念,在反对封建等级特权制度的过程中,以天赋人权论为根据,系统阐述了人人生而平等的思想。

其次,与人人生而平等相联系,大多数人认为更现实的平等应是一种机会平等,或者叫做机会均等。

最后,结果平等。这种平等观念是在追求那种纯粹理想的公平分配原则,每个社会成员,不管他的能力和贡献如何,都应无差别获得同样的社会成果,或者说不管什么样的人,在福利待遇上不应该有任何不同②。

(二)平等的实质

第一,它是作为一般人所应当具有的同等地位、同等权利,这是指每个人作为

① (英)杰弗里·托马斯.政治哲学导论[M].顾肃,刘雪梅,译.北京:中国人民大学出版社,2006:160.
② 宋惠昌.政治哲学[M].北京:中共中央党校出版社,2003:56-58.

人在人格上的平等。

第二，在许多重要的文献中，政治、经济、社会平等的概念，是在与不平等相对的概念上来解释的，也就是说平等是与不平等相对而言的。

第二，是作为现代契约关系反映的概念——契约平等的概念，是以现代市场经济关系为基础的经济、政治、法律平等的统一，其实质是一种社会平等①。

（三）平等主义

平等主义是一种关于社会对于每个人的利益和负担、权利与义务应该如何分配的理论；这种理论的根本特征，就是认为只有平等分配才是公正的；平等主义就是将社会对于每个人利益的平等分配原则奉为社会公正原则的理论，就是将权利的平等分配原则奉为社会公正原则的理论。

平等主义可以分为两大类型：极端平等主义或绝对平等主义（即平均主义）与相对平等主义。主张一切权利完全平等的平等主义，叫做平均主义、极端平等主义或绝对平均主义，代表人物有巴贝夫、邦纳罗蒂、庇古等。相对平等主义只主张比例平等而不主张权利完全平等。因为相对平等主义只是反对一切权利完全平等，而并不是反对某种权利完全平等；相反的，正如彼彻姆所指出，主张基本权利完全平等乃是这种平等主义论者的重要观点。比较完善和全面的相对平等主义的社会公正原则可以归结为两个平等原则：基本权利完全平等和非基本权利比例平等②。

（四）公正与平等

"平权行动"是 20 世纪 60 年代随着美国黑人运动、妇女运动兴起的一项政策。由美国总统约翰逊在 1965 年发起，主张在大学录取学生、公司招收或晋升雇员、政府招标时，应当照顾少数种族和女性，目的就是补偿历史上对黑人和女性的歧视，把他们在历史上受的委屈折算成现实的利益。"平权行动"实施之后，黑人和妇女的大学录取率、政府合同中的黑人中标率大大提高。高校录取制度尤其是"平权行动"的热点，有的大学，甚至明确地采取了给黑人、拉美裔申请者"加分"的制度，或者给他们实行百分比定额制，促成了美国的大学里各种族齐头并进的大好局面。然而从 70 年代开始，人们开始对"平权行动"提出质疑，主要的矛头就是它矫枉过

---

① 宋惠昌.政治哲学[M].北京：中共中央党校出版社，2003：58 - 61.
② 王海明.新伦理学（中册）[M].北京：商务印书馆，2001：940 - 943.

正,形成了一种"逆向歧视"。

1978年,一个叫巴克的白人男性,因为连续两年被一所医学院拒绝录取,与此同时这个医学院根据16%黑人学生的定额制,录取了一些比巴克各方面条件都差的黑人学生。巴克一气之下上诉到美国最高法院,反对"平权运动"对其他种族的逆向歧视,认为这违反了自由竞争原则。最高法院裁定对黑人学生实行定额制是违宪的,但仍然在原则上支持"平权行动"。90年代中期,加州州长彼得·威尔逊主张:"不能让集体性权利践踏个人的权利,我们应当鼓励的是个人才干。"于是他大刀阔斧地开展了废除"平权行动"的运动。1995年6月,加利福尼亚大学的九个分校废除了录取学生中的"平权行动"。1996年11月,加州用公投的方式废除了包括教育、就业、政府招标等各方面的"平权行动"。1997年4月,这一公投结果得到了最高法院的认可。受到加州的影响,另外十几个州也开始了铲除逆向歧视的"平权行动"。

"平权行动"争论的核心,正如众多社会问题的核心,是一个"程序性公正"和"补偿性公正"的矛盾。"程序性公正"主张一个中立的程序施用于任何社会群体,而无论结果如何——同一条起跑线,兔子也好,乌龟也好,你就跑去吧。"程序性公正"的最大问题,就是对历史、经济和文化的无视。一个经历了245年奴隶制、100年法定歧视和仅仅30年政治平等的种族,必须和一个几百年来在高歌雄进征服全球的种族放在同一条起跑线上。补偿性公正则主张根据历史、文化、经济条件有偏向地制定法律和政策,以保证一个相对公平的结果。但补偿性公正面对一个不可避免的操作性问题——由谁、如何、是否可能来计算鉴定一个人的历史、文化和经济遭遇?这种补偿性正义的原则,需要一个巨大的国家机器来整理、裁判历史和现实无限的复杂性,而这种裁判权一旦被权力机器劫持,问题就不仅仅是如何抵达公正,还有这架机器震耳欲聋的轰鸣声了[①]。

五、公正之于自由

(一)自由的含义

自由作为政治哲学范畴,是近代最重要的政治概念之一。人们对自由的价值

---

① 刘瑜.民主的细节[M].上海:上海三联书店,2009:193-194.

取向不同，所理解的自由理念的内涵就不同。孟德斯鸠曾说，在各种名词中，自由是最打动人的，也是歧义最多的。据不完全统计，目前关于自由的界说有两百多种。自由一词源于古希腊，它的原始意义是从束缚、虐待中解放出来，获得自立和自主。"自由"概念的歧义至少与几方面的因素有关。

首先，自由是一种理想。自由不是某种现成的东西，而存在于人们的不断追求和理想建构之中。其次，自由是一种学说。围绕着自由，思想家们建构了自己的理论体系。在众多的思想家中，各自的出发点不同，试图解决的问题不同，解决的方法不同，强调的重点也不同。再次，自由是一种实践活动。人的实践活动涉及三个领域：自然、社会、人自身。人的自由也就表现在人与自然、人与社会、人与自身的关系中。最后，自由不仅仅是一种理论和学说，也是一种政治运动或政党的旗帜①。

自文艺复兴以来，尤其是启蒙运动以来，自由概念，就像平等、民主、正义、人权等概念一样，成为西方自由主义政治哲学的核心概念。在西方自由主义思想上，继本杰明·贡斯当提出古代人的自由与现代人的自由之后，以赛亚·伯林又明确提出了两种自由概念：一是霍布斯式的消极自由，它是指消除某种限制或阻碍的法律自由；二是卢梭式的积极自由，它是指某种道德自主。笼统地讲，英美传统的自由主义比较注重消极自由，欧洲大陆传统的自由主义比较注重积极自由。伯林关于两种自由概念的划分和表述，过于简单。近年来，公民共和主义提出了"第三种自由"概念，认为它既不同于纯粹的消极自由，也不同于自主的积极自由。当然还有人坚持认为，消极自由与积极自由"毕竟代表了欧洲人对自由在两个不同方向上的追求。就制度性和可行性方面而言，消极自由是法律和政治体制可以比较清晰实现的，或者说可以明确判断出一种制度是否捍卫了个人的消极自由。而积极自由则比较模糊，而且很难通过制度来保障或实现"。

康德认为，自由就是人们得以摆脱感性世界而依赖理性世界法则决定自己意志的能力。简言之，消极自由就是"任性的自由"，它由统筹保障所有人自由平等的普遍准则所限制，并且是自然法权学说的根本内容。这里的自然法权学说只能根据康德对权力的定义来理解。维尔默强调共同体自由，主张对个体自由进行共同体主义阐释。所谓"共同体主义"，并不是将自由理解为外在强制的消除，即不是在由法律保障的个体自由空间意义上理解自由，而是把自由理解为个体在社会生活

---

① 宋惠昌.政治哲学[M].北京：中共中央党校出版社，2003：35-37.

中的规范形式①。

自由指的是从约束中解放出来,或者说是一种不受约束的状态。自由的概念来自西方文化,在古希腊、古罗马时期,一个男子达到一定年龄,便从父权的束缚下解放出来,具有独立的人格,享有公民的权利,承担公民的义务,拥有妻室、财产和奴隶,成为自由民。所以,在拉丁语中,自由意味着从束缚中解放出来。在罗马法中,自由的定义是:凡得以实现其意志之权力而不为法律所禁止者即是自由。在中国古代文献中,很少将"自""由"两字连用。中文的"自"指代本人或自己,"由"意为从事、践履。两字连用则含有自主从事某事之意。一是哲学上自由的含义。在哲学上,自由的含义是对必然的认识和支配。在这里,"必然"所指的是客观规律。对必然和支配包含两重意思,其一是对客观规律的认识,其二是对必然性的支配。二是政治学与社会学上自由的含义。如果说自由在哲学上的含义指的是人与必然的关系的一种状态,那么在政治学和社会学意义上,自由指的是人与社会的关系的一种状态,即人与人之间、人与社会组织和政治组织之间的关系的一种状态,就是免于他人的压迫或控制,每个人能够自主安排自己的行为。三是法学上自由的含义,指的是人的行为与法律的关系。其含义是:自由是法律上的权利,其边界就是不能从事法律所禁止的行为。

哲学、政治学和社会学及法学对自由的解释,各自侧重的是本学科所关注的自由的属性和特点,但并不是说人类生活中存在着上述三种互不相关的自由。自由作为一种人类活动现象,尽管存在于不同领域,但它在实质上具有同一性和关联性。在其同一性方面,无论在哪个领域,自由都是人与外界的一种关系,是人的一种自主状态或自为状态。可以说,哲学上的自由含义,是对人们各方面自由的抽象,是对自由实质的表达;其他领域中的自由,是自由的实质在不同领域中的体现或具体化②。

(二) 自由的特点

第一,自由不是"任性"的。自由并不取决于人的主观愿望,它只能在限制的时空中实现。自由总是有限的自由,无限的自由是不存在的。在社会生活中,无限的自由首先意味着与社会制度不相融合,是游离于社会之外的,因此是不真实的

---

① 王凤才.从公共自由到民主理论[M].北京:人民出版社,2011:86-87.
② 张文显.法理学[M].北京:高等教育出版社,2007:314-317.

自由。

第二，自由不仅讲权利，而且讲义务。社会生活中，自由同时意味着人的社会权利。人的权利既是人依法享有的正当权益，又是法律所保障的人的自由，从社会权利和社会规范意义上讲，自由是指人们在一定的社会关系体系中，得到社会的、法律的确认，并且受到法律、社会规范的保障，可以按照自己的意志选择并进行活动的权利。

第三，自由不是抽象的。自由是具体的，这种具体性是和一个国家的国情密切联系在一起的。由于具体的国情不同，人们享有自由的具体内容、具体程度和具体形式也不同。自由的具体性还表现在不同的自由，其实现和处理方式也不同，不能一概而论[①]。

第二节　社会公正

一、社会公正思想的发展

社会公正是公民衡量一个社会是否合意的标准，换言之，它是一个国家的公民和平相处的政治底线。社会公正作为一个概念，早在古埃及时就已经出现。在古埃及神话里，社会公正由公正之神俄赛里斯主掌。在古埃及，社会公正概念在产生之初就有两个显著特点：一是同劳动紧密相连，一是作为人类生活的最高准则存在。在公元前8世纪左右，古希腊人赫西阿德在《劳动与时令》这部长诗中，不仅将公正与劳动相连，同时还将其作为社会目标憧憬及其实现手段的选择依据。私有制产生以后，社会公正就与社会财产关系联系在一起。人类早期的社会公正思想尽管朦胧、混沌甚至幼稚，但它揭示了其以财产关系为核心的人们相互社会关系状况的实质。

柏拉图第一个对社会公正作了哲学、伦理学的界定：公正就是"善"，并将公正作为"四主德"之一。柏拉图还将公正进一步区分为城邦正义与个人正义、相对正义与绝对正义。他认为，就个人而言，正义是全德，居四德之首，个人正义就是在智慧统帅下，使灵魂的各部分协调一致，各司其职；城邦正义就是组成国家的各阶层各尽其职，互不干涉；相对正义是现实的正义；绝对正义是理想世界的正义。柏拉

---

① 宋惠昌.政治哲学[M].北京:中共中央党校出版社,2003:40-49.

图的社会公正思想虽然是在为奴隶主统治辩护,但他毕竟以特殊的形式指出了社会公正在其抽象形态下是社会各司其职、各尽其能、各得其所的协调有序关系,社会公正的实现是相对与绝对的统一过程。

亚里士多德进一步发挥了柏拉图的思想,认为正义之于个人是"全德",正义之于城邦就是社会原则,它关系到人际交往关系与财产分配,因此它是"建立社会秩序的基础";正义作为社会原则,以公正利益为依归。在此基础上,亚里士多德将社会公正进一步分为形式的和内容的两个方面。

在古希腊、古罗马以后,社会公正作为一种秩序与理想要求,与世共存,与日俱进。西欧中世纪,社会公正被认为就是服从上帝的秩序。文艺复兴后出现的资产阶级社会正义观,则首先为自由竞争、商品经济,为人的自由权利、财产权利等这一系列有利于资本主义生产关系发展的社会行为与要求辩护,并且在实践中追求着这样一种社会公正状态。

纵观西方社会公正思想史,发现社会公正概念作为人们社会理想目标及其实现手段的集中表达,其核心是围绕以社会权利与义务为中心而展开的人们之间的相互关系[①]。

二、中国传统文化中的社会公正观

在我国古代,"公正"一词是"公"与"正"的复合。"公"乃"正"之前提,"正"乃"公"之目标和结果。中国传统公正观主要包含以下内容[②]。

第一,"三位一体"的儒家公正观。"尚公重义"是儒家公正观的核心价值追求,落实到现实社会,则演化为政治层面的"仁政"、经济层面的"富民"、社会层面的"共享",这些集合而成儒家公正观的理论框架。从适用对象看,"尚公重义"可以划分为两对关系,一是"公与私",主要适用对象为公职人员,遵循"公高于私"原则;二是"义与利",主要适用于普通民众,遵循"以义取利"原则。政治层面的"仁政",强调仁礼相济、内外双修、温情公正;经济层面的"富民",追求最大限度的爱民裕民,指出民"无恒产"则"无恒心";社会层面的"共享",强调统治者对民众要"取之有度",分配上要"公平分配",指出民"不患寡而患不均",对弱者要适度救助。

第二,追求"自然主义"的道家公正观。"道法自然"是道家公正观的最高法则,

① 高兆明.存在与自由:伦理学引论[M].南京:南京师范大学出版社,2004:494-498.
② 周义邦.我国古代公正观及其现代借鉴[J].领导科学,2019(18).

"损有余而补不足"是其核心体现。道家认为，"道"是自然秩序，包含自然之道、社会之道、生命之道等内容。"自然"是一种存在状态，即自发的、先天如此的内在秩序，是天地人共同遵循的原则，涵养着个体心灵的自由追求。道家公正观强调顺应自然，因循客观规律。老子认为，只有"知常"，才能把握客观世界，而后方能将自然法则运用于政事之上。在政治领域，老子主张"治大国若烹小鲜"，强调无为而治，希望统治者能够依循道的指引，"为无为"；在社会领域，道家将人置于天地万物等量齐观的自然状态之中，专注于当下生活，把"贵生"作为生活追求的主要目标。

第三，墨家"兼爱"无别的公正观。《吕氏春秋》云："孔子贵仁，墨翟兼爱。"墨家公正观的核心是"义"，基本内涵是"兼爱"。墨子主张"兼相爱，交相利"，并将此基本原则衍生到人与人相交、国与国相处中。墨子认为，公正就要做到"视人之国若视其国，视人之家若视其家，视人之身若视其身"，强调人与人之间、国与国之间的兼爱无别。他进一步倡导"仁人所以为事者，必兴天下之利，除去天下之害""举公义，辟私怨"，号召人们以天下为公、崇公抑私。此外，墨子还主张全民同利、有财相分、有利相交，认为每个人都应该平等地享受上天赋予的物质生活，把欲富贵而恶贫贱看作是人性之自然。

第四，推崇"行公法"的法家公正观。与儒家、道家、墨家不同的是，法家公正观特别强调"行公法"的重要性，深刻揭示了公正与法之间的内在逻辑。法家把"法"上升为最高道德准则，认为一切社会秩序都只能由"法"来捍卫，因为法乃"天下之程式""国之权衡"，是"公利""公义""公心"的具体体现，是与"私"相对应的社会公共规范。法家主张"以法治国"，坚持"去私心行公义""去私曲行公法"，强调在适用对象上保持法的同一标准，力求做到"治国者，不可失平也"。法家认为，借助于法可以实现"烛私""矫奸""易俗""明公道"，进而达到"义必公正""公义行则治"的目的。

由于时代的局限性，我国古代公正观无论是在理论论证还是在形式内容上，都不能完全正确地揭示公正观的本质，这就要求我们根据时代需要加以转化利用，从而使其更具现代价值。

三、社会公正意识

社会公正既指一种社会秩序、政治制度状况，又指一种社会意识。它作为现实的社会关系存在时是社会秩序、政治制度状况，作为人们自己的要求、目标时则是社会意识。社会公正意识是人们在对现实生活条件感觉基础上形成的社会意识。对于个人而言,社会公正意识首先来源于对社会的感觉,这种感觉最初基于个体与社会发生关系的生物心理水平,它直接依据个体对生命所必须与有益的现象的感觉而做出判断。

然而社会公正意识首先不是一种个体意识,而是一种社会意识。这不仅是指作为社会成员的社会公正意识内容的社会性,更重要的是指社会公正意识作为一种社会精神自身就是一种时代精神。社会公正意识是对社会不公、社会欠缺现实的反思性超越,是观念中的现实,是有待实现的目的。社会公正意识具有超越性、理想性①。

政治制度、经济、学校、家庭等因素通过直接和间接的方式对社会公正意识产生影响②。

一个社会的基本制度安排,关涉到社会公正的基础。罗尔斯认为,"正义是社会制度的首要价值,正像真理是思想体系的首要价值一样"。邓小平也曾说,好的制度"可以使坏人无法任意横行,制度不好可以使好人无法充分做好事,甚至会走向反面"③。我们当前社会的制度要对建设公平、公正的和谐社会提供重大支持力,各项法律制度必须不断得到建立和完善。制度建设的滞后、制度执行的变形是影响社会公正意识的主要负面因素。

在当前市场经济迅速发展的时代,经济利益关系多元化、复杂化,利益分配方式多样化,在社会经济转型期,市场经济还不完善,受到许多人为因素的干扰,导致社会中产生许多不正当的竞争,不正当获利的风气不断蔓延,还有一些社会群体通过不正当的手段获得高收入,没有得到规范和制止,甚至还被推崇。这些都对社会公正意识的培育产生了负面影响。

家庭对于一个人的影响是最初的,也是终身的。父母是孩子的第一任老师,父母的一言一行对孩子形成良好的公正意识起到表率作用。父母的公正意识程度以及对社会上公正与非公正事件的评判在潜移默化中会影响孩子,并且孩子可以从父母对自己的要求、期待中形成对公正的最初概念。

学校教育是学生实现社会化的必经之路和必要手段。道德教育依赖学校教育

① 高兆明.存在与自由:伦理学引论[M].南京:南京师范大学出版社,2004:498-502.
② 代冠秀.当代大学生的社会公正意识及其培养[J].赤峰学院学报(汉文哲学社会科学版),2011(10).
③ 邓小平.邓小平文选(第二卷)[M].北京:人民出版社,1994:333.

来完成，然而，在应试教育的指挥棒下，道德教育没有获得足够的重视。应试教育是一种选拔人才的手段，从文化、智力因素的可比性看来，这种选拔制度具有一定的公正性。但是道德教育却很难通过考试的手段来考察。应试教育的最大弊端是学习和社会生活脱节，导致所培养的学生对学习以外的事不闻不问，与公正、社会正义的信息接触少，从而影响到社会公正意识的养成。

四、社会公正的基本原则

公正的原则是整个社会生活的行为准则，是公正理论的核心问题。公正原则主要包括贡献原则、平等原则和与之相补充的社会补偿原则[①]。

所谓贡献原则，就是社会按照贡献大小分配权利，即"社会成员应根据其贡献来获得因他提供的服务而应得的一份收入"。按照贡献分配权利作为社会公正原则，似乎是个不言而喻的公理。正如奥肯所说，"他们都对最初的假定表示敬意，即收入应该建立在对产出的贡献基础之上"。那么，究竟为什么按贡献分配权利是公正的？原来，权利是由法律或道德认可和保护的利益要求。权利主体获得这种利益的源泉恰在于贡献，贡献作为一种付出，是权利的源泉和依据。因为每个人只有先为社会贡献利益，社会才有利益分配给每个人。社会分配给每个人的权益，无非是每个人协力创造的（贡献的）利益，社会无非是对每个人所创造、贡献的利益进行恰当的安排和分配。因此，社会分配给每个人多少利益，只应该依据每个人创造、贡献的利益多少，即社会应该按照贡献分配权利。

平等原则包括完全平等原则和比例平等原则。完全平等原则是基本权利的分配原则。据此应完全平等地分配基本权利，即人权，是人之为人所享有的人们生存和发展的必要的、起码的、最低的权利。人之所以享有基本权利，其依据在于，每个人都是缔结、创建社会的一个成员。因此，一个人只要是缔结人类的一个成员、一分子，那么无论其做什么工作，具体贡献如何，他都做出了最基本的贡献，因而社会都应该保障他享有生存和发展的最低权利，享有基本的权利。比例平等原则是对非基本权利分配而言的。非基本权利是指人们生存和发展享有的比较高级的权利，是与人们的具体工作、具体贡献有关，依其不同贡献而享有的权利。"比例平等"即所得权利与贡献的比值或比率是相等的。谁的贡献较大，谁便应该享有较大

---

① 赵昆.试论公正的原则[J].理论学刊,2004(3).

的非基本权利;谁的贡献较少,谁便应该享有较小的非基本权利。每个人因其贡献不平等而应享有相应不平等的非基本权利。这样,人们所享有的权利虽是不平等的,但每个人所享有的权利的大小比例与每个人所做出贡献的大小之比例却是完全平等的——或者说,每个人所享有的权利的大小与自己所做出的贡献的大小比例是完全平等的,这就是非基本权利比例平等原则。

社会补偿原则是对贡献原则和平等原则的补充,是以社会补偿的方式来避免社会和经济的不平等造成的不公正,如同罗尔斯所说的,获利较多者必须通过社会给获利较少者以相应的权利补偿。"社会和经济的不平等(例如财富和权力的不平等)只要其结果能给每一个人,尤其那些最少受惠的社会成员带来补偿利益,它们就是正义的"。社会补偿原则就是以社会补偿的方式,使社会最少受惠者受益。因为贡献原则以贡献大小分配权利,特别是非基本权利比例平等原则,以贡献大小分配非基本权利,将会导致两极分化,即所谓的"马太效应":富者越富,贫者越贫。在复杂的社会生活中,绝对的机会平等、绝对的起点平等是不存在的。人的贡献大小受先天和后天、自身和社会等各种条件的制约。由于人的性格、才能等"天赋特权"而造成的先天差异,先天条件优者往往贡献大,得到的权利就多,以此为基础,以后的贡献就会更大,得到的权利也就更多;反之,先天条件差者往往贡献小,得到的权利就少,由此以后的贡献可能越小,得到的权利也就越少。再加上市场经济本身的局限及其他非按贡献分配因素造成的事实不平等,都会导致权利不平等的差距扩大。无视这种差距不是真正的社会主义公正原则,给最少受惠者以补偿不仅不违反公正,而且恰是社会主义公正原则的体现。

第三节　制度公正

制度公正就是当公正被确认为制度的首要价值时,现实的制度设计所体现出来的符合公正要求的制度体系。具体来说,就是社会在进行制度设计、制度选择、制度创新和制度评价过程中要遵循社会公正原则。社会公正最重要的是制度公正。制度公正是以国家权力与个人权利关系为核心的人们相互关系的合理状态。公正或正义作为一个社会伦理范畴,其基本特性是社会主义道义论,而非个人目的论或权利论。在社会伦理和经济伦理的范围内,公正的基本含义首先是指社会权利和义务的公平分配和安排,或者更一般地说,社会基本价值或"首要善"的分配和安排。这其中当然包括对作为基本权利之一的机会均等的社会安排和公平分配，但绝不是全部。问题的关键似乎不在于公正能不能关注分配问题、甚至是收入分配的问题，而是以何种方式，根据何种原则来考量分配问题。制度公正最终要落实到利益分配的公正上。所谓利益分配公正就是在社会主义制度下，既要追求"共同富裕"，又不能搞"平均主义"，既要创造人人平等的机会，又要给弱势群体一定的社会补偿，既要承认利益差别，又要求差别必须合理。

制度公正包括两方面的含义，制度本身的公正和制度运行的公正。前者是指内容的公正，后者是指形式的公正。制度公正的基本内容是政治公正、经济公正和法律公正等。制度公正的基本属性在于，科学与价值的统一，法治与德治的统一，道德与幸福的统一，效率与公平的统一，自由与秩序的统一。制度公正是符合人的发展要求的产物，同时按照公正要求设计的制度又会有效地促进人的发展。制度对人的反作用表现在：或者促进人的发展，或者限制人的发展。制度公正对人的发展有着积极的作用，制度不公则对人的发展有着消极的影响，导致人的异化。制度公正的评价有两个尺度：一个是生产力标准，就是从物质生产力的发展和社会财富的增长方面；一个是人的发展标准，就是从人的健康和谐的发展方面。人是目的，制度是手段，人是社会发展的原动力和根本目的，社会制度是为人而存在的，应该以人为价值尺度来构建和变革，而不是相反。制度公正是人类社会制度文明发展过程的必然产物，是由人类社会所有美好先进的理念所组成的价值体系。制度的首要美德和价值是公正，因此，制度设计的首要原则是公正原则。制度公正的基本原则具体表现为需要原则、利益原则、平等原则、民主原则和自由原则，这些原则直接关系着制度设计的价值趋向，这就要求我们在进行制度设计时要注意各种价值的均衡、各种价值的排序和各种价值之间的内在联系。制度公正的实现不是一个纯自然的过程，它需要物质条件、理论条件和人的条件等综合因素的共同作用①。

制度公正包括两个方面：规则公正和机会公正。规则是一种可以从正当与否的角度来加以评价的有关人类行动的普遍的规范性命题，是一种我们可以追问其是否正当的普遍的人类行动规范。因此，规则具有制约性和普遍性，是人们的共有理念。它是大家共同制定的、要求大家共同遵守的规定，是规范的具体化。规则公正也称形式公平、市场公平，意即在规则面前人人平等，没有区别对待。

---

① 宋增伟.制度公正问题研究——从人的发展视角分析[D].济南:山东大学,2006.

所谓机会公正,是指社会成员在解决如何拥有作为一种资源的机会问题时应遵循这样的原则:平等的应当予以平等的对待,不平等的应当予以不平等的对待。机会平等是社会公正的一项重要理念和准则,其具体含义体现在以下几个方面[①]:

第一,生存与发展机会起点的平等。这就是说,凡是具有同样潜能的社会成员应当拥有同样的起点,以便争取同样的前景。"在社会的所有部分,对每个具有相似动机和禀赋的人来说,都应当有大致平等的教育和成就前景。那些具有同样能力和志向的人的期望,不应当受到他们的社会出身的影响"。这是机会平等原则的最为基本的要求。

第二,机会实现过程本身的平等。起点的平等固然很重要,但如果仅仅限于此,则是远远不够的。机会的实现过程对于最终能否实现机会平等的原则也有着重要的意义。机会的实现过程必须排除一切非正常因素的干扰。这至少要做到,"一是阻碍某些人发展的任何人为障碍,都应当被清除;二是个人所拥有的任何特权,都应当被取消;三是国家为改进人们之状况而采取的措施,应当同等地适用于所有的人"。只有起点和过程均是公正的,才有可能保证结果也是公正的。

第三,承认并尊重社会成员在发展潜力方面的"自然"差异,以及由此所带来的机会拥有方面的某些"不平等"。人们在自然禀赋方面存在着许多先天性的差异,这具体表现在智力、体能、健康以及性格诸方面的不同。这些"自然"差异对于人们的发展潜力以及把握不同层次机会的能力有着一定的影响。虽然从总体上说这种影响远不如后天的社会现实环境对社会成员发展潜力的影响大,但毕竟也是一种无法避免的影响,而且这种影响是正常和合理的。因此,对于由这些正常和合理的"自然"差异所造成的社会成员之间不同的发展潜力以及所拥有的有所差别的机会,理应予以承认和尊重。

制度的公正在于有效协调社会各个群体之间的利益关系,进而有效维护现代化建设的安全局面。把握好社会公正的基本立足点,是有效协调现代化建设当中社会各个群体之间利益关系的关键所在。作为国家的公共权力,在制定基本制度和政策时,应当以维护每一个社会成员的基本权利为基本出发点,只要是属于其基本权利范围内的事,都应当得到一视同仁的保护,而不能厚此薄彼、有所差别。在制度建设方面,应该重视程序公正,在政策制定过程中坚持包括利益相关方在内的

---

① 吴忠民.论机会平等[J].江海学刊,2001(1).

多方参与的原则，杜绝少数人对于政策制定的话语垄断权。在法治缺失或不健全的情形下，解决或缓解社会矛盾冲突的相关政策的话语权很容易被拥有权力或拥有财富的少数人所掌握。一旦如此，带有明显利益偏好的相关政策就不可能具有正当性，利益相关方特别是利益受损的多数人的相关利益就不可能得到有效的保护。而程序公正中的包括利益相关方在内的多方参与的原则强调的是，必须依据一视同仁的平等理念，让包括利益相关方在内的多方共同参与相关政策的制定过程。习近平总书记指出，"任何组织或者个人，都不得有超越宪法和法律的特权。一切违反宪法和法律的行为，都必须予以追究"。唯有如此，社会矛盾冲突解决或缓解的相关政策方具有坚实的正当性、权威性，方能得到利益相关方的认同。总而言之，只有积极维护和促进公正，一个国家的现代化建设才能得以成功①。

第四节　中国特色社会主义制度下的公正观

一、中国特色社会主义制度对公正的追求

中国特色社会主义制度为建立真正公平正义的社会开辟了道路，能够实现比资本主义国家更高的社会公正，是社会主义社会的本质要求，也是社会主义制度优越性的集中体现。

中华人民共和国成立后，从根本上废除了阶级压迫和剥削制度，建立了社会主义制度，为实现公正奠定了根本的政治前提和制度基础。毛泽东特别重视改变贫富不均的状态，通过史无前例的社会主义改造，促进了社会公平正义形式和实质的统一。在新的历史时期，邓小平推动了改革开放的进程，探索了中国特色社会主义的道路，提出了要在解放生产力、发展生产力、消灭剥削、消除两极分化的基础上，最终实现共同富裕，从而把实现社会的公平正义纳入社会主义本质要求之中。以江泽民为核心的第三代领导集体，进一步强调要把社会公平正义问题作为涉及全社会的重要战略问题加以解决，通过政策、制度及社会保障等来逐步实现和满足人民利益。以胡锦涛为总书记的党中央，提出了构建社会主义和谐社会的重大战略思想，并且把实现社会公平正义作为建设社会主义和谐社会的基本特征和重要价值目标。在科学发展观指导下，通过调整国民收入分配格局，改革收入分配制度，

---

① 吴忠民.社会公正与中国现代化[J].社会学研究，2019(5).

加大改善民生力度,保障各项公民权利,构筑以权利公平、机会公平、规则公平为主要内容的社会公平保障体系,为人的全面发展、社会的全面进步拓展了新的境界。

中国特色社会主义制度并不把公正、公平的理解和追求停留在价值理想的认识论层面,也不是停留在"应当与之相适应的"道德理想层面,而是试图通过在现实的社会中发展生产力和生产关系的革命实践,铲除造成社会不公正的前提条件,即不公正的所有制,为公平正义的社会准备物质基础。为实现对公正的追求,党和政府积极推进养老保险、社会救助制度建设,提高城乡低保标准和企业退休人员基本养老金水平;启动教育扶贫工程,实施农村义务教育薄弱学校改造计划,促进教育公平发展,向集中连片特困地区乡村教师发放生活补助;深化医药卫生体制改革,完善全民基本医保体系,基本医保总体实现全覆盖,提高城乡居民基本医保财政补助标准,开展大病医疗保险试点,启动疾病应急救助试点,给老百姓带来了实实在在的好处;实施大学生就业和创业促进计划,应届高校毕业生绝大部分实现了就业;加强农村转移劳动力就业服务和职业培训,对城镇就业困难人员实施就业援助计划;推进保障性安居工程,使上千万住房困难群众乔迁新居等,这些措施有力地促进了社会公平正义①。

党的十八大以来,根据国内外形势的变化,中国特色社会主义制度对公正的内涵进行了发展。第一,提出了生态环境保护中的公正观,提出要坚持创新、协调、绿色、开放、共享的发展理念,坚持绿色发展就是珍爱每个人的生命,建设生态文明是最大的民生福祉,"像对待生命一样对待生态环境",让人民群众生活质量因生态环境的改善而提高,满足人民对美好生态环境的需要,建设美丽中国。第二,推动经济发展中的公正。为满足边远贫困地区人民的生活需求,提出了精准扶贫战略。党的十九大报告指出,要坚决打赢脱贫攻坚战,要实现真扶贫、扶真贫。扶贫中更重要的是激发脱贫的内生动力,要帮助贫困地区人口找到解决贫困的根本性、针对性的方法,帮助他们改变观念,坚持劳动致富。经济发展需要以社会公正为原则,要解决好先富带动后富的问题。第三,致力于维护司法公正。从实现社会公正的制度保障来看,司法是社会公平正义的最后防线,司法公正是社会公正的底线。党的十八届四中全会通过了关于全面依法治国的决定,针对司法领域存在的突出问题提出了一系列改革举措,司法体制和运行机制改革正在有序推进。同时,完善了

---

① 韩震.公正是社会主义核心价值追求[J].中国特色社会主义研究,2014(6).

以宪法为核心的中国特色社会主义法律体系，维护法律权威，创造尊崇法治、敬畏法律的社会风气，让一切行为都有法可依、有规可循，健全了权力运行的制约和监督体系，防止出现权大于法的情况①。第四，倡导实现世界公正。党的十九大报告提出了处理国际关系的人类命运共同体的思想，这个思想将社会主义公正的受益面扩展到世界范围。公平正义是人类命运共同体的核心理念和价值主张，体现了对全球正义的价值追求和目标展望。在构建人类命运共同体和推进新时代中国特色社会主义建设双重视域和整体性进程中思考公平正义的话语转换，积极追求全球正义，主张奉行互利共赢的开放战略，走和平发展道路，以重大问题的解决为着眼点，构建国际合作框架和制度体系，加强推进完善全球治理，在构建人类命运共同体进程中促进全球正义的实现②。

二、马克思主义是中国特色社会主义公正观的基础

马克思主义公平正义观批判吸收了人类对社会公平正义的认识和实践成果，并积极加以改造和创新。它始终坚持唯物史观，在人类历史发展进程中认识和看待社会公平正义的实现，强调公平正义是历史的、社会的、阶级的、辩证发展的。马克思主义公平正义观在内涵上，认为社会公平正义是由经济关系决定的，是法权观念和道德观念的抽象表现，是具体的、相对的、历史限度内的价值判定，没有超阶级的、永恒的公平正义。在本质上，认为公平正义是由一定社会的生产方式决定的评判社会制度的价值标准和意识形态。在价值取向上，认为公平正义是人的尊严和自由平等基本权利的体现，是人类社会特别是现代社会追求的重要价值。在目标选择上，认为社会公平正义首先是社会制度的公平正义，消灭私有制、消灭阶级，实现人类解放是社会公平正义的根本目标，实现人的自由而全面发展是社会公平正义的最终目标。在路径选择上，认为生产力发展水平是实现社会公平正义的物质条件，同时强调社会调剂。事实上，马克思主义创始人对社会公平的认识涵盖两个层次：第一层次集中体现根本立场，主要体现在唯物史观基础上认识社会公平正义，认为公平正义是历史的、具体的、阶级的、发展的，一定社会的生产方式决定这一社会的公平正义内涵和实质。第二层次是辩证的、方法层次的，主要体现在对人类社会发展历程中公平正义如何实现的认识、预测与展望。从根本上说，公平正义

---

① 宁小燕.论新时代中国特色社会主义公正思想[J].哈尔滨职业技术学院学报，2018(4).
② 廖小明.构建新时代中国特色社会主义公平正义话语体系的三重语境[J].学术探索，2020(4).

作为一种理想社会的价值追求,应该而且必须体现在经济社会发展和人的解放发展的各方面和全过程。马克思主义公平正义观具有鲜明的无产阶级和人民大众的立场,内涵丰富多样,方法视野广阔,对社会主义革命、建设和改革过程中推进社会公平正义的伟大进程具有重要指导意义,是构建新时代中国特色社会主义公平正义话语体系之本。

三、中国共产党是实现社会公正的领导力量

中国共产党从成立之日起,就宣布把实现社会公平正义作为根本目标,立足中国革命、建设和改革实际,实现了在理论与实践的双向互动中对马克思主义公平正义观的创新发展:一是将公平正义问题置于现实的社会主义制度之下来认识,看到了公平正义问题是具体的、历史的、现实的存在,把推进中国社会公平正义作为重要的甚至是根本的价值追求。领导人将公平正义的实现作为社会改革和建设发展的目标,作为立党为公,执政为民的根本任务。二是将中国现实的社会主义与科学社会主义理论进行比较,并在此基础上审视中国特色社会主义公平正义的实践差异,对公平正义问题进行现实的分析和审视,在推动生产力发展基础上,创造一切推进社会公平正义的物质条件、制度基础和环境氛围,以实现稳步提升社会公平正义水平的目的。三是始终将最广大人民权益的维护和实现作为实现社会公平正义最根本的出发点和落脚点,作为检验执政成效的重要标准,在理论创新与实践进程之中促进公平正义权益的维护和保障。从本质上看,中国共产党实现和维护最广大人民群众根本权益的进程就是实现社会公平正义的进程。四是在国际层面系统认识和维护公正,中国始终注重发展与其他国家特别是发展中国家的关系,秉持公平正义,始终致力于在全球范围内推动公平正义。

中国共产党对中国特色社会主义制度下公正理论的认识和实践始终坚持以人民为中心的立场,着眼新时代,放眼全球,为追求更加广泛、深刻的社会公平正义提供了基本的立场、观点和方法,而且在切实解决经济社会发展诸多问题,推进社会建设和社会治理,提高社会公平正义水平上提供了具体的实践积淀和经验参考,同时思考公平正义如何与时俱进的问题,在推进马克思主义中国化、时代化、大众化的伟大进程中促进马克思主义公平正义观的发展,留下了宝贵的经验,成为构建新

时代中国特色社会主义公平正义话语体系的领导力量①。

阅读和实践

一、拓展阅读

1.(美)布莱恩·拉姆等,《谁来守护公正:美国最高法院大法官访谈录》,何帆译,北京大学出版社,2013 年。

2.(美)约翰·罗尔斯,《正义论》,何怀宏、何包钢、廖申白译,中国社会科学出版社,1988 年。

3.(美)迈克尔·桑德尔,《公正——该如何是好》,朱慧玲译,中信出版社,2012 年。

4.(印)阿马蒂亚·森,《正义的理念》,王磊、李航译,中国人民大学出版社,2012 年。

5.(印)阿马蒂亚·森,《以自由看待发展》,任赜、于真译,中国人民大学出版社,2013 年。

6.吴忠民,《社会公正论》(第 3 版),商务印书馆,2019 年。

7.王海明,《公正与人道——国家治理道德原则体系》,商务印书馆,2010 年。

二、实践技能

大学生公正意识调查

第 1 题.你对我国高考加分政策如何看待?

1.支持

2.反对

3.无所谓

第 2 题.怎样的条件是合理的高考加分条件:[多选题]

1.数学竞赛

2.理化生计算机竞赛

---

① 廖小明.构建新时代中国特色社会主义公平正义话语体系的三重语境[J].学术探索,2020(4).

3. 语文英语竞赛

4. 运动员资格,省级及以上运动比赛名次

5. 少数民族学生

6. 农村地区学生

7. 其他

第3题. 高考加分政策会带来哪些问题?(多选)

1. 对少数人的加分是对大多数人的不公

2. 各省加分政策的不一致会带来不公

3. 特殊利益存在操作空间会导致利益交易泛滥

4. 导致学生报过多辅导班使部分学生课业压力过重

第4题. 你认为增加高考加分还是减少高考加分有利于公平?

1. 增加有利于推进素质教育

2. 减少有利于减少违规操作空间

第5题. 你是否认可清华、北大等国内顶尖高校加大农村学生的招生力度? 你认为这是公平的吗?

1. 公平

2. 不公平

3. 不好说

第6题. 你的中学时代是在重点/普通中学度过? 你认为你得到的资源比其他层次中学的同学得到的资源是多还是少?

1. 重点中学,师资力量更强,机会(例如自主招生和各科竞赛)更多。

2. 普通中学,各种机会都较少。

3. 并未感觉到明显差距,主要看个人能力。

4. 不好说

第7题. 你怎样看待清华北大加大农村学生招生力度的政策?

1. 支持，在一定程度上可以弥补地区差距。

2. 反对，这是一种逆向歧视，和美国当年规定招多少比例的黑人学生一样。

3. 持中立态度。

第8题. 你觉得下面的政策哪种更合理?

1. 高校对于教育不发达地区应给予一定的优惠和降分政策。

2. 并不降低教育不发达地区的录取标准，而是加强这些地区教育的基础建设。

3. 不好说

第九章 政治人的道德基础

本章导读

2012 年 11 月，党的十八大报告首次以 24 个字概括了社会主义核心价值观："富强、民主、文明、和谐，自由、平等、公正、法治，爱国、敬业、诚信、友善。" 24 个字分三个层次，分别从国家、社会与个人层面对社会主义核心价值观进行了概括。从国家层面看，是富强、民主、文明、和谐；从社会层面看，是自由、平等、公正、法治；从公民个人层面看，是爱国、敬业、诚信、友善。其中对个人层面的提炼构成了我国政治人的核心道德基础。

第一节 公民道德意识

一、公民的德性

关于公民德性的内涵，孟德斯鸠在其《论法的精神》一书中有明确阐述。他认为，"我们可以给这种品德下一个定义，就是热爱法律与祖国，这种爱要求人们不断地把公共的利益置于个人利益之上……一切的关键就在于在共和国里建立对法律与国家的爱，教育应该注意的就是激发这种爱"。托克维尔在其《论美国的民主》中虽然未对公民德性作清晰界定，但是在此书的手稿中，托克维尔对于德性则有着定义式的阐述："无论在什么时间、什么地点和在什么法律下，都存在着某些对于人类社会的存在和福祉而言是必要的普遍规则，个体良心将这些规则指示给所有人，公共理性则约束他们加以遵守，对这些规则中的每一条都自愿服从就是德性。"如果我们将托克维尔的德性定义进一步具体化，就能够凸显出他对公民德性内涵的理解，由此我们似乎可以认为，公民德性是指共同体成员对于共同体中诸多普遍规则的自愿服从,而这些普遍规则对于共同体本身的福祉和存在是必要的。

孟德斯鸠所主张的民主政体中的公民德性是与贡斯当所提到的"古代人的自由"并立而存的。在彼时,人们有权利参与社会团体事务,但同时"在古代人那里,没有一个明确界定的私人领域,没有任何个人权利"。也正是因为此,公民把个人利益(甚至无所谓个人利益)完全放置在了公共利益之下,处于一种随时准备作出"牺牲"的状态中,而且这样的牺牲可能以一种最为极端的形式展现,也即是牺牲公民个体的生命。对此,托克维尔在 1831 年 5 月游历美国时的笔记中也有述及:"就公共利益绝对优先于特殊利益而言,古代共和国是有德性的,为了前者,后者可以被牺牲掉。"而在 1831 年 6 月 10 日托克维尔写给夏布罗尔的信中,他又提到了这种古典的公民德性,他认为美国缺少共和主义的一项最基本要素,即被理解为随时准备为了公共利益而牺牲个人特殊利益的政治德性(也即公民德性)。

在公民德性方面使个人实现向公民的转化,托克维尔在关于理智的爱国心的论述中有过清晰的表达。在论及美国公共精神时,托克维尔对本能的爱国心和理智的爱国心进行区分,前者"主要来自那种把人心同其出生地联系起来的直觉的、无私的和难以界说的情感"。后者"比这种爱国心更有理智,它来自真正的理解,并在法律的帮助下成长"。理智的爱国心要求"一个人应当理解国家的福利对他个人的福利具有影响,应当知道法律要求他对国家的福利做出贡献。他之所以关心本国的繁荣,首先是因为这是一件对己有利的事情,其次是因为其中也有他的一份功劳"。很显然,在理智的爱国心的驱动下,"人人都参加政府的管理工作",因为它是"使人人都关心自己祖国命运的最强有力手段,甚至可以说是唯一的手段"。同时也正是通过这样的手段,个人实现了向公民的转变,"每个人像关心自己的事业那样关心本乡、本县和本州的事业"。在现代社会,公民德性使个体与共同体之间的紧张得以纾解,个人的自由得到保障,共同生活也得以成为可能,这也是解答当下所面临的各种公共问题的关键[1]。

二、公民道德意识

从意识的起源看,意识是物质世界高度发展的产物,既是自然界长期发展的产物,也是社会的直接产物。道德意识是全人类发展的产物,是人们所特有的对道德

---

[1] 张旭.托克维尔论民主时代的公民德性[J].华中科技大学学报(社会科学版),2019(3).

的反映形式,是对良心、思想、行为的感知的心理活动。从小的方面看,一个人的成败与否与他有无道德或者道德是否高尚有着千丝万缕的联系,有时甚至可以说一个人的道德素质决定着人生的轨迹。从古到今,纵观中外的伟人,他们都是道德高尚者,也只有站在道德的肩上人才会显得伟大。大到一个国家一个民族甚至整个人类社会的兴衰,从根本上可以说是取决于公民的道德素质。在一个国家经济发展大踏步前进时,人民的物质生活得到满足后,人们似乎多多少少感觉到了思想和心灵上的空虚。个人的发展、国家的强大、社会的进步需要每一个公民重拾冷落在角落里的道德,唤醒沉睡已久的精神巨人。道德意识就像一颗嫩绿的幼苗,需要人们时常给它浇水施肥才能生长,加强公民道德意识具有重要的意义①。

公共道德意识不同于私人道德(在私人事务和私人领域中的道德),公共道德涉及事关公共事务和公共生活领域的道德,公共道德最突出的特点是公共性。只有包含在公共生活领域当中的那些具有普遍含义的道德观念,特别是关涉社会基本结构、社会生活及公共事务的道德观念才能成为公共道德。事实上,公共道德也会在一定程度上涉及个人德性、私人行为、个人信仰等非公共因素,尽管这些非公共因素与社会公共事务只有在产生某种相关性时,才会进入公共语境。在由传统社会走向现代社会的过程中,人们的交往日益频繁,公共生活空间也日益扩大,这使得公共道德在维护社会稳定和秩序方面起着比以往任何一个历史时期都更为重要的作用。公共领域凸显的现代社会,需要得到不断强化的公共道德意识,高度重视并切实加强公民的公共道德责任意识建设,以公民的公共道德责任意识的自觉来促成公民公共道德行为的自律,正是现代文明社会中的公民权责关系状况、社会道德生活境况,以及在此境况下形成的公民道德选择特点等共同决定的必然要求②。

公民的道德意识是作为道德主体的公民对与自身的角色身份和权利、能力相联系的自己在道德上的"分内应做之事"或"为没有做到分内应做之事所担当的道德过失"的自觉认知,是一种以人道、人生、人性、人格为本位的价值取向。它包含两方面的内容:其一是公民对自身作为道德主体所应担当的道德责任"是什么"的明确认知和判断;其二是对自身道德责任的主体必然性和合理性根据的深刻体认。其中,第一方面内容所解决的是作为道德行为主体的公民在一定的道德情境中"需

---

① 马素贞.论公民的道德意识[C].公民意识研究,2008.
② 黄永录,李文中.浅述公民的公共道德责任意识[J].文教资料,2011(2).

要做什么"的问题，它为作为道德主体的公民指明了行为的任务和方向；第二方面内容解决的是主体道德责任的正当性和合理性论证问题，亦即"对作为道德主体的'我'来说，为什么应当履行或承担如此责任"这一问题的合理性回答。

提升公民道德水平，很重要的是切实增强公民的道德责任意识。道德责任意识是一种自律性质的责任感，是促使道德主体自觉履行道德责任的强大思想动力。道德责任意识可以帮助人们克服人性的弱点，挖掘人的本质力量，促使自己的行为适合客观的需要。在相当意义上，道德责任意识决定人的德行能力，是衡量个人的道德觉悟程度和道德境界高低的重要标志之一。社会公德、职业道德、家庭美德等都以责任为基础为前提。有了责任意识，作为工人，就能够精益求精，制品一流；作为农民，就能够辛勤耕耘，收获颇丰；作为士兵，就能够驰骋疆场，屡建战功；作为学生，就能够主动学习，积极求知；作为知识分子，就能够创新科技，勇攀高峰；作为领导者，就能够殚精竭虑，造福一方；作为家庭成员，就能尊老爱幼，享受幸福。人人有责任意识则家庭和睦、社会和谐、国家富强、中华崛起。如果公民没有道德责任意识，个人的发展就会变成损人而自利，社会的凝聚力就会大大被削弱，就不可能长期繁荣和持续发展。因此，公民道德责任意识的强弱是衡量一个社会道德发展水平和道德成熟程度的重要尺度。增强公民的道德责任意识是道德建设的起点，是家庭道德、职业道德和公民道德整个道德建设的一个切入点①。

第二节　大学生公民道德建设

2001 年，中共中央印发了《公民道德建设实施纲要》，增加了"思想道德修养与法律基础"的教学课程和教学内容，是对新时期思想教育的新切入点。公民道德建设是社会主义市场经济发展的内在要求，实践证明是与社会主义市场经济相适应的。建立、健全和完善公民道德建设，也是加强社会主义思想道德建设、先进文化建设的重要内容和中心环节。但在教与学的过程中，大学生群体对其理解尚不够深刻和充分，因此，我们更要多加重视，并且要从其概念、内容等各方面充分、深刻地理解"公民道德"这一问题，让大学生群体能够明白现代公民思想道德与政治的重要内容，这对于更好地建设中国特色社会主义、实现我国国富民强，具有相当重

---

① 林联凤.论提高公民的道德责任意识[J].经济与社会发展,2012(8).

要的意义①。

　　提高大学生公民道德素质,可以从以下几个方面着手努力:第一,道德教育必须与完善的法制相结合。中国历来讲究"以德服人",在法治和德治方面,中国人显然更看重后者,然而,如果没有完善的法律制度,道德要求也难以落实。第二,道德教育必须与良好的教育事业相结合。有的学生只懂得读书,不懂基本礼仪。加强公民道德教育,必须在教育方面进行改革。第三,道德教育必须与良好的社会环境相结合。环境问题包括两个方面,一是硬环境,例如完善的城市基础配套,公民休闲娱乐设施、整洁优雅的市容环境等。硬环境直接作用于人们的感官,良好的市容环境会给人们带来愉悦的心情,对人们的道德水平有影响作用。二是软环境,软环境是指我们社会整体的文明程度,整个群体的文化修养以及生活在其中的人们所感知到的人文氛围。第四,道德教育必须与信仰建设相结合。如果信仰缺失,道德观念就会发生扭曲。第五,道德教育必须与正面舆论相结合。新闻媒体要坚持正确的舆论导向,褒扬高尚品德,鞭挞不道德行为,树立典型,向榜样学习,向楷模致敬。

　　加强大学生的公民道德建设,需要营造良好的社会氛围,完善必要的制度建设。一个社会的制度体系所内含着的道德原则规范决定其社会成员整体道德素质和道德水平,并反映着其文明程度的高低。制度建设的一个重要任务就是将一个社会最基本的道德原则和规范纳入制度的框架,从而把道德要求提升为制度要求②。道德教育的过程是提升人的道德情操、充实和完善意志品质的过程,是人格力量不断积聚的过程,是内心世界不断升华的过程。它不是一时一地的短期行为,而是相伴人的一生的,需要点点滴滴的积累,不可能一蹴而就。家庭、学校、社会必须通力合作,为大学生公民道德建设共同营造一个良好的教育氛围。道德责任教育要引导人们服务他人、奉献社会,在这一过程中实现个人的正当利益。要让公民履行好宪法法律赋予的权利与义务,对自我负责,对他人负责,对家庭负责,对集体负责,对社会负责,对国家负责,对民族负责,对人类负责,对自然负责,对时代负责,对未来负责。但道德责任教育,切忌空谈唱高调。责任与每一个人的工作、生活都不可分离,也与每一个单位的生存、发展都密切相关。美好的道德目标固然令人向往,但并不是人人皆可为尧舜,人们随时可能出现人性弱点,因此道德责任教

①　赖淑芳.大学生公民道德意识的培育研究[J].党史文苑,2010(6).
②　杨明,张伟.社会主义核心价值体系论纲[M].南京:南京大学出版社,2013:243.

育也要讲"小道理"。要从培育负责任、识大体的公民做起。要促使每一位青年明白：道德与责任是我们的生活方式，是我们这个社会赖以生存的基础①。

第三节　以社会主义核心价值体系引领公民道德教育

社会主义核心价值体系的各个部分是一个相互关联、相互贯通的有机整体，体现了多样性的统一，具有广泛的包容性和适用性。以社会主义核心价值体系引领公民道德教育具有以下特点：

第一，一元化与多样化相统一。经济体制的变革，社会结构的变动，利益格局的调整，生活方式的变化，这一切都给人们的价值观念和思想活动注入了巨大的活力，也带来了空前的冲击。面对纷繁复杂的社会形势，我们必须以马克思主义为指导，将社会主义核心价值观贯彻在公民教育体系中，保证公民教育的社会主义性质。因为马克思主义揭示了人类社会发展的基本规律，是科学的世界观与方法论，是被实践证明了的真理，是新时期我们的行动指南，坚持马克思主义，就可以以理服人。坚持马克思主义的指导地位，就必然要求用当代中国的马克思主义指导公民教育，在社会主义公民教育的实践中，探索符合我国国情的公民教育体系。马克思主义是一个开放的体系，历来就是在同各种思想观念的相互激荡和斗争中发展起来的，尊重差异、包容多样是坚持和发展马克思主义的题中应有之义，因此，用社会主义核心价值体系主导社会价值取向，并不意味着以一元否定或取代多元，不是要消灭价值观的差异性，排斥社会思想观念的多样化，而是要以主流价值取向引导支流价值取向，在主导性与多样性的协调中，最大限度地形成共识，取得社会广泛而深刻的价值认同，增强社会成员的归属感和向心力，促进整个社会的团结和稳定。正确的政治方向是做好公民教育的前提，中国以马克思主义为指导，是社会主义公民教育始终沿着正确方向前进的根本保证，只有将马克思主义贯穿于公民教育，才能有效整合各种思想意识和多元价值观念，为社会主义建设奠定坚实的思想基础。

第二，科学精神与人文精神相统一。科学精神要求人们尊重科学、尊重知识、尊重客观规律，以科学的立场和方法去想问题、办事情。实现中国特色社会主义现

---

① 林联凤.论提高公民的道德责任意识[J].经济与社会发展，2012(8).

代化,无疑需要在全社会发扬科学精神,实施科教兴国战略,推动科技进步,大力发展社会生产力。但是,科学技术并不能解决人类在发展过程中所遇到的所有问题,尤其是精神领域的问题。因此,在努力弘扬科学精神的同时,还要大力倡导与人类文明进步方向和中国特色社会主义现代化进程相一致、与发展社会主义市场经济的要求相适应的社会主义人文精神,要以实现人的自由全面发展为目标,关心人、尊重人、爱护人,把国家、集体、个人利益有机统一起来。科学精神和人文精神是推动工业化、现代化进程的两大精神支柱。随着社会主义市场经济的深入发展,不可避免地出现利益诉求多样化的局面,这就必须要有一个能够代表广大人民根本利益、为社会各个阶层广泛认可和接受、能凝聚各方面智慧和力量的共同理想,这个理想就是在中国共产党的领导下,走中国特色社会主义道路,实现中华民族的伟大复兴。这个共同价值能把党在社会主义初级阶段的目标、国家的发展、民族的繁荣与公民个人的幸福联系在一起,把各个阶层、各个群体的共同意愿有机地整合在一起。社会主义核心价值体系的目标取向,就是为了寻求和有效利用社会各种资源,促进人的发展与社会进步。可以说,社会主义核心价值体系的各个层面都体现了科学精神和人文精神的统一,适应了社会主义现代化建设这一根本要求。

第三,时代精神与民族精神相统一。民族精神和时代精神是一个民族赖以生存和发展的精神支撑。一个民族,没有振奋的精神和高尚的品格,不可能自立于世界民族之林。民族精神是我们民族的生命力、凝聚力和创造力的不竭源泉。在五千多年的发展中,中华民族形成了以爱国主义为核心的团结统一、爱好和平、勤劳勇敢、自强不息的伟大民族精神。在改革开放新时期,中华民族又形成了勇于改革、敢于创新的时代精神。这一民族精神和时代精神,包括了天下兴亡、匹夫有责,富贵不淫、贫贱不移、威武不屈,先天下之忧而忧、后天下之乐而乐等民族优良传统;包括了我们党领导人民在长期革命斗争中形成的井冈山精神、长征精神、延安精神、西柏坡精神等优良传统;包括了在社会主义建设时期形成的大庆精神、雷锋精神、两弹一星精神等优良传统;包括了在改革开放新时期形成的六十四字创业精神、九八抗洪精神、抗击非典精神、抗震救灾精神等优良传统。民族精神只有升华为时代精神,才能使一个民族始终走在时代的前列;时代精神只有植根于民族精神才能转化为催生民族向上的永恒动力。在当代中国,中国特色社会主义的伟大事业必然成为新时期爱国主义的主题,为了实现共同理想,科学发展的进取精神必然成为新时期时代精神的核心,从而为新时期的民族精神和时代精神赋予崭新的内涵和现实的基础,使之达到高度的融合并产生出强大的感召力和亲和力。伟大的事业需要并产生崇高的精神,崇高的精神支撑和推动着伟大的事业。在加快推进社会主义现代化的进程中,民族精神和时代精神对于民族的凝聚和激励作用已深深熔铸在中华人民共和国每个公民的生命之中,成为社会主义核心价值体系中不可或缺的一部分。

第四,个体价值与社会价值相统一。社会主义核心价值体系突出强调的马克思主义集体主义价值观,从根本上体现了个体性与社会性的统一。中国传统文化强调社会整体的价值,把社会看作是一个社会共同体,这个社会共同体是通过血缘和宗族伦理关系联系起来的,个人对社会并不具有优先存在的地位。这种强调社会整体价值的传统有其积极合理的因素,但是,如果以片面强调社会性来否定个体的价值,社会就会变成压制人的专制社会。马克思主义认为,个体是历史的主体,也是社会形成的基础,任何人类历史的第一个前提无疑是有生命的个人的存在。但是他们所讲的个人是集体中的个人,每个人的发展不仅不以牺牲他人的发展为前提,而且是为他人的发展创造条件。也就是说,每个人的发展都是互为前提的,一切人的自由发展离不开每个人的自由发展。社会主义核心价值体系所倡导的马克思主义集体主义价值观,就是要把对个体主体性的肯定和社会性原则统一起来,既要发挥个体主体性,又要反对个体主体性的极度膨胀;既要提倡集体主义,又要反对忽视个人的价值。在真正的集体中,合理的个人主体性的发挥并不排斥集体,同样,真正的集体主义并不压制个人。社会主义核心价值体系,告诉我们每个公民在实践中需要处理好价值取向上个体性与社会性的统一,树立个人价值和社会价值辩证统一的价值观,并在两者的相互联结中促进其价值的实现。现代公民教育呼唤现代公民理念,公民教育必须与时俱进,体现民族特色和时代特征。以社会主义核心价值体系引领公民教育,塑造符合中国特色社会主义建设需要的现代公民,这是转型时期我国公民教育的必然要求,也是确保公民教育取得良好效果的重要举措,同时也是对全球范围内各种社会思潮的回应。社会主义核心价值体系,既有全面丰富而又切实可行的科学内涵,同时也提供了方法论上的指导,是联结各民族、各阶层的精神纽带,具有强大的整合性和引领力,只要我们不懈努力,一定能培育出一代代合格的现代公民。

以社会主义核心价值体系引领公民道德教育是中国社会发展进入改革攻坚期的必然要求。在全球化背景下,经济和政治结构深刻变动,文化思潮复杂多元,社会需要主流价值观的引领,也需要这种主流价值观能够兼容并包其他一些进步观点。这种尊重和包容的态度体现为富强、民主、文明、和谐,其原本属于我们建设小康社会的目标,而爱国、敬业、诚信、友善,则属于公民道德建设的范畴,它们都被纳入到了需要培育的核心价值观中。培育包含以下两个层面的内容:一是使社会主义核心价值观能够为广大人民群众普遍了解、理解、接受和认同,这需要经历一个较长的阶段;二是社会主义核心价值观的提炼需要一个较长的社会主义实践过程。人类历史上任何一种价值观的形成都是如此。民众觉悟程度的提高和核心价值观自身的完善相互促进、共同发展,社会主义核心价值观是在所处社会形态逐步发展、成熟的过程中确立起来的。目前,我国尚处于社会主义初级阶段,虽然近年来我国经济获得了飞速发展,政治体制逐步完善,人民生活水平日益提高,社会发展日趋和谐,但我国的国情是长期处于社会主义初级阶段,在这个意义上,我们必须清醒地意识到,社会主义核心价值观不仅需要培育,而且需要相当长的一段时间进行培育①。

社会主义核心价值体系对于道德教育发挥着重要功能。第一,社会主义核心价值体系发挥着凝聚功能,体现了文化认同。文化认同是社会、国家和民族的黏合剂,正是有了文化认同,国家、社会、民族等共同体才能形成一个有序运转的有机体。文化认同是寻求文化的一致性或同一性,是人们对其生活在其中的文化系统所产生的认可和归属感。文化认同是多层次的,其中最核心的是价值认同。价值认同则是人们对某类价值的接受和认可,并形成相应的价值观念。第二,社会主义核心价值体系发挥着激励功能。需要总是为人所意识到才成其为现实的需要,它首先表现在人们的观念中,形成对人的需要的价值意识和价值判断,来驱动、导向和调节人们的社会活动。这就是价值观念成为激励人的活动的内在推动力的依据。第三,社会主义核心价值体系还有规范功能。社会主义核心价值体系要对人的行为发挥作用,只停留在观念层次上是不够的,还要落实到行动上。因此,只有通过一定的社会化形式,即表现为一定的规范,价值观念才能具体的指导人们的行为②。

以社会主义核心价值体系引领公民道德教育,其作用主要体现在:

第一,社会主义核心价值体系保证了公民意识培育的正确方向。我国社会的

① 高洪峰.对"十八大"提出培育公民社会主义核心价值观的解读[J].教育探索,2013(7).

② 韩震.社会主义核心价值体系研究[M].北京:人民出版社,2007:83,90,95.

根本制度是社会主义制度,在中国共产党的领导下,作为党的意识形态的精髓和精神旗帜的社会主义核心价值体系,必然成为当代中国占统治地位的主流意识形态,成为引领社会舆论和人们价值取向的主旋律。面对当代中国社会现实存在的思想活跃、观念碰撞、文化交融、价值多元、思潮迭起的状况,需要社会主义核心价值体系的引导,提高社会整合和认同程度,夯实思想基础,维系社会的团结稳定。

第二,社会主义核心价值体系优化了公民意识的内涵结构。社会主义核心价值体系的理论品质坚持了唯物辩证法的立场、观点和方法,将批判性和包容性、多样性和主导性有机结合起来,面对多元化、多样化的文化,呈现出包容性和主导性的有机统一。一方面,它具有较为宽广深厚的内涵,把一切能够为社会主义服务的思想文化价值包含进来,比如以爱国主义为核心的民族精神和以改革创新为核心的时代精神就是把中国传统文化和当代世界文化相融合的一个通道。另一方面,它又坚持了主导性,也就是坚持以马克思主义,特别是马克思主义中国化的最新理论成果为指导思想和灵魂,坚持了以中国特色社会主义的共同理想来引领中国当代和未来的发展。社会主义核心价值体系坚持了包容性基础上的主导性和主导性前提下的包容性,实现了两者的辩证统一,因而具备了优化公民意识内涵结构的功能。从公民意识培育的现实环境和条件来看,我国民族众多、人口基数大,经济社会发展底子较薄、水平较低,而且区域之间发展很不平衡,同时,传统文化的臣民意识、百姓意识,外来文化的自由、平等、民主、合作、宽容、博爱等现代文明的价值理念也将不断深入公众意识视域,在这种情况下,必须加强社会主义核心价值体系对公众意识的引导培育,既要充分发挥以爱国主义为核心的民族精神和以改革创新为核心的时代精神,培育公民主体意识、国家意识、主动责任意识,又要接纳融合人类优秀文明成果,提升当代中国公民意识体系的广度和深度,努力形成合理、规范、完备的公民意识结构系统。

第三,社会主义核心价值体系为公民意识培育提供了精神动力。首先,如果没有精神信念、理想信仰的引导和支撑,公民意识的培育就失去精神上的超越性和神圣的底蕴,责任和权利意识很可能就会变成一种世俗的功利意识。公民个体的生命意义不仅仅是自我的实现,更需要有一个神圣的维度,为世俗的生活提供一个理想的目标;公民意识的终极价值和使命是为了人的全面自由发展服务,这是人类社会整体而长期的目标。社会主义核心价值体系树立了中国特色社会主义的共同理想,从而使公民意识的培育有了目标动力。其次,我们还要看到,主流意识形态尽管有明显的政治导向性,但是其传播不能依赖于单一的说教灌输,在很大程度上更要侧重于引发对象的价值认同和情感共鸣。社会主义核心价值体系很好地将情感因素包含进来,凸显了意识形态的情感因素,如:爱国主义是对自己祖国的一种深厚感情,社会主义荣辱观作为一种道德原则,也是一种道德情感。社会主义核心价值体系在中国特色社会主义现代化实践道路中,将实践主体的力量有机组织起来,形成普遍的、自觉的共识,这不仅为公民意识的培育提供了情感认同的深刻内涵,而且为公民意识培育展示了情感认同的实践方式,逐步推动公民形成一种与社会主义民主政治和市场经济相适应的主体自由追求和理性自律精神。

第四,社会主义核心价值体系增强了公民意识对意识形态新变化的适应性。一般认为,意识形态主要是作为国家制度的理论依据或观念基础而存在的一种政治文化。过去,它主要是靠观念和理论对社会公众进行渗透,随着世界大发展大变革大调整进程的加快,意识形态领域出现了一些变化趋势。一方面是意识形态的形象化趋势。随着社会生活的节奏加快,许多人越来越不适应深层次的理性思维,深奥的道理越来越要用形象化的东西来表达,意识形态也随之越来越向一般的文化,特别是感性的文化转化,更多地跟形象、感性符号联系在一起。另一方面是意识形态的生活化趋势。许多情况下,意识形态不直接进行宣讲,而越来越多地通过商品、通过塑造人们的生活方式进行渗透。随着全球化进程的加快,当今各民族价值体系的优越性较量更突出,因此,我们要发挥社会主义核心价值体系所具有的创新功能,并赋予其新的时代内涵和文化样式,进而以其引领和推动公民意识在发展中创新,努力突出公民意识的时代感和民族的独创性,以适应意识形态的新变化。

只有建立起符合实际、行之有效的当代中国核心价值体系建设机制,才能保证以社会主义核心价值体系引领公民道德教育的科学化、规范化和制度化,从而推进社会主义核心价值体系建设贯通于国民教育、精神文明建设和党的建设的全过程,最终转化成全体人民构建社会主义和谐社会、建设中国特色社会主义的核心价值理念和核心价值观①。

① 李金和.当代中国核心价值体系建设的理论与实践[M].北京:知识产权出版社,2012:196-227.

阅读和实践

一、拓展阅读

1. 陈新汉,《社会主义核心价值体系价值论研究》,上海人民出版社,2008 年。

2. 韩震,《社会主义核心价值体系研究》,人民出版社,2007 年。

3. 李金和,《当代中国核心价值体系建设的理论与实践》,知识产权出版社, 2012 年。

4.(法)埃德加·莫兰,《伦理》,于硕译,学林出版社,2017 年。

5.(美)阿隆·齐默曼,《道德知识论》,叶磊蕾译,华夏出版社,2019 年。

6. 肖群忠,《传统道德与中华人文精神》,中国人民大学出版社,2019 年。

7. 杨明、张伟,《社会主义核心价值体系论纲》,南京大学出版社,2013 年。

二、实践技能

大学生道德意识调查

第 1 题. 如何看待"天下兴亡,匹夫有责"这句名言?

1. 现今社会中,经济发展才是最重要的,国家观念可以淡化

2. 无论何时何地,作为中华儿女,热爱祖国是基本的道德准则,我们应该热爱国家

3. 这是个人自由,无须强求

第 2 题. 你认为造成当代大学生社会责任感缺失的主要原因有哪些?

1. 社会的环境的影响

2. 学校教育管理模式单一化缺乏实践

3. 家庭环境的影响

4. 个人自身的内在素质

5. 市场经济负面效应的影响

6. 不同思想文化的冲击

7. 心理反差认识和实践理想和现实的反差

第 3 题. 你最愿意参加以下哪些校园活动来提高自己的社会道德感?

1. 学校组织参加的志愿者义务活动

2. 通过座谈会或讲座增强大学生社会责任感

3. 通过"两课"的课堂教育

4. 通过参加团组织民主生活会等班级活动

5. 其他社会性质的志愿者服务

第 4 题. 你是否赞同以下观点?

(1)"在他人遇到困难时应尽力帮助"。

1. 赞同

2. 比较赞同

3. 一般

4. 比较不赞同

5. 不赞同

(2)"见义勇为牺牲自己是不值得的"。

1. 赞同

2. 比较赞同

3. 一般

4. 比较不赞同

5. 不赞同

第 5 题. 你是否参加过社会公益活动?

1. 常常参加

2. 偶尔参加

3. 几乎不参加

4. 不参加

第 6 题. 你参加社会公益活动的目的是什么?

1. 服务社会、帮助他人

2.获得赞扬

3.满足自我、提高精神境界

4.应付学校作业

5.获得更多求职机会

第7题.你是否愿意做些工作改变你认为社会上存在的某些弊端？

1.愿意,而且正在做

2.愿意,但不知道如何做

3.愿意,但怕没有效果

4.不知道

5.不愿意,因为自己无法改变

6.不愿意,这与我无关

第8题.如果你在其他条件都符合且祖国需要的情况下,你会去服兵役吗？

1.会去,因为祖国需要我

2.会去,因为服役的待遇不错

3.有顾虑,会考虑家庭方面的因素

4.不做考虑

第9题.日常生活中,你是否注重一些节约资源的小细节,比如随手关灯,注意不要把水龙头开太大等等？

1.总是

2.大多数时候

3.有时

4.偶尔

5.从不

参考文献

中文文献

[1] (美)阿尔蒙德,维伯.公民文化——五个国家的政治态度和民主制[M].徐湘林,等,译.北京:华夏出版社,1989.

[2] (美)阿尔蒙德,鲍威尔.比较政治学:体系、过程和政策[M].曹沛林,等,译.上海:上海译文出版社,1987.

[3] 奥勒姆.政治社会学——主体政治的社会剖析[M].上海:上海人民出版社,1989.

[4] 鲍宗豪.论马克思主义的权利理论[J],江汉论坛,1992(11).

[5] 陈尧.从"三位一体"到"四位一体":监察体制改革对我国政体模式的创新[J].探索,2018(4).

[6] 陈毅.责任政府的建设[M].北京:北京大学出版社,2012年.

[7] 陈义平.政治人:模铸与发展——中国社会转型期的公民政治分析[M].合肥:安徽大学出版社,2002.

[8] 陈佑武.中国特色社会主义人权理论的历史发展[J].东北财经大学学报,2016(5).

[9] 程同顺,王雪珂.全过程人民民主的话语权意涵[J].统一战线学研究,2022(1).

[10] 丛日云.西方政治文化传统[M].长春:吉林出版集团,2007.

[11] (美)罗伯特·达尔.现代政治分析[M].王沪宁,陈峰,译.上海:上海译文出版社,1987.

[12] (美)罗伯特·达尔.论民主[M].李柏光,林猛,译.北京:商务印书馆,1999.

[13] 代冠秀.当代大学生的社会公正意识及其培养[J].赤峰学院学报(汉文哲学社会科学版),2011(10).

［14］邓斌，高建民.中国特色社会主义民主政治的鲜明品格［J］.红旗文摘，2019(1).

［15］（法）迪韦尔热.政治社会学——政治学要素［M］.杨祖功，王大东，译.北京：华夏出版社，1987.

［16］丁礼明.福柯权力论历史观探幽［J］.社会科学家，2017(12).

［17］樊鹏.全过程人民民主：具有显著制度优势的高质量民主［J］.政治学研究，2021(4).

［18］方江山.非制度政治参与——以转型期中国农民为对象分析［M］.北京：人民出版社，2000.

［19］方章东，刘庆丰.中国特色社会主义公民政治参与的基本特征［J］.合肥师范学院学报，2009(3).

［20］冯建军，方朵.公民视野中的责任教育［J］.高等教育研究，2017(7).

［21］冯益谦.公共伦理学［M］.广州：华南理工大学出版社，2010.

［22］（英）基思·福克斯.政治社会学［M］.陈崎，耿喜梅，肖咏梅，译.北京：华夏出版社，2008.

［23］高洪峰.对"十八大"提出培育公民社会主义核心价值观的解读［J］.教育探索，2013(7).

［24］高兆明.存在与自由：伦理学引论［M］.南京：南京师范大学出版社，2004.

［25］郭国仕.西方民主的理论转向及其困境［J］.重庆理工大学学报(社会科学)，2018(1).

［26］郭建娜.全过程人民民主的内在逻辑、独特优势及实践指向［J］.理论建设，2021(6).

［27］（英）安德鲁·海伍德.政治学(第二版)［M］.张立鹏，译.北京：中国人民大学出版社，2006.

［28］韩震.公正是社会主义核心价值追求［J］.中国特色社会主义研究，2014(6).

［29］韩震.社会主义核心价值体系研究.北京：人民出版社，2007.

［30］韩振文.论政治权利的享有、异化及其回归姿态［J］.济宁学院学报，2016(4).

［31］郝炜.民主语境下的公民不服从及其限度［J］.政治思想史，2015(2).

［32］何怀远.意识形态的内在结构浅论［J］,江苏行政学院学报，2001(2).

［33］何丽君.新时期中国公民政治社会化研究［D］.北京：中共中央党校，2009.

［34］（美）胡格韦尔特.发展社会学［M］.白桦，丁一凡，编译.成都：四川人民出版

社,1987.

[35] 胡伟.在经验与规范之间:合法性理论的二元取向及意义[J].学术月刊,1999
　　　(12).

[36] 黄鑫.论"公民不服从"的概念与类型[J].重庆交通大学学报(社会科学版),
　　　2015(2).

[37] 黄永录,李文中.浅述公民的公共道德责任意识[J].文教资料 2011(2).

[38] (法)霍尔巴赫.自然的体系(上卷)[M].管士滨,译.北京:商务印书馆,1999.

[39] (英)约翰·基恩.公共生活与晚期资本主义[M].刘利圭,等,译.北京:社会科
　　　学文献出版社,1999.

[40] 姜椿芳.简明不列颠百科全书(第 9 卷)[M].北京:中国大百科全书出版
　　　社,1986.

[41] 蒋传光.公民社会与社会转型中法治秩序的构建——以公民责任意识为视角
　　　[J].求是学刊,2009(1).

[42] 蒋德海.析宪法的权力制约内涵[J].探索与争鸣,2003(3).

[43] 景跃进.中国特色的权力制约之路[J].经济社会体制比较,2017(4).

[44] (法)让-马克·夸克.合法性与政治[M].佟心平,王远飞,译.北京:中央编译出
　　　版社,2002.

[45] 赖淑芳.大学生公民道德意识的培育研究[J].党史文苑,2010(6).

[46] (美)丹尼斯·朗.权力论[M]陆震纶,郑明哲,译.北京:中国社会科学出版
　　　社,2001.

[47] 李道揆.美国政府和美国政治[M].北京:商务印书馆,1999.

[48] 李海青.公民权利:中国特色社会主义的本质性价值维度——对 40 年改革的
　　　一种回顾思考[J].治理现代化研究,2018(6).

[49] 李娟.新时代中国特色社会主义政治权力关系模式的内在逻辑与功能意义
　　　[J].云南社会主义学院学报,2021(3).

[50] 李柯柯.由"国民"到"公民":中国近代国民教育体系之演变[J].现代教育论
　　　丛,2019(2).

[51] 李景鹏.权力政治学[M].哈尔滨:黑龙江教育出版社,1995.

[52] 李良栋.论民主的内涵与外延[J].政治学研究,2016(6).

[53] 李芹.社会主义核心价值观之民主与民主政治建设研究[J].才智,2015(31).

[54] 李石."差别原则"与优先主义——在罗尔斯与帕菲特之间[J].道德与文明，2017(2).

[55] 李亚东.大学生公民责任意识的养成[J].衡水学院学报，2012(5).

[56] 梁宁，潘荣华.我国公民责任建设中若干问题的思考[J].黄山学院学报，2010(6).

[57] 廖小明.构建新时代中国特色社会主义公平正义话语体系的三重语境[J].学术探索，2020(4).

[58] 列宁.列宁选集(第3卷)[M].北京：人民出版社，1995.

[59] 林莉.直接民主：基于政府与公民关系视角的解读[J].苏州教育学院学报，2013(5).

[60] 林联凤.论提高公民的道德责任意识[J].经济与社会发展，2012(8).

[61] 刘瑜.民主的细节[M].上海：上海三联书店，2009.

[62] 刘志伟.论政治人理性：从"经济人理性"比较分析的角度[M].北京：中国社会科学出版社，2005.

[63] (英)罗素.西方哲学史(下卷)[M].何兆武，李约瑟，译.北京：商务印书馆，1976.

[64] 马海磊.论公民政治参与视野下的中国特色社会主义民主政治制度[J].天津市社会主义学院学报，2014(3).

[65] 马克思，恩格斯.马克思恩格斯全集(第1卷)[M].北京：人民出版社，1956.

[66] 马克思，恩格斯.马克思恩格斯全集(第2卷)[M].北京：人民出版社，1957.

[67] 马克思，恩格斯.马克思恩格斯全集(第3卷)[M].北京：人民出版社，1960.

[68] 马克思，恩格斯.马克思恩格斯全集(第23卷)[M].北京：人民出版社，1972.

[69] 马克思，恩格斯.马克思恩格斯全集(第46卷)[M].北京：人民出版社，1979.

[70] 马克思，恩格斯.马克思恩格斯选集(第1卷)[M].北京：人民出版社，1972.

[71] (意)尼科洛·马基亚维里.君主论[M].潘汉典，译.北京：商务印书馆，1985.

[72] 马素贞.论公民的道德意识[C].公民意识研究，2008.

[73] (英)迈克尔·曼.社会权力的来源[M].刘北成，李少军，译.上海：上海人民出版社，2002.

[74] 毛寿龙，等.有限政府的经济分析[M].上海：上海三联书店，2000.

[75] 莫纪宏.宪法学.北京：社会科学文献出版社，2004.

［76］宁小燕.论新时代中国特色社会主义公正思想［J］.哈尔滨职业技术学院学报，2018(4).

［77］(美)杰克·普拉诺,等.政治学分析辞典［M］.胡杰,译.北京:中国社会科学出版社,1986.

［78］屈庆平、李怀珍.公民教育与中国特色社会主义理论体系在大学生中的传播［J］.学理论,2013(18).

［79］任俊.代议制的优势及其面临的挑战［J］.理论月刊,2015(4).

［80］任剑涛.政治学:基本理论与中国视角［M］.北京:中国人民大学出版社,2009.

［81］(美)乔万尼·萨托利.民主新论［M］.冯克利,阎克文,译,北京:东方出版社,1998.

［82］(美)迈克尔·桑德尔.公正——该如何是好［M］.朱慧玲,译,北京:中信出版社,2012.

［83］(英)亚当·斯密.道德情操论［M］.蒋自强,等,译.北京:商务印书馆,2004.

［84］宋惠昌.政治哲学［M］.北京:中共中央党校出版社,2003.

［85］宋劲松.社会主义核心价值观:大学生公民意识教育的新指向［J］.求索,2017(1).

［86］宋增伟.制度公正问题研究——从人的发展视角分析［D］.山东大学博士学位论文,2006.

［87］(美)阿尔文·托夫勒.力量转移——临近21世纪的知识、财富和暴力［M］.刘炳章,等,译.北京:新华出版社,1991.

［88］(英)杰弗里·托马斯.政治哲学导论［M］.顾肃,刘雪梅,译.北京:中国人民大学出版社,2006.

［89］万健琳.参与式民主理论述评:基于公民身份的政治［J］.国外社会科学,2010(1).

［90］万俊人.道德之维［M］.广州:广东人民出版社,2000.

［91］汪习根.马克思主义人权理论中国化及其发展［J］.法制与社会发展,2019(2).

［92］王海明.新伦理学(中册)［M］.北京:商务印书馆,2001年.

［93］王惠岩.政治学原理［M］.北京:高等教育出版社,1999年.

［94］王凤才.从公共自由到民主理论［M］.北京:人民出版社,2011.

［95］王浦劬.政治学基础［M］.北京:北京大学出版社,1995.

［96］王新松.公民参与、政治参与及社会参与:概念辨析与理论解读［J］.浙江学刊,

2015(1).

[97] 王雅琴.政治权利的价值[J].中共太原市委党校学报,2015(5).

[98] 王玉坤,王青松.国家治理现代化视阈下的公民参与[J].经济师,2019(6).

[99] 王正绪,叶磊华.东亚社会中的公民政治参与[J].政治学研究,2018(1).

[100] 王振海,刘京希,高旺,等.社会场域中的政治——政治社会学的视角[M].郑州:河南人民出版社,2005.

[101] 魏伟.社会主义公民教育研究综述[J].南京航空航天大学学报(社会科学版)2011(1).

[102] 危玉妹.宪法语境中的权力和权利[J].福建工程学院学报,2005(2).

[103] (英)格雷厄姆·沃拉斯.政治中的人性[M].朱曾汶,译.北京:商务印书馆,1995.

[104] 吴灿新.辩证道德论——道德流变的立体图示[M].北京:中国社会科学出版社,2004.

[105] 吴先超,陈修平.人格特质在网络政治参与中的作用研究[J].华中科技大学学报,2019(5).

[106] 吴伟彬.公共领域理论与公民不服从:以阿伦特的视角为中心[J].大连海事大学学报(社会科学版),2019(2).

[107] 吴威威.追求公共善:当代西方对公民责任的研究[J].唐都学刊,2007(1).

[108] 吴忠民.论机会平等[J].江海学刊,2001(1).

[109] 吴忠民.社会公正与中国现代化[J].社会学研究,2019(5).

[110] (英)西尼尔.政治经济学大纲[M].蔡受百,译.北京:商务印书馆,1977.

[111] 肖群忠.伦理与传统[M].北京:人民出版社,2006.

[112] 谢军.责任论[M].上海:上海人民出版社,2007.

[113] (古希腊)修昔底德.伯罗奔尼撒战争史[M].徐松岩,译.上海:上海人民出版社,2017.

[114] 徐向东.美德伦理与道德要求[M].南京:江苏人民出版社,2006.

[115] (美)约瑟夫·熊彼特.资本主义、社会主义和民主[M].吴良健,译.北京:商务印书馆,1999.

[116] (古希腊)亚里士多德.政治学[M].吴寿彭,译.北京:商务印书馆,1981.

[117] 颜德如,栾超.国家监督权力结构转换与系统重构[J].社会科学,2019(2).

[118] 颜世顾.公民政治权利实现:条件、制约因素与路径[J].理论探索,2011(6).

[119] 阳春花.当代社会公民权利和政府合法性——基于历史的逻辑视角分析[J]. 中共南京市委党校学报,2020(5).

[120] 杨光斌,乔哲青.人民民主:优势、挑战与对策[J].西华大学学报(哲学社会科学版),2019(1).

[121] 杨明,张伟.社会主义核心价值体系论纲[M].南京:南京大学出版社,2013.

[122] 姚洋.转轨中国:审视社会公正和平等[M].北京:中国人民大学出版社,2004.

[123] 叶海波.公民社会与市民社会之区别浅析[J].黑河学刊,2018(9).

[124] 叶杨.习近平新时代中国特色社会主义权力观新论[J].齐齐哈尔大学学报(哲学社会科学版)[J],2019(8).

[125] 尹江燕,孙伟平.坚持社会主义民主应有的价值理念[J].毛泽东邓小平理论研究,2019(5).

[126] (美)伊斯顿.政治生活的系统分析[M].王浦劬,等,译.北京:华夏出版社,1989.

[127] 殷冬水,赵德昊.基础性权力:现代国家的标识[J].学习与探索,2019(9).

[128] 尤泽顺.话语与权力:批评话语分析对福柯的继承与发展[J].福州大学学报(哲学社会科学版),2018(4).

[129] 俞可平.人权与马克思主义[J].马克思主义与现实,1990(1).

[130] 俞可平.权力与权威:新的解释[J].中国人民大学学报,2016(3).

[131] 俞可平.民主是共和国的生命[J].人民论坛,2007(22).

[132] 余进军.中国公民教育与美国公民教育之比较[J].社科纵横,2017(6).

[133] 曾庆捷.发展政治学[M].上海:复旦大学出版社,2018.

[134] 翟楠.近代中国公民素养培育的本土化尝试及经验[J].当代教育与文化,2019(2).

[135] 张康之.公共伦理学[M].北京:中国人民大学出版社,2003.

[136] 张明澍.中国"政治人"——中国公民政治素质调查报告[M].北京:中国社会科学出版社,1994.

[137] 张旭.托克维尔论民主时代的公民德性[J].华中科技大学学报(社会科学版),2019(3).

[138] 张文显.法理学[M].北京:高等教育出版社,2007.

[139] 张宜海.以公民教育促进社会主义核心价值观的培育和践行[J].道德与文明,2017(4).

[140] 张有武.关于社会主义核心价值观中民主的思考[J].湖北经济学院学报(人文社会科学版),2017(3).

[141] 赵建波.公民教育的价值认同[J].重庆社会科学,2017(8).

[142] 赵昆.试论公正的原则[J].理论学刊,2004(3).

[143] 赵永红.全过程人民民主:理论逻辑与制度路径[J].行政论坛,2022(1).

[144] 郑洪.从苏格拉底之死谈民主、自由、宽容[J].哈尔滨学院学报,2018(10).

[145] 郑小伟.马克思主义权利理论的科学内涵[N].中国社会科学报,2017 年 12 月 20 日.

[146] 郑智航.当代中国国家治理能力现代化的提升路径[J].甘肃社会科学,2019(3).

[147] 周义邦.我国古代公正观及其现代借鉴[J].领导科学,2019(18).

[148] 周佑勇.监察委员会权力配置的模式选择与边界[J].政治与法律,2017(11).

[149] 周智.试论保障公民政治权利与发展社会主义民主政治的关系[J].信阳师范学院学报(哲学社会科学版),2009(3).

[150] 周中之.伦理学[M].北京:人民出版社,2004.

[151] 中国大百科全书出版社编辑部.中国大百科全书·政治学[M].北京:中国大百科全书出版社,1992.

[152] 朱小央.率先罢免村官的温州水心村民选出新村官[EB/OL],中新社,http://www.chinanews.com/2001-09-25/26/125507.html

[153] 祝灵君.推进全过程民主离不开党的领导[J].探索与争鸣,2020(12).

[154] 邹长青,许江.社会主义核心价值观与当代我国公民责任观的建构——基于公民行为层面表述的视角[J].辽宁大学学报(哲学社会科学版),2018(3).

外文文献

[155] Hannah Arendt. *On Violence* [M]. New York：Harcourt，Brace and World，1970.

[156] Carl J. Fredrich. *Authority* [M]. Cambridge：Harvard University Press，1958.

[157] Jurgen Harbermas. *Communication and the Evolution of Society* [M]. Boston: Beacon Press, 1979.

[158] Harold D. Lasswell, Abraham Kaplan. *Power and Society* [M]. New Haven: Yale University Press, 1950.

[159] Seymour Martin Lipset. Some Social Requisites of Democracy: Economic Development and Political Legitimacy [J]. *American Political Science Review*, 1959, 53(1): 69 - 105.

[160] Richard Lowenthal. Political Legitimacy and Cultural Change in West and East[J]. Social Research: An International Quarterly, 1979, 46(3): 401 - 435.

[161] Wright Mills, Hans Gerth. *Character and Social Structure* [M]. New York: Mariner Books, 1953.

[162] Dolf Sternberger. Legitimacy [M]//International Encyclopedia of the Social Science V.9. New York: Macmillan and Free Press, 1968.

[163] Max Weber. From Max Weber: Essays in Sociology [M]. New York: Oxford University Press, 2012.

后 记

  《政治素养读本：知识与技能》源自上海交通大学通识核心课"政治人的成长"，该课程开设至今已十余年。十余年来，我们从自身专业出发，一直在思考和探索如何将政治知识转变为政治实践。本教材在社会主义核心价值观的基础上构建知识框架，对在青年群体中推进社会主义核心价值观的践行做出一些探索，我们希望通过这些课程设计，不仅将政治知识植入当代大学生心中，也能帮助当代大学生正确理解符合我国国情的政治知识，并运用科学的政治知识参与公共事务。因此，我们在教材的编写过程中，注重密切联系我国的政治实践，密切联系学生的实际生活和学生关心的政治议题。这是教材的基本定位。

  正是我们联系实际的教学和教材定位，使我们在教学过程中及教材编写过程中经历了较长时间的摸索，教材内容也随着实践的变化做出很多调整。该教材最初在2014年获得学校通识核心课程教材立项，此后，在学习党的历次重要政治文件的过程中，我们也对教材内容做了相应调整，党的二十大后，我们又对全书做了大量修改，从而使本教材能够切实指引课程建设，推动教学质量的提升。

  该门通识课也是从专业基础课"政治学"生发而来，非常感谢上海交通大学国际与公共事务学院的同事、上海交通大学教务处负责通识教育的老师对本课程开设内容和发展规划的指导，以及对本教材的大力支持。作为编著的教材，本书引用了学界同仁的很多研究成果，在此也一并致谢。

  本教材在立项及出版过程中得到多位专家学者的支持和帮助，他们所提出的意见和建议，对我们的书稿修正大有裨益。上海交通大学出版社编辑姬雪萍不厌其烦多次审校书稿，她持久的帮助是我们坚持出版的动力，最终促成了本书的面世。感谢上海交通大学国际与公共事务学院的支持，以及在教材出版上提供的制度性保障。2022年我们有幸再次获得上海交通大学通识核心课程教材的立项，使我们的书稿在经历较大修改后得以顺利出版。该教材的出版是我们课程建设的阶段性成果,它将激励我们持续探索政治学类课程的通识教学。

著　者

2023 年 2 月 26 日